LA MOTIVATION
AU TRAVAIL
Modèles et stratégies

Éditions d'Organisation
Groupe Eyrolles
61 bd Saint-Germain
75240 Paris Cedex 05
www.editions-organisation.com
www.editions-eyrolles.com

DU MÊME AUTEUR
CHEZ LE MÊME ÉDITEUR

- *Le bilan de compétences, 1993.*

- *La gestion des compétences, 1996.*

- *Le 360°, outil de développement personnel, 2000.*

- *Évaluation du personnel
  Quels objectifs ? Quelles méthodes ? 2005, 3ᵉ édition.*

- *La personnalité, 2005.*

- *RH, les apports de la psychologie du travail, 2006.*

Claude Lévy-Leboyer

LA MOTIVATION
AU TRAVAIL
Modèles et stratégies

Troisième édition

Éditions
d'Organisation

SOMMAIRE

PREMIÈRE PARTIE
MODÈLES THÉORIQUES

DEUXIÈME PARTIE
DE LA THÉORIE À LA PRATIQUE

Préface

Mes motivations pour écrire un livre sur ce qui motive le travail sont doubles.

Tout d'abord, le pronostic formulé dans *"La crise des motivations"* [1] en 1984 s'est malheureusement révélé exact. Dans une période où croit le nombre d'inactifs, où l'entrée dans le monde du travail est tardive et souvent difficile, la personnalité individuelle, l'image et l'estime de soi se construisent sur d'autres expériences que sur celles qu'apportaient traditionnellement les premiers contacts avec un métier, et, ensuite, le développement de la carrière. L'activité professionnelle n'est plus, pour une large fraction de la population, la colonne vertébrale de l'identité. On peut vivre sans travail, donc le travail perd sa valeur, et la motivation à le faire aussi bien que possible s'en trouve affaiblie.

Mais répéter cette analyse, constater que le pronostic s'est vérifié et que, par voie de conséquence, le modèle psychologique qui l'avait fondé s'en trouve validé, n'apporte qu'une satisfaction amère. Il ne suffit pas d'expliquer la genèse d'une situation, il faut également répondre à ceux qui demandent des solutions pour en sortir. L'importance du problème a fait surgir bon nombre de magiciens qui pensaient avoir la méthode efficace pour réveiller les motivations au travail. Hélas, conviction n'est pas preuve et ceux qui ont été tentés par ces promesses n'ont pas souvent recueilli les fruits qu'ils en espéraient. Pire encore, jetant le bébé avec l'eau du bain, selon la formule consacrée, beaucoup ont assimilé psychologues sérieux et promoteurs de gadgets sans fondement réel et en ont conclu à l'inutilité et à la futilité des efforts des psychologues.

Il faut dire qu'il y a peu de problèmes plus difficiles dans le domaine de la psychologie du travail. L'analyse proposée pour rendre compte de la crise des motivations le montrait bien. La motivation n'est pas un simple trait de personnalité qui serait indépendant du contexte. Ce n'est pas non plus la conséquence quasi-automatique d'une bonne manière de diriger ceux qui travaillent, ou d'une structure organisationnelle adéquate, c'est la résultante complexe de contraintes économiques, technologiques, organisationnelles, et culturelles au sens le plus large, et de leurs interactions avec les besoins, les valeurs et les aspirations des individus. En outre, la motivation n'est pas un état stable, mais un processus, toujours remis en question. Et ceci pas seulement parce que les conditions et l'environnement du travail changent ; également parce que le produit même de la motivation, à savoir les résultats de l'effort, le travail accompli et tout ce qu'il apporte, composent une situation nouvelle [2].

Donner une description précise et en même temps concrète de l'ensemble du processus que représente la motivation constitue donc une étape incontournable. Et utile,- à condition toutefois que cet exercice théorique ne s'arrête pas là et qu'il permette de justifier les différentes stratégies possibles pour relancer la motivation. Voilà bien la difficulté : les schémas théoriques proposés pour rendre compte du processus motivationnel sont complexes et ont fait l'objet de discussions entre spécialistes, discussions dont l'intérêt échappe souvent aux praticiens. Pourtant, si on veut comprendre pourquoi telle stratégie est efficace ici et inefficace ailleurs, il faut savoir quels ressorts de la motivation on a tenté de stimuler et connaître les paramètres qui en modulent les effets.

Beaucoup d'ouvrages ont été écrits sur la motivation au travail, en anglais comme en français [3]. Ils s'adressent plus souvent aux chercheurs qu'aux gestionnaires. Faire le lien entre la description théorique de ce processus complexe, description qui met en cause un vaste ensemble de savoirs psychologiques, d'une part, et les conduites à tenir dans les différentes situations de la vie active, d'autre part, n'est pas une tâche facile. Ce petit livre aura pourtant sa justification s'il rend les praticiens méfiants sur la possibilité de disposer de stratégies universellement efficaces aussi bien qu'éthiquement acceptables, et s'il leur fait prendre conscience du caractère contingent de toute intervention destinée à relancer ou à stimuler la motivation.

Références citées

1. C. Lévy-Leboyer (1994), *La crise des motivations*, Paris, PUF, 2ᵉ édition.

2. C. Lévy-Leboyer (1980), Satisfaction et motivation, théories et recherches, *Bulletin de Psychologie*, 33, 409-412.

3. Parmi les plus récents, on peut citer en français : R. Francès (1995), *Motivation et efficience au travail*, Paris, Mardaga ; S. Michel (1989), *Peut-on gérer les motivations ?*, Paris, PUF ; en anglais : la nouvelle édition remaniée, trente ans après, du classique ouvrage de V. Vroom (1995), *Work and motivation*, San Francisco, Jossey Bass, les collections de chapitres édités par R.M. Steers, L.W. Porter et G. A. Bigley (1996), *Motivation and leadership at work*, New York, Mc Graw Hill, par U. Kleinbeck, H.H. Quast, H. Thierry, H. Häcker (1990), *Work motivation*, Hillsdale, New Jersey, Lawrence Erlbaum et de E.L. Deci, R.M. Ryan (1985), *Intrinsic motivation and self-determination in human behaviour*, New York, Plenum. Une synthèse actuelle est proposée par R. Kanfer (1994), Work motivation, new directions in theory and research, chap.1 in C.L. Cooper et I.T. Robertson, edrs, *Key reviews in managerial psychology*, Chichester, Wiley.

Introduction

Les entreprises n'existent pas sans les hommes et les femmes qui y travaillent. Et la tâche numéro un de tout cadre consiste à obtenir de ses collaborateurs une productivité et une qualité de travail maximales. Ce qui suppose des compétences adéquates, une organisation optimale, mais, avant tout, la motivation de tous. Comment créer et entretenir l'implication, l'ardeur au travail, la volonté pour chacun, de faire au mieux, de se perfectionner constamment, de respecter les objectifs assignés ? Quelles stratégies adopter pour motiver ses équipes ? Comment les mettre en œuvre ? Y a-t-il des règles générales à respecter pour rendre efficace le management des hommes et assurer leur motivation ? Faut-il choisir des individus déjà motivés ? Ou adopter des méthodes qui vont les stimuler ? Les mêmes méthodes pour tous ? Ces moyens ne risquent-ils pas de perdre, à l'usage, leur pouvoir motivant ? Et, dans ce cas, faut-il en suivre les effets et changer souvent son fusil d'épaule ? Ne risque-t-on pas de voir dans les méthodes de motivation une manière déguisée d'exploiter sans ménagement les hommes au travail ? Ou bien peut-on concilier motivation et satisfaction ? L'ardeur au travail ne s'estompe-t-elle pas avec l'ancienneté, avec l'âge ? Est-elle indépendante de la conscience professionnelle, et plus généralement, de la moralité ? Les groupes ont-ils une action motivante sur les individus ?...

Voilà quelques-unes des nombreuses questions que se posent les cadres et qu'ils posent aux spécialistes de la gestion des ressources humaines dans l'entreprise. Au risque de décevoir, il nous faut affirmer qu'il n'y a pas de réponses simples, que la motivation résulte de processus complexes qui mettent en jeu, de manière indissociable, les caractéristiques individuelles liées au fonctionnement affectif, cognitif et social, les conditions propres à l'environnement du travail ainsi que les interactions individu-environnement. Et que l'empirisme n'est pas de mise ici, – ce qui signifie que l'étude attentive des pratiques et de leurs effets doit se faire à la lumière des schémas théoriques et que, symétriquement –, les progrès théoriques peuvent générer de nouvelles pratiques.

Il est facile de dire que la motivation est un domaine où théorie et pratique doivent s'épauler mutuellement. Encore faudrait-il, pour rendre réellement service sur le terrain, que les schémas théoriques soient convaincants et démontrés et que les théoriciens du comportement s'accordent sur un modèle clair susceptible de guider les cadres dans leur pratique quotidienne. Ce n'est pas exactement le tableau qui se dégage à la lecture des ouvrages et des guides d'action existant actuellement. Les efforts pour créer une "science de la motivation au travail", qui permettrait de justifier des méthodes réellement efficaces, ne semblent pas avoir, jusqu'à maintenant, vraiment abouti à des résultats unanimement approuvés. Théoriciens et praticiens du "management scientifique", défenseurs de méthodes de motivation venues du Japon ou d'outre-Atlantique, fondées sur les ressorts psychologiques les plus divers, sont tour à tour loués ou critiqués, et présentés alternativement comme des gourous, des défenseurs de la classe ouvrière et de sa dignité, des exploiteurs du monde ouvrier, des bureaucrates irréalistes, ou des génies charismatiques.

Le problème demeure pourtant aujourd'hui au centre des réflexions et des initiatives. La motivation au travail est, en effet, un ressort important d'une compétition devenue mondiale. En outre, comme l'avance technologique n'est plus un privilège durable, la productivité, et la qualité des services, donc la compétence et la motivation du personnel, deviennent des éléments décisifs de la survie des entreprises. Rien d'étonnant dans ce cas, si 97% des 526 chefs d'entreprise interrogés récemment par l'Association "Progrès du Management" affirment que "Motiver les employés" est "une préoccupation majeure" ou "une préoccupation importante" [1]. Mais lorsqu'on leur demande quelles méthodes ils connaissent pour stimuler la motivation, leurs réponses inquiètent : ils citent pêle-mêle tous les gadgets disponibles, même ceux qui n'ont aucun rapport plausible avec la motivation, sans les justifier par une analyse des facteurs de la motivation au travail. Et ils donnent de la motivation des définitions variées, souvent contradictoires entre elles, et généralement floues. Exposés aux affirmations péremptoires des promoteurs de méthodes et de théories de la motivation, ils disent avoir été d'abord séduits, ensuite déçus, mais tous espèrent encore trouver la "carotte magique". Bref, il y a à la fois une forte demande et une offre abondante de méthodes diverses. Mais ces méthodes, comme c'est le cas dans d'autres domaines des sciences humaines, ne sont pas toujours justifiées par un modèle théorique bien démontré, n'ont pas été validées sur le terrain, ni, surtout, accompagnées d'informations qui permettraient de préciser leurs indications.

Peut-on faire mieux ? Je crois que oui, pour trois raisons qui se complètent mutuellement. D'une part, parce que la psychologie du travail a fait, dans ce domaine, d'importants progrès, souvent mal connus dans notre pays, progrès marqués par la volonté de tenir compte non seulement de la variété des cultures sociales et organisationnelles, mais également des conditions de travail et des caractéristiques individuelles, et par la recherche de preuves empiriques. Ensuite parce que la montée des activités de service, de tous niveaux, au détriment des emplois de production, renouvelle les problèmes de motivation. Et surtout parce que les progrès théoriques récents devraient permettre de faire face aux nouveaux défis posés non seulement par la diversité croissante de la main d'œuvre et des conditions de travail, mais également par le renouvellement actuel des valeurs et de la signification même du travail.

Quels progrès dans le champ de la psychologie du travail appliquée à l'analyse des motivations ? Il ne s'agit pas de nouvelles recettes qui seraient plus efficaces que les anciennes. Mais d'analyses plus flexibles, plus dynamiques, et surtout plus exhaustives des processus de motivation, analyses qui permettent de chercher des solutions adaptées aux cultures spécifiques de chaque organisation et de faire varier les approches et les méthodes de manière à tenir compte de l'évolution actuelle du travail. Autrement dit, on est passé de prescriptions générales et normatives à des schémas permettant de décrire les processus motivationnels propres à chaque situation, et d'en faire le diagnostic afin de chercher des solutions adaptées. Ce qui devrait rendre les gestionnaires de ressources humaines moins enclins à accepter des idées parce qu'elles semblent séduisantes ou généreuses, et plus soucieux de posséder, à l'appui de toute méthode qui leur est proposée, des arguments théoriques et des preuves tangibles.

Il est vrai que, depuis le début du siècle, les propositions n'ont pas manqué. Tout a commencé avec le "management scientifique" et le Taylorisme dont un des objets était d'améliorer l'efficacité grâce au découpage des tâches, à l'étude précise de leur exécution optimale et à leur chronométrage. Taylor était convaincu que la motivation viendrait "avec", grâce à un intéressement financier rudimentaire, ou par la satisfaction née du simple fait de bien faire son travail. On sait comment, loin de stimuler la motivation et de satisfaire les ouvriers, ses méthodes ont déclenché l'hostilité et amené nombre d'effets pervers. Après la guerre, conscients des difficultés nées du Taylorisme, et influencés par les études menées à Hawthorne sous la direction de Elton Mayo, les responsables de la gestion des ressources humaines ont cherché non seulement une autre approche mais également une autre "philosophie" des relations de travail. Et l'ont trouvé successivement dans les positions défendues par Maslow, puis par Herzberg, positions d'ailleurs toujours présentes, malgré les nombreuses critiques qu'elles ont suscitées, dans beaucoup de cours et de séminaires sur le leadership et le management. Ces deux psychologues ont proposé des modèles de motivation fondés sur l'analyse des besoins que les hommes cherchent à satisfaire grâce à leur travail. Tous deux ont insisté sur le fait que le travail n'est pas seulement l'occasion d'un échange entre des efforts individuels et des récompenses matérielles et qu'il est aussi l'occasion de se réaliser à travers une activité professionnelle dont les dimensions sociales sont importantes. Herzberg, en outre, a souligné le fait que la satisfaction n'est pas forcément liée à la motivation. Il peut y avoir des personnes peu satisfaites de leurs conditions de travail, mais qui restent motivées par ce qu'elles perçoivent comme une mission importante ou intéressante, et, inversement, des personnes satisfaites mais qui n'en sont pas motivées pour autant.

Portant le débat sur un autre terrain, McGregor, Likert, notamment, ont stigmatisé une vue pessimiste de la nature humaine, selon laquelle les travailleurs seraient naturellement indolents et sans ambition. Et ils ont défendu une représentation plus optimiste et plus généreuse, selon laquelle les hommes et les femmes sont prêts à se mobiliser dès lors qu'on leur donne des responsabilités et qu'on élabore avec eux une vision commune de l'organisation. C'est le mouvement des Relations Humaines qui, depuis cinquante ans, a vu fleurir de nombreuses méthodes de motivation, qu'il s'agisse de formations de cadres, de promotion, de systèmes de participation en tous genres, de programmes de suggestions quelquefois assortis de primes et de bonus, et, plus récemment, des méthodes qui ont contribué au succès économique du Japon dans la période qui a suivi la dernière guerre. Le tout destiné à améliorer la communication interne, à adapter les récompenses aux souhaits du personnel, à "enrichir" le travail, et surtout à former les cadres de manière à ce qu'ils adoptent un style de leadership favorisant la délégation, encourageant les initiatives de leurs subordonnés et partant, leur motivation.

En résumé, par réaction contre les principes du Taylorisme, un autre management s'est développé, plus humain, caractérisé par des idées qui forment un tout cohérent : il ne faut pas accuser les hommes d'être naturellement paresseux. C'est le travail qui n'est pas motivant parce qu'il est trop souvent aliénant. On peut donc dynamiser la motivation en modifiant le contenu du travail, de telle sorte que les travailleurs de tous niveaux de qualification aient le sentiment d'avoir des responsabilités, d'être appréciés pour ce qu'ils font, et de se réaliser par le truchement de leur activité professionnelle.

Le mérite de ces conceptions des relations entre l'homme et le travail est indiscutable. Elles ont eu le grand avantage de mettre en évidence l'importance du contenu du travail et son rôle comme levier des motivations individuelles, et de contribuer à détruire une représentation étroitement économique des motivations. Il est vrai, même si ces aspects restent importants, que le travail répond à d'autres besoins que la recherche d'un salaire et de la sécurité. L'activité professionnelle peut aussi apporter le sentiment d'être utile et de jouer un rôle dans la société, donner le plaisir de l'efficacité lorsqu'on exécute avec compétence l'activité dont on est chargé, ainsi que la conviction de développer son potentiel et d'utiliser ses qualités. L'épreuve du chômage l'a, malheureusement, bien démontré. Ne plus avoir d'emploi, ce n'est pas seulement devoir faire face à des problèmes financiers, c'est aussi perdre son identité et son insertion dans la société. Seuls arrivent à rétablir leur équilibre les chômeurs qui ont retrouvé un rôle social, et une activité efficace, même s'il s'agit d'un travail bénévole [2].

Mais les modèles de motivation que nous venons de citer datent de quarante ans [3]. Recherche, expérimentation et analyse théorique ont continué depuis et permis de progresser considérablement sur trois points :

1) L'étude expérimentale des postulats théoriques qui sous-tendent les modèles des relations humaines a montré que les théories de Maslow, de Herzberg, de Mc Gregor, de Likert, trop souvent présentées comme des évidences, sont beaucoup trop sommaires pour rendre compte d'une réalité complexe, et sont même partiellement erronées. De ce point de vue, il faut attentivement faire la différence entre des idées théoriques généreuses et séduisantes, et les preuves objectives de leur validité.

2) Il y a plus. Ces premières théories ont cherché à imposer un modèle normatif, voire à définir un style universel de management. On a maintenant bien réalisé qu'il est impossible de trouver une méthode de motivation qui s'applique à tous les individus, à toutes les situations, à toutes les entreprises, et à toutes les cultures, et qu'on risque l'échec lorsqu'on emprunte une méthode, sans autre réflexion, simplement parce qu'elle a réussi ailleurs. Pour n'en donner qu'un exemple, il est bien démontré que les besoins dits de "haut niveau", ceux que nous venons d'énumérer en évoquant la satisfaction de se réaliser, d'avoir des responsabilités, de jouer un rôle, ne sont pas présents chez tous de la même manière. Certains fuient les responsabilités, n'éprouvent pas le besoin de développer leurs compétences, ou cherchent ailleurs les racines de leur identité sociale. Modifier le contenu du travail n'aura pas d'impact positif sur leur motivation. On peut d'ailleurs noter que ces besoins de "haut niveau" caractérisent plus souvent les cadres que leurs subordonnés. Rien d'étonnant si ce sont les cadres eux-mêmes

qui ont attribué aux autres des besoins identiques aux leurs et ont été séduits par l'idée d'en généraliser l'accès...

3) Dans un tout autre ordre d'idées, les premiers efforts pour saisir les facteurs de la motivation au travail se sont inspirés des expériences réalisées en psychologie expérimentale pour analyser les motivations du comportement **animal**, et plus précisément pour rendre compte des besoins précis qui poussent un animal à agir de telle ou telle façon plutôt qu'à rester inactif. Supposer qu'il existe une relation simple de cause à effet entre l'effort consenti par l'homme au travail et le ou les besoins que cet effort peut satisfaire, c'est, en quelque sorte, réduire les comportements humains dans le travail à des schémas aussi simples que celui du rat qui, dans son labyrinthe, ne va chercher le bouton à pousser pour avoir un aliment que lorsqu'il a faim. La motivation n'est appréhendée que comme un état de manque, état passager qui serait détruit aussitôt que son moteur, le besoin, est satisfait. Modèle bien pauvre quand il s'agit de comprendre les comportements de l'homme au travail qui mettent en cause des représentations, une vie sociale complexe, des activités symboliques, des attitudes, un système affectif, l'image de soi et de ses capacités, l'image des autres et des intentions qu'on leur attribue...

Les recherches postérieures aux années 60 sont à la fois moins simplistes, plus focalisées et plus exhaustives. En effet, elles étudient la motivation au travail non plus comme un état, mais comme un *processus* qui se construit dans le temps et qui se renouvelle sans cesse. Et elles tentent de formuler entre les caractéristiques personnelles et les caractéristiques situationnelles des adéquations qui permettent de prendre en compte la variété des psychologies individuelles. Conception plus proche de la réalité et de sa complexité et qui a le mérite d'ouvrir la porte à un diagnostic précis des sources éventuelles de blocage de la motivation.

La nécessité de disposer d'un modèle flexible de la motivation, de connaître les indications spécifiques des différentes stratégies destinées à la stimuler en fonction des caractéristiques de chaque situation, prend un relief particulier au moment où la diversité devient la règle dans le monde économique, et où les conditions de travail, la structure des entreprises, les caractéristiques de l'emploi, le rôle des services, la **signification** même du travail sont en train de changer profondément.

Ces changements ne sont pas sans précédents. Le statut et la culture du travail dans le monde d'aujourd'hui nous semblent si évidents que nous réalisons mal que le rôle du travail dans la vie, dans la morale, dans le développement de la personnalité, dans les règles sociales... a changé et est encore susceptible de changer profondément. Bien plus, il suffit de regarder autour de nous pour réaliser que la signification du travail aujourd'hui est différente dans les pays à culture collectiviste, comme le Japon, de ce qu'elle est dans les cultures individualistes, comme les Etats-Unis et l'Europe du Nord [4]. Un des traits qui distingue fortement les comportements dans le travail dans différentes cultures concerne la manière dont les individus vivent les relations de groupe. Il est évident que ceux dont la culture valorise le succès du groupe plus que le succès individuel ne seront pas sensibles aux mêmes résultats de leur travail que ceux dont le milieu social privilégie la réussite personnelle. Et que, de ce fait, les méthodes qui stimulent fortement la motivation des travailleurs japonais ne sont pas exportables sans retouche dans une culture occidentale. D'autres différences inter-culturelles existent, notamment celles qui concernent la nature des besoins que le travail peut satisfaire, et elles jouent un rôle non négligeable dans le succès des stratégies de motivation. Par ailleurs, les relations étroites entre les activités de travail et les activités hors travail rendent la signification du travail dépendante des autres activités individuelles. J'ai montré, dans une recherche récente, que les représentations des activités de travail caractérisant de jeunes cadres varient selon qu'ils sont célibataires ou qu'ils vivent en couple, et que ces différences sont plus importantes que celles qui distinguent des groupes de cadres de nationalité différente [5].

Non seulement l'idéologie du travail, les normes sociales et les valeurs qui le caractérisent représentent un cadre culturel auquel doivent s'adapter les stratégies destinées à stimuler la motivation, mais il faut également être attentif à la manière dont chaque société et chaque culture créent cette obligation de travail sans laquelle elle ne peut pas survivre. A quoi sert, en effet, l'idéologie du travail ? A faire que les gens prennent le travail au sérieux, et le considèrent comme un réel devoir, donc à ce qu'ils y consacrent le maximum de leurs qualités personnelles et de leur énergie [6]. En d'autres termes, le travail ne représente pas une obligation fondamentale, un pilier de l'éthique collective, au même titre que le respect de la vie humaine, la protection de la propriété, ou les devoirs vis-à-vis de ses parents. Bien plus, il a toujours existé des groupes sociaux pour lesquels le travail est interdit : c'était le cas des religieux des ordres contemplatifs, des nobles sous l'ancien régime. Et, plus près de nous, un travail salarié représentait une activité suspecte pour les mères de famille du début du siècle, dès lors que le foyer possédait une autre source régulière de revenus.

Bref, dès qu'on jette un regard en arrière, il est clair que des idéologies profondément différentes ont rempli cette fonction sociale capitale qui consiste à donner au travail, et au travail bien fait, le caractère d'une obligation impérative. Quelques exemples classiques, choisis pour les profondes différences qui existent entre eux, peuvent en convaincre.

Loin de nous dans le temps, la classification sociale défendue par Platon a de quoi faire réfléchir : pour les esclaves, l'agriculture, pour les étrangers, le commerce et l'industrie, de manière à ce que les citoyens puissent se consacrer aux charges politiques. Certes, il ne s'agit là que de la description d'une société idéale et, dans la réalité, les esclaves ont été diversement traités au cours de l'histoire, puisqu'ils ont également eu la charge, pendant de longues périodes, des activités intellectuelles, en particulier de l'enseignement. Mais ce qui est important c'est de constater qu'une idéologie de travail n'est essentielle que lorsqu'il faut recruter des travailleurs et les faire produire. Il devient alors important de les persuader que le travail est à la fois noble et nécessaire. Par contre, il est inutile de valoriser le travail quand ceux qui en ont la charge ne peuvent échapper à leur condition. Aussi l'idéologie du travail n'existe à Rome et à Athènes qu'avant et après l'esclavage. Aristote, comme Cicéron, découragent le citoyen de se livrer à des activités utiles, à des tâches mécaniques, toutes besognes inférieures qu'il faut laisser aux esclaves alors que le citoyen doit s'enrichir par la judicieuse gestion de ses terres. Pour eux, ce n'est pas la nature de la tâche, ni le rôle social qu'elle implique qui lui confère un statut bas ou élevé, c'est son objectif. Travailler pour soi, et de manière modérée, est bien. Travailler pour les autres est dégradant, parce que cela correspond à une perte de liberté. Il faut d'ailleurs souligner que ces préjugés ont été contre-productifs : le fait que le travail soit réservé aux esclaves n'a cessé de le dévaloriser ; et cette dévalorisation a eu, à terme, des conséquences graves puisqu'elle a freiné le progrès et entraîné le déclin social et politique.

Autre exemple, celui de la civilisation médiévale, toute aussi stratifiée, mais sur des bases différentes. Elle était fondée sur une économie agricole faite de petites communautés se suffisant à elles-mêmes, et trop éloignées les unes des autres pour que les moyens de communication existants puissent créer l'amorce d'une économie de marché. Mais ces communautés ont eu besoin de protection à une époque de grande insécurité. D'où l'échange, entre le seigneur et ses manants, d'une protection armée contre des services. Le système repose alors sur le respect réciproque des uns et des autres mais il n'incite pas à travailler plus et mieux parce que l'absence de marché rend inutile tout surplus éventuel qui serait issu d'un accroissement de travail ou de productivité. Ce n'est donc pas le travail qui est valorisé, mais l'obéissance et le respect des coutumes. Le système va se désagréger dès que les paysans ont un accès plus facile à la ville et que, dans le même temps, le développement des routes et l'accès à un marché plus large et plus diversifié va leur donner la possibilité de vendre leur surplus agricoles, de les échanger contre d'autres produits, donc leur donner le désir de produire plus et mieux. Ce changement, accéléré par la grande épidémie de peste qui s'est étendue à toute l'Europe au quatorzième siècle, raréfie la main-d'œuvre, entraîne une augmentation des salaires, et, à terme, une revalorisation du travail. Plusieurs facteurs jouent donc simultanément et progressivement pour passer d'un travail obligatoire lié au servage à un travail salarié fondé sur l'échange et l'acquisition de biens de consommation [7].

Enfin, l'explosion de l'activité économique qui caractérise le développement du capitalisme a été accompagnée, peut-être précédée, et sûrement favorisée, par le développement de l'éthique protestante décrite par Weber [8]. Weber oppose deux attitudes qui valorisent soit le fait de travailler plus et d'en tirer des satisfactions supplémentaires, soit la possibilité d'avoir plus de temps libre, en travaillant le minimum requis pour assurer ses besoins. Et il ajoute que pour développer la productivité en accroissant l'énergie consacrée au travail, il faut bouleverser les **valeurs** et faire en sorte que le travail ait du prix par lui-même. Le travail n'est pas seulement une nécessité, mais avant tout une conduite vertueuse, faite pour servir Dieu et pour sauver son âme ; le travail est bon en lui-même, c'est un devoir social qui sert d'ossature à la société et à la morale, et qu'il faut opposer à l'oisiveté, mère de tous les vices. Cette valorisation du travail a bien des conséquences. Le travailleur acquiert une nouvelle dignité et l'oisif est condamné. Il justifie la propriété, mais pas les dépenses extravagantes. La pauvreté est le signe de la défaveur divine ; l'ambition est une qualité, le succès et la richesse sont les marques de l'approbation divine. Surtout, la productivité, l'effort maximum, de longues heures de travail, la volonté de travailler aussi bien que possible et d'y consacrer le maximum de son temps, la loyauté envers sa profession et son entreprise représentent des vertus fondamentales.

Sans vouloir poursuivre plus avant cette rapide rétrospective des formes diverses de la motivation au travail, force est de reconnaître le lien qui existe entre les ressorts individuels de la motivation, les méthodes qui permettent de les stimuler et les valeurs, l'idéologie, les représentations dominantes, bref la culture du travail. Observation particulièrement importante à une époque où d'une part, cette idéologie est très variée dans les différentes parties du monde actuellement ouvertes à la compétition et, où, d'autre part, les conditions socio-économiques du travail changent considérablement et rapidement. Les activités de services remplacent en partie les activités de production. Le niveau de formation requis s'accroît. Les relations entre rôles féminins et masculins changent aussi bien dans le travail que hors du travail. La structure des grandes organisations se modifie rapidement et les conditions mêmes du travail se diversifient d'une manière qui était inimaginable il y a quelques années... Nous sommes à un tournant significatif de la culture du travail et les stratégies motivationnelles doivent, et devront de plus en plus s'adapter à un nouveau monde du travail.

On peut résumer cette introduction en quatre propositions :

1) La compétition se joue à l'échelle mondiale. La productivité et la qualité y ont un rôle central. De ce fait, la motivation des hommes au travail représente un facteur capital de la réussite des entreprises.

2) La signification du travail et son caractère d'obligation sont tributaires de la culture, des structures sociales, et des réalités économiques. L'implication et la motivation ne peuvent donc être obtenues partout et toujours par les mêmes moyens.

3) Les théories et les méthodes utilisées par les chefs d'entreprise et les cadres pour stimuler la motivation datent de quarante ans, alors que les conditions de travail, la nature du travail et des compétences nécessaires ainsi que le contexte socio-économique ont profondément changé et changent encore.

4) L'analyse théorique des motivations, comme le bilan des diverses stratégies motivationnelles ont fait l'objet de recherches surtout réalisées dans les pays anglo-saxons. Leurs résultats permettent de mieux comprendre les processus complexes qui déterminent la motivation,- et donc de mieux analyser les situations afin de choisir des solutions adaptées.

5) Il ne faut pas accepter sans examen les idées répandues sur la motivation et, notamment, la conception décrite par Mac Gregor sous le nom de "théorie X" selon laquelle les individus seraient, dans leur majorité, dénués d'ambition, peu motivés, pas concernés par les objectifs de l'organisation dans laquelle ils travaillent et opposés à tout changement.

Ces remarques justifient le plan de ce livre.

Dans une **première partie,** nous essayerons de décrire les modèles et les théories de la motivation, en différenciant les hypothèses démontrées de celles qui se sont, à l'expérience, révélées fausses ou trop sommaires. Ces théories seront regroupées en trois chapitres, portant respectivement sur les besoins comme déterminants de la motivation, le rôle essentiel du fonctionnement cognitif dans les processus motivationnels, la motivation vue comme un phénomène d'auto-régulation vers un objectif défini. Nous tenterons, en conclusion de cette première partie, de faire la synthèse des différentes pièces du puzzle, synthèse justifiée par le fait que chacun de ces modèles n'envisage, en réalité, qu'une partie des phénomènes qui constituent la motivation et qu'ils se complètent donc en ce sens qu'aucun n'a été complètement stérile.

Une **deuxième partie** sera consacrée aux stratégies motivationnelles. Le passage des analyses théoriques à l'application pratique est nécessaire. On ne saurait trop le répéter : qu'il s'agisse de stratégies motivationnelles, de méthodes d'évaluation des aptitudes, ou d'outils de formation, il est nécessaire de savoir sur quelle base théorique ils s'appuient et de disposer de preuves empiriques.

Mais cela n'est pas facile. D'abord, parce que les questions que se posent les gestionnaires des ressources humaines s'inscrivent dans le cadre de conceptions opposées des causes de la motivation. Ou bien l'idée prévaut que la motivation est, avant tout, une qualité individuelle, qualité qui opposerait des "paresseux" à des "énergiques", et, dans ce cas, le problème pratique consisterait, avant tout, à bien choisir des individus motivés, en utilisant des outils de diagnostic similaires à ceux qui permettent d'évaluer l'intelligence ou la sociabilité, par exemple. Ou bien on juge que c'est l'environnement organisationnel qui détermine la motivation, donc que tout le monde peut-être motivé par un climat organisationnel et un style de leadership adéquat, et le problème central consiste alors à s'efforcer d'identifier les facteurs environnementaux susceptibles de relancer et de soutenir l'effort individuel.

Ensuite, parce qu'il n'existe pas une correspondance terme à terme entre telle formulation théorique et telle méthode de terrain. Certes, il y a des postulats qui semblent appeler logiquement des stratégies motivationnelles. Par exemple, si on affirme *a priori* et avec de bonnes intentions que le travail n'est plus motivant parce qu'il est aliénant, la logique veut qu'on cherche à l'enrichir pour le rendre à nouveau motivant. C'est précisément ce type de raisonnement qui nous semble dangereux, et cela pour plusieurs raisons. Parce que même s'il est possible qu'un travail spécifique soit aliénant et que cet état de choses démotive, encore faut-il s'en assurer dans chaque cas. Et surtout parce que si nous ne sommes pas capables de comprendre en quoi le travail aliène et pourquoi cette aliénation se traduit par une démotivation, nous ne serons pas non plus en mesure d'y remédier adéquatement, sauf à opérer à l'aveugle, par essais et erreurs.

C'est pourquoi la seconde partie de cet ouvrage n'est pas le symétrique de la première, chaque position théorique justifiant un groupe de solutions de terrains auquel elle correspond étroitement. En fait, chacune des méthodes, voire des "recettes" présentées comme susceptibles de stimuler la motivation au travail doit être examinée à la lumière de l'ensemble de ce que nous savons sur les processus motivationnels. Aussi avons-nous tenté d'examiner les approches concrètes qui ont la motivation pour objectif en tenant compte aussi bien des bilans empiriques que des fondements théoriques qui les expliquent, et avec le souci d'intégrer théorie et pratique. Ceci sans négliger, dans toute la mesure du possible, ce qui caractérise le monde du travail aujourd'hui et ce qu'on peut prévoir de son évolution.

Références citées
1. *Progrès du Management*, juillet 1993, n° 13, p. 6-9.
2. P. Warr (1987), *Work unemployment and mental health*, Oxford, Clarendon Press.
3. Rappelons quelques dates : A.H. Maslow (1954), *Motivation and personality*, New York, Harper & Row ; F. Herzberg, L.B. Mausner, B. Snyderman (1959), *The motivation to work*, New York, Wiley ; D. Mc Gregor (1960), *The human side of enterprise*, New York, Mc Graw Hill ; R. Likert (1961), *New patterns of management*, New York, Mc Graw Hill. Les recherches effectuées dans les usines Hawthorne de la Western Electric ont débuté en 1923 et se sont poursuivies jusqu'au début des années 30. Le livre qui les relate (F.J. Roethlisberger et W.J. Dickson, *Management and the worker*) a été publié par Harvard University Press en 1939.
4. G. Hofstede (1980), *Culture consequences : international differences in work related values*, Londres, Sage ; M. Erez, P.C. Earley (1993), *Culture, self-identity and work*, Oxford, Oxford University Press.
5. C. Lévy-Leboyer, M. Gosse, P. Lidvan, D. Martin, Représentation des activités de travail et des activités hors travail, *Revue Internationale de Psychologie sociale*, 1989, 3, 3, 357-382.
6. P.D. Anthony (1977), *The ideology of work*, Londres, Tavistock Publications.
7. C. Mossé (1969), *The ancient world at work*, New York, Chatto et Windus.
8. M. Weber (1905), Die Protestantische Ethic une der "Geist" des Kapitalismus, *Archiv für Sozialwissenschaft und Sozialpolitik*, 20, 1-54 ; (1967) *The protestant ethic and the spirit of capitalism*, Londres, Allen and Unwin.

première partie

Modèles théoriques

Pourquoi des modèles théoriques ?

Même si la première partie s'intitule "Modèles théoriques", l'objet de ce livre n'est pas de présenter abstraitement des théories de la motivation, avec l'idée d'en discuter le bien-fondé de manière académique. Deux raisons, cependant, m'ont incitée à commencer par une approche théorique.

La première tient au fait que ces modèles, décrits par leurs auteurs de manière persuasive, ont souvent séduit les responsables des ressources humaines, parce qu'ils ont eu intuitivement le sentiment que tel ou tel modèle correspondait à la réalité de leur vécu quotidien. D'où un hiatus entre une démarche scientifique qui analyse les faits pour proposer des modèles hypothétiques et tenter de les vérifier expérimentalement, et la popularité souvent médiatique d'une théorie exposée sans souci de validation expérimentale. C'est le cas de la "pyramide" de Maslow qui propose une classification des besoins que le travail est susceptible de satisfaire, assortie de l'idée que ces besoins s'organisent hiérarchiquement, avec une priorité pour les plus essentiels, mais une place tout en haut pour ces besoins "de luxe" qui correspondent à la réalisation de soi-même. Et qui est complétée par l'idée apparemment évidente qu'un besoin satisfait perd son pouvoir motivant. Tout cela semble simple et vrai... mais est loin d'être démontré. Il m'a donc semblé utile non seulement de faire le point sur les modèles de motivation au travail actuellement disponibles, mais également de résumer les résultats des nombreuses recherches qu'ils ont suscitées, et de dégager ce qu'on peut en retenir par opposition à ce qui n'a pas résisté à l'expérimentation.

La seconde raison vient des relations étroites qui devraient exister entre modèles de motivation et pratiques de terrain destinées à stimuler la motivation. On peut, en effet, se contenter, pour justifier une méthode, de constater son efficacité. Mais vienne cette efficacité à diminuer ou même à disparaître, rien ne permettra d'expliquer pourquoi il en est ainsi, si on ne sait pas quels processus ont été mis en œuvre par les pratiques utilisées. Ce sont, précisément, les modèles théoriques qui permettent de savoir quels cheminements complexes expliquent l'efficacité des différentes stratégies.

En réalité, même le fait de constater l'efficacité d'une stratégie motivante n'est pas une démarche simple et qui peut échapper à la réflexion théorique. Efficace sur quoi ? Pour s'interroger valablement, il faut être capable de préciser ce qu'on cherche à obtenir (la **performance**), et également, connaître les déterminants de la performance qui n'entrent pas dans la sphère motivationnelle. De très nombreux travaux et des centaines de publications ont été consacrés à la mesure des aptitudes, à la description de la personnalité, à la nature des intérêts, mais la structure et le contenu des "performances" ont laissé les psychologues relativement indifférents. C'est pourtant ce qu'ils cherchent à prédire, quand il s'agit de sélection, ou à mesurer quand ils veulent décrire les effets d'une méthode de management.

Campbell a récemment proposé une description de la performance et de ses déterminants. La performance est essentiellement constituée par une série de comportements et d'activités, accomplis par les membres de toute organisation et étroitement tributaires des objectifs de cette organisation [1]. Mais deux points font de la performance une variable difficile à analyser :
1°- Tout poste de travail est complexe et comprend de nombreuses performances différentes ;
2°- Les comportements et les activités qui la composent ne sont pas toujours observables directement.

Ainsi le travail de l'ingénieur exige que de nombreuses activités soient mises en œuvre pour remplir les missions qui lui ont été assignées. Il utilisera, par exemple, ses capacités cognitives pour résoudre des équations complexes ; mais nous ne pourrons que juger du résultat, à savoir, la solution produite et son efficacité par rapport aux objectifs définis par l'organisation. On doit donc distinguer la nature d'une performance de la valeur de ses résultats pour l'organisation, et prendre en compte le fait qu'une activité volontaire et qui atteint ses buts peut ne pas être celle qui est souhaitée par l'organisation.

Revenons à ce qui détermine la performance. Campbell propose de distinguer trois groupes de déterminants : les connaissances déclaratives, les connaissances procédurales et la motivation. Au-delà du vocabulaire qui peut sembler barbare, de quoi s'agit-il ? De différencier ce qu'on appelle "savoir", "compétences" et "motivation". Le savoir, ou connaissances **déclaratives**, concerne toutes les connaissances nécessaires pour accomplir une tâche donnée, par exemple, connaissances en langues étrangères, en mécanique, en droit... Ces connaissances sont dites déclaratives parce qu'elles peuvent faire l'objet d'exposés écrits, voire de manuels. Ce qui n'est pas le cas des connaissances **procédurales** qui concernent le savoir-faire, et contrôlent l'activité cognitive, l'activité psycho-motrice, les relations inter-personnelles aussi bien que la capacité à se manager soi-même. Il s'agit bien là d'expériences acquises, qui peuvent être mises en œuvre lorsque les circonstances l'exigent, mais qui se prêtent plus à des démonstrations qu'à des exposés ou des manuels.

Reste la motivation. Ce qui revient à dire qu'elle rassemble les déterminants de la performance qui ne sont ni des connaissances déclaratives ni des connaissances procédurales. Il ne s'agit pas pour autant d'un phénomène simple, et, encore moins, d'un processus directement observable. Mais on peut le décomposer en trois étapes qui se définissent dans le cadre des actions visant la poursuite d'un résultat donné, donc d'une performance :
1) le choix de l'objectif ou encore l'acceptation par l'individu d'un objectif qui lui est assigné ;
2) la décision, souvent implicite, qui concerne l'intensité de l'effort que cet individu va consacrer à atteindre cet objectif ;

et 3) la persévérance dans l'effort au fur et à mesure qu'il se déroule et en fonction des retours d'information sur ses résultats par rapport à l'objectif à atteindre.

En d'autres termes, être motivé, c'est essentiellement **avoir un objectif, décider de faire un effort pour l'atteindre et persévérer dans cet effort jusqu'à ce que le but soit atteint.**

La motivation est donc, par définition, un concept multidimensionnel puisqu'il fait appel aux notions de direction (l'objectif), d'intensité (le degré de l'effort) et de durée (la poursuite de l'effort). D'où plusieurs difficultés. Tout d'abord, mesurer directement la motivation est une gageure et, le plus souvent, seule l'intensité de l'effort est prise en compte. Par ailleurs, les modèles théoriques que nous verrons dans la première partie ne tiennent pas toujours compte de ces trois aspects. Lorsqu'on veut évaluer les résultats de la motivation, on ne peut que mesurer ses résultats, à savoir la performance qui en résulte. Mais toute performance n'est pas seulement tributaire de la motivation. Les aptitudes, les connaissances, et beaucoup de facteurs environnementaux jouent également un rôle déterminant, ce qui rend difficile la validation des modèles théoriques de la motivation.

La qualité d'un modèle théorique, dans le domaine des sciences sociales, est liée aussi bien au fait qu'il est correctement démontré, qu'au fait qu'il est applicable. Mais la complexité des phénomènes de motivation apporte deux contraintes supplémentaires. D'une part, un modèle théorique de la motivation ne peut pas s'appliquer à tous les environnements, ni à tous les individus, d'où la nécessité de tenir compte de variables contextuelles et de paramètres individuels. D'autre part, l'obligation de poser, à leur sujet, non pas une seule question, mais une série de questions qui sont précisément celles auxquelles les différents modèles théoriques tentent de répondre, à savoir :

1°) Comment sont choisis les buts ? Comment expliquer la diversité des buts que s'assignent différents individus ? Qu'est-ce-qui fait qu'on accepte, ou pas, un objectif défini par sa hiérarchie ?

2°) Qu'est-ce qui cause l'implication vis-à-vis du but ? En d'autres termes, pourquoi décide-t-on de s'efforcer mollement à atteindre tel ou tel but, mais ardemment à poursuivre un autre objectif ?

3°) Qu'est-ce qui fait renoncer, ou au contraire, persévérer dans l'effort ? Quel est le rôle, de ce point de vue, des informations sur les premiers résultats ?

Le simple énoncé de ces questions permet de pressentir que les réponses qui seront présentées dans les chapitres qui suivent, seront forcément complexes.

Elles devront, en effet, faire appel :

• à la psychologie des différences individuelles, parce que les motivations individuelles sont différentes et que ces différences ne peuvent pas être sans lien avec ce qui fait la singularité de chacun, notamment en ce qui concerne la personnalité ;

• aux analyses du fonctionnement cognitif, parce que c'est ce qui permet de traiter les informations obtenues en cours de route sur les résultats de l'effort déjà accompli ;

• à la psychologie sociale, parce qu'elle rend compte du fonctionnement des réseaux sociaux, de la manière dont des valeurs différentes sont attribuées aux différents buts et aux résultats obtenus, et qu'elle étudie les acquisitions qui sont le fruit de l'expérience, parce que ce sont les expériences antérieures qui façonnent les attentes et les espoirs de chacun.

Ces trois points justifient le plan adopté pour cette partie. Le premier chapitre concerne essentiellement les aspects affectifs qui différencient les individus entre eux et expliquent leur motivation. Le chapitre deux introduit les modèles cognitifs qui reconstituent la logique des choix individuels. Le chapitre trois est plus actuel. En effet, modèles "affectifs" et "cognitifs" s'intéressent à ce qui explique les efforts réalisés pour optimiser les résultats du travail, alors que les conditions économiques et techniques actuelles donnent de l'importance aux comportements innovatifs qui dépassent les strictes exigences des rôles professionnels.

Référence citée
1. J.P. Campbell (1990), Modeling the performance prediction problem in industrial and organizational psychology, chapitre 12, volume 1, in M. D. Dunnette, L. M. Hough, *Handbook of Industrial and Organizational Psychology*, Consulting Psychologists Press, Palo Alto, 2ᵉ édition.

Chapitre 1

La motivation, force interne ?

Le concept même de motivation oppose l'activité à l'inertie... heureuse : ou bien vous n'avez besoin de rien, et vous profitez détendu, de cette plénitude - ou bien vous ressentez un besoin impératif et vous vous mettez en mouvement pour le satisfaire. De fait, les théories dites "du besoin" ont toutes une base commune : l'idée qu'il existe une force interne, une tension intérieure, qui pousse chacun d'entre nous à chercher la satisfaction des besoins qu'il ressent. Plus ces besoins sont aigus, moins ils sont satisfaits, plus ils nous conduisent à agir pour réduire ce décalage entre ce que nous souhaitons et ce que nous avons. Dans cette perspective, la motivation ne serait alors que l'ensemble d'activités déployées pour obtenir que nos besoins soient comblés ; et cette conception s'appliquerait aussi bien aux comportements les plus élémentaires qu'aux conduites complexes de l'homme au travail. Si cette définition de la motivation au travail s'avère pertinente, ses applications coulent de source : connaître les besoins des membres de son personnel, c'est savoir comment les motiver. D'où le développement logique des théories du besoin qui a consisté à proposer des inventaires de besoins ainsi que des méthodes permettant d'évaluer leur force motivante.

En fait, à partir de cette idée simple selon laquelle c'est le vide à combler, le manque de satisfaction, qui mettent en mouvement, la notion même de besoin et la manière dont on peut concevoir le rôle des besoins comme agents motivateurs ont considérablement évolué.

Les premiers modèles théoriques proposés, ceux de Maslow et d'Alderfer[1], ne donnent aucune définition précise de cette "force intérieure" ni de ce qui la différencie de la volonté proprement dite. En revanche, ils proposent une liste des besoins susceptibles d'alimenter la motivation au travail. Surtout, ils suggèrent des réponses à trois questions qui correspondent bien à celles qui se posent sur le terrain :

• Comment expliquer que les besoins ne soient pas universels et que chacun d'entre nous soit mis en mouvement par la recherche de satisfactions spécifiques ?

• Comment savoir quelle satisfaction mobilise tel ou tel d'entre nous, à un moment donné ?

• Existe-t-il une hiérarchie d'importance des besoins qui corresponde à des valeurs universelles et qui soit, de ce fait, observable chez tous les être humains ?

Trois courants théoriques ont proposé des réponses de plus en plus sophistiquées à ces questions. Un premier groupe de modèles définit tout travail professionnel comme un échange entre les résultats de l'effort accompli par l'individu et les "récompenses" que lui donnent l'organisation. Avec l'idée que le système ne marche que si l'échange correspond bien aux besoins que l'individu cherche à satisfaire.

Un second groupe de théories, développées indépendamment les unes des autres, met l'accent sur certains besoins qui représenteraient des sources spécifiques de motivation au travail, qu'il s'agisse du besoin de pouvoir et du besoin de réussir analysés par Murray [2] et par McClelland[3], ou d'un ensemble de besoins dont l'importance est soulignée par Herzberg [4] et qui trouvent leur satisfaction dans l'exercice du travail lui-même. Cette focalisation sur le "contenu" motivant du travail, par opposition au "contexte",- donc à l'échange travail-récompense ouvre la voie, à la suite de Deci [5], à des analyses plus détaillées du rôle de ce qu'on appelle la motivation "interne", par opposition à la motivation "externe".

Ces théories sont généralistes, en ce sens qu'elles proposent des schémas de la motivation qui fonctionneraient de la même manière pour tous les individus, et également dans toutes les organisations, dans toutes les cultures comme dans tous les secteurs du monde du travail. Pourtant l'importance des différences individuelles et l'idée que les situations de travail diffèrent entre elles représentent une donnée centrale de la psychologie du travail. Voici, en effet, plus de vingt ans que les psychologues définissent des styles de leadership adaptés aux caractéristiques des organisations et aux situations spécifiques du travail, et qu'ils choisissent des outils de sélection en fonction d'une analyse précise des qualités requises par chaque poste à pourvoir. Il est donc légitime de se poser une nouvelle question sur les besoins comme source de motivation. Les situations, donc les caractéristiques des postes et des organisations, ainsi que le style de management dominant fournissent-ils aux individus des possibilités différentes de satisfaire leurs besoins, de sorte qu'il serait souhaitable de rechercher une adéquation entre la hiérarchie de besoins propre à chacun, d'une part, les situations et les ressources organisationnelles, d'autre part ? En d'autres termes, y a-t-il un "fit" entre les caractéristiques individuelles et les caractéristiques organisationnelles ? Miner, dont le modèle sera présenté à la fin de ce chapitre, a défendu l'idée qu'il existe des motivations à jouer un rôle, motivations qui conditionnent la réussite professionnelle dans des contextes et pour des métiers différents [6]. En outre, il a développé un outil diagnostic permettant de mesurer l'importance, chez chaque individu, du désir de jouer le rôle requis par tel ou tel poste, afin d'évaluer le degré d'adéquation entre ses motivations et ce qu'attend de lui l'organisation.

Cette évolution des idées et des théories concernant le rôle des besoins dans la motivation au travail est donc marquée par de profonds remaniements. Le vocabulaire lui-même a changé : on ne parle plus de "besoins", mais plutôt de valeurs et de motifs. Par contre, l'idée même que ces motifs jouent un rôle important dans les processus motivationnels subsiste et sous-tend bien des pratiques motivationnelles. Passer en revue, comme nous allons le faire, les modèles théoriques qui mettent en jeu la notion de besoin et son évolution possède donc bien plus qu'un intérêt historique. Il ne s'agit pas, en effet, de faire l'histoire du concept de besoin, mais de préciser la nature des principaux modèles théoriques qui sont fondés sur ce concept, et d'analyser les documents que nous possédons sur leur validité. Nous présenterons successivement les modèles de Maslow et de Alderfer, puis l'apport de Murray et celui de Herzberg, connu sous le nom de modèle bi-factoriel parce qu'il introduit une distinction entre "contexte" et "contenu" du travail. Cette importante distinction est reprise par Deci qui a analysé de manière novatrice les relations entre motivation interne et externe, et la manière dont elles se cumulent ou se nuisent mutuellement. Enfin, les travaux de Miner sur les motivations à jouer des rôles apporteront une ouverture différente, centrée sur l'adéquation entre les aspirations individuelles et la nature des fonctions dans chaque organisation. Restera à envisager avec les contributions de Ronen une typologie des besoins qui ouvre la voie aux comparaisons inter-culturelles.

LE MODÈLE HIÉRARCHIQUE DE MASLOW

Le modèle hiérarchique des besoins, dû à Abraham Maslow [1] est sûrement le plus connu en France. En fait, Maslow ne s'est intéressé à la motivation au travail qu'à la fin de sa carrière, et ce sont, en réalité, des psychologues du travail qui ont appliqué ses propositions théoriques aux problèmes de la motivation dans les organisations. Le propos de Maslow était de montrer que la trame de toute vie humaine est constituée par la quête incessante de nouvelles satisfactions concernant ceux de nos besoins non exaucés. En d'autres termes, l'ensemble de nos conduites serait guidé par la satisfaction de besoins qui caractérisent tous les êtres humains et qui sont donc instinctifs, biologiques et fondamentaux.

Maslow distingue cinq groupes de besoins : besoins physiologiques, qui visent à assurer la survie, le gîte et le couvert ; besoin de sécurité, d'être protégé contre toute menace ou danger ; besoins sociaux, appartenir à des groupes, avoir des amis, être en position de recevoir l'affection des autres ; besoin d'estime, d'être apprécié et respecté par les autres et besoin de se réaliser, de "devenir de plus en plus ce qu'on est, de devenir tout ce qu'on est capable d'être", selon l'expression de Maslow lui-même [7]. Et le besoin de se réaliser peut se concrétiser différemment selon les individus, pour les uns, par exemple, à travers leur réussite professionnelle, pour d'autres, en tant que père ou mère de famille, pour d'autres encore, à travers des activités caritatives.

L'originalité du modèle de Maslow concerne la manière dont il présente les liens qui existeraient entre ces différents besoins sous la forme d'une pyramide. A la base, les besoins physiologiques, ensuite, les besoins de sécurité qui constituent ensemble les besoins fondamentaux. Puis, dans un ordre croissant, les besoins sociaux, d'estime et, tout en haut de la hiérarchie, l'actualisation de soi. Cette structure pyramidale permet de concrétiser l'idée selon laquelle chaque besoin est motivant jusqu'à ce qu'il soit satisfait, et cède alors son tour au besoin suivant, en allant vers le sommet de la pyramide. L'intérêt d'une telle conception vient de ce qu'elle concilie l'existence de différences entre les individus parce que leurs besoins sont situés à un niveau inégal de la pyramide, avec l'existence de besoins fondamentaux identiques et organisés selon la même séquence pour tous.

Le modèle de Maslow repose donc sur trois hypothèses :

1) Tout comportement est déterminé par la recherche de satisfactions concernant un des besoins fondamentaux.

2) Tous les individus commencent par chercher à satisfaire les besoins les plus élémentaires et ne passent au besoin suivant, dans l'ordre hiérarchique, qu'une fois satisfait le besoin situé plus bas. De ce fait, il existe une relation négative entre la force motivante d'un besoin et son degré de satisfaction et entre la satisfaction d'un besoin et la force motivante de celui qui se trouve plus haut dans la hiérarchie.

3) Les besoins fondamentaux, ceux de premier niveau, ont une priorité absolue sur tous les autres. Ce qui explique qu'un nombre plus restreint de personnes se trouve mobilisé par la satisfaction des besoins de niveau élevé, en particulier par la réalisation de soi. De toutes manières, ce besoin, le plus haut de la hiérarchie, n'est jamais complètement satisfait.

Comment peut-on appliquer ce modèle hiérarchique aux situations de travail ? Ceux qui ont un salaire insuffisant ou qui ont le sentiment de ne pas avoir assez de sécurité dans leur emploi vont chercher avant toute autre chose à satisfaire ces besoins fondamentaux. Inutile de tenter de les mobiliser en leur offrant, par exemple, la possibilité d'accroître leur estime de soi. Par contre, ceux qui ont réussi à obtenir de quoi vivre décemment, eux et leur famille, vont attacher de plus en plus d'importance aux relations inter-personnelles, aux marques d'estime, voire, ensuite, aux occasions d'acquérir des compétences et de les utiliser pleinement. De même, on peut supposer que, en montant dans la hiérarchie, les cadres seront mis en mouvement par des ressorts différents en ce sens qu'ils vont chercher à satisfaire des besoins d'ordre plus élevé.

Bref, ce modèle, s'il se vérifiait, fournirait une manière ingénieuse de concilier l'existence de besoins identiques pour tous et de sources de motivation différentes pour chacun, en fonction de sa situation personnelle. Mais il ne suffit pas qu'une théorie soit ingénieuse pour qu'elle soit validée. Et le bilan expérimental est très négatif. Les très nombreuses recherches effectuées dans les années 70 n'ont pas prouvé que cinq besoins indépendants les uns des autres suffisent à faire le tour des sources de la motivation au travail. Aucune non plus n'a vérifié la corrélation négative qu'implique le modèle de Maslow entre la force d'un besoin et sa satisfaction ; aucune, enfin, n'a confirmé l'existence d'une structure hiérarchique des besoins.

Il faut pourtant rendre justice à Maslow. Tout d'abord, le modèle qu'il propose a souvent été décrit d'une manière trop simpliste, rendue encore plus schématique par le recours à un dessin de la "pyramide". Le modèle est trop souvent interprété comme si à un moment donné toute l'énergie individuelle n'était régie que par la satisfaction d'un besoin, et un seul, et comme si cet état de dépendance continuait jusqu'à ce que le besoin soit comblé. En réalité, Maslow décrit tous les comportements comme relevant de plusieurs sources de motivation et chaque besoin comme étant partiellement satisfait, donc plus ou moins source de motivation. Par ailleurs, Maslow n'a jamais réellement voulu proposer un modèle de motivation destiné à être testé expérimentalement ; et il a seulement utilisé son expérience clinique ainsi que ses réflexions personnelles pour élaborer une conception philosophique de la nature humaine. En fait, l'accent mis sur le besoin de se réaliser, qui ne ferait surface qu'une fois tous les autres besoins satisfaits représente sa contribution majeure. D'où l'apparente imprécision de son modèle théorique. En effet, avant de fonder une stratégie motivationnelle sur les idées de Maslow, il aurait fallu apporter des réponses qui manquent et qui rendraient la théorie vérifiable. Sur quelle échelle de temps se déploie la hiérarchie ? Comment, concrètement, passe-t-on d'un besoin à un autre ? Est-ce qu'il est possible de monter et également de descendre les échelons de la hiérarchie ? Il faudrait aussi, plus concrètement, réconcilier ce modèle avec des faits facilement observables. Comment, par exemple, penser que les besoins physiologiques peuvent cesser d'être motivants alors qu'ils se renouvellent constamment puisque nous avons besoin quotidiennement de nous nourrir et de nous vêtir ? Comment accepter l'idée qu'un besoin satisfait disparaît alors que nous pouvons observer la manière dont, par exemple, comme l'ont montré Hall et Nougaim [8], un premier succès vient relancer l'ambition et le désir de réussir encore plus, encore mieux ?

Au total, il faut accorder à Maslow le mérite d'avoir été le premier à proposer une analyse des ressorts de la motivation, mais reconnaître que le modèle qu'il propose, et qui n'était d'ailleurs pas conçu pour être appliqué aux situations professionnelles, ne permet pas d'expliquer comment se développe la motivation au travail, ni de rendre compte des différences inter-individuelles concernant les sources et l'intensité de la motivation.

LE MODÈLE "E R G" D'ALDERFER

Le même scepticisme s'applique à une autre théorie des besoins, moins connue en France, et due à Alderfer [1], et cela même si cet auteur a tenté d'échapper aux critiques faites à Maslow. Son modèle diffère de celui de Maslow sur quatre points :

• Il limite le nombre des besoins à trois qui donnent leur nom au modèle : ERG pour Existence (ensemble des besoins matériels, y compris la recherche de sécurité), Relatedness (ensemble des besoins sociaux, avoir des liens sociaux avec des personnes importantes pour soi, collègues, familles, amis...) et Growth (besoin de se développer, et notamment de développer et d'utiliser les compétences qu'on possède).

• En outre, les trois besoins ne sont pas organisés en hiérarchie mais sont alignés du plus concret (les besoins "d'existence") au plus abstrait (les besoins de "développement personnel").

• De plus, les trois besoins peuvent très bien être actifs simultanément chez un même individu ; et il n'est pas nécessaire qu'un besoin soit satisfait pour qu'un autre besoin devienne motivant.

• Enfin, tout individu au travail est supposé "se déplacer" sur ce *continuum*, dans les deux sens, en allant soit vers le plus abstrait soit vers le plus concret. Par exemple, si quelqu'un n'arrive pas à satisfaire son besoin de se développer, il va vraisemblablement se reporter sur des besoins plus matériels.

Le modèle d'Alderfer n'a pas fait l'objet de recherches aussi nombreuses que celui de Maslow, probablement parce que, malgré l'intention de son auteur, les deux schémas partagent le même défaut, dû à l'imprécision de la notion même de besoin. En outre, aucun des deux modèles ne précise s'il est possible de créer des besoins, et ne permet d'affirmer que certains besoins sont plus motivants que d'autres, ce qui rendrait ceux qui en sont animés plus productifs et plus ardents au travail. Rien n'autorise à dire que le fait de passer d'un besoin à un autre entraîne un changement de comportement dans le travail, ni comment on peut, sur le terrain, mesurer la force des besoins et leurs degrés de satisfaction, de manière à ajuster une politique de personnel.

Autant de questions sans réponses qui font que ces deux théories représentent des étapes intéressantes, mais dépassées, de l'étude de la motivation au travail. Le problème reste posé : le concept même de besoin et la définition de la motivation comme la force visant à le satisfaire suffisent-ils à rendre compte de l'ensemble du processus motivationnel ?

LE MODÈLE DES BESOINS MANIFESTES DE MURRAY

Une autre théorie fonde la motivation sur l'existence de besoins. Elle est due à Murray [2] et elle a été considérablement développée par

Atkinson et par McClelland[3]. Comme dans le schéma de Maslow, les besoins sont, pour ces auteurs, les moteurs de la motivation ; mais la ressemblance s'arrête là. D'une part, parce qu'il s'agit de modèles qui se concentrent sur un petit nombre de besoins très spécifiques et d'autre part, parce qu'ils adoptent une vue beaucoup plus flexible de la motivation puisqu'ils admettent qu'un individu peut être animé simultanément par plusieurs besoins motivants, et que c'est la force relative de ces divers besoins qui caractérise chacun d'entre nous. Surtout, les besoins sont considérés comme acquis et pas innés, en ce sens qu'ils sont activés par les contacts avec le milieu extérieur. En d'autres termes, et contrairement à ce qu'a cherché à prouver Maslow pour qui les besoins sont universels, chaque individu pourrait être caractérisé par une sorte de "profil de besoins", profil susceptible d'évoluer au fil des expériences, et besoins capables de déterminer les comportements.

Bien que Murray ait distingué 20 besoins différents, quatre d'entre eux ont été considérés, par lui-même, puis par Atkinson et par Mc Clelland, comme réellement importants dans le cadre des comportements organisationnels,- les besoins de **réussir**, d'**affiliation**, d'**autonomie** et de **pouvoir**.

Le besoin de **réussir** représenterait un facteur important du succès professionnel, notamment chez les cadres. Il implique, chez ceux qui en sont animés, un fort désir d'assumer des responsabilités, d'avoir un retour d'information sur les résultats obtenus et d'affronter des risques de difficulté moyenne. Ce dernier point est particulièrement original parce qu'il est fondé sur l'idée que le besoin de réussir se combine presque toujours avec une forte crainte de l'échec. D'où le souhait chez ceux qui en sont animés, de se confronter à des tâches suffisamment difficiles pour qu'elles donnent, lorsqu'on les surmonte, le sentiment de réussir, mais pas exagérément périlleuses, de manière à ne pas avoir à faire face à un risque d'échec trop important. McClelland a tenté de montrer que c'est l'éducation qui développe, chez le jeune enfant, et chez l'adolescent, le désir de réussir et que des séminaires de formation, qu'il a d'ailleurs essayé d'implanter en Inde avec peu de succès, peuvent également contribuer à les stimuler chez l'adulte.

Le besoin d'**affiliation** implique un fort désir d'être accepté par les membres d'un groupe, parce que cela rassure et soutient, ainsi qu'une tendance au conformisme vis-à-vis de la culture de ce groupe et un intérêt réel pour les opinions et les sentiments des autres. Les personnes qui sont animées par ce besoin seraient, plus que les autres, sensibilisées par des environnements organisationnels bien structurés parce qu'ils leur apportent le cadre et le soutien social qu'ils recherchent.

Le besoin d'**autonomie** implique le désir de travailler seul, à son propre rythme, et sans être gêné par des règles trop contraignantes. Les individus qui ont un fort besoin d'autonomie s'adapteraient mal aux conditions particulières à la grande organisation traditionnelle.

Le besoin de **pouvoir** concerne le désir d'influencer les autres, de les diriger et de contrôler l'environnement extérieur. McClelland différencie, sur ce point, deux orientations, l'une vers les individus, désir de dominer autrui sans forcément exercer une autorité institutionnelle et l'autre vers les groupes, désir d'avoir un rôle de leader officialisé par l'organisation.

Pour séduisante que soit cette analyse, peu de recherches ont tenté de la valider sur le terrain. On peut toutefois noter que Steers a observé une plus nette relation entre satisfaction et performance chez les cadres ayant un fort besoin de réussir. Pour eux, le plaisir d'avoir réussi serait une réelle récompense, en elle-même [9]. Il n'en reste pas moins très difficile de mesurer de manière fiable ces différents besoins, encore plus de démontrer que les formations destinées à les stimuler sont réellement efficaces. D'une manière plus générale, la réussite professionnelle dans des professions très qualifiées ou dans des postes appartenant à des niveaux élevés de la hiérarchie est déterminée par un si grand nombre de facteurs,- aptitudes, personnalité, compétences...-, qu'il semble un peu puéril d'affirmer que ceux qui ont envie de réussir réussissent et que ceux qui souhaitent le pouvoir, l'exercent bien... Ceci dit, l'inverse, qui peut être vrai, reste à démontrer. Si on ne valorise pas la réussite, pourquoi ferait-on des efforts pour l'atteindre ? Mais, même dans ce cas, il faudrait mieux savoir comment se développent l'envie de réussir et le désir de pouvoir. Les données existantes font penser que ce ne sont pas là simplement des caractéristiques individuelles, mais plutôt le résultat d'expériences spécifiques auxquelles chacun réagit en fonction de sa personnalité et de ses valeurs propres. Une enquête effectuée en France auprès de cadres dirigeants nous a permis de montrer que l'ambition professionnelle se construit au cours de la carrière, qu'elle s'appuie sur les résultats obtenus, notamment sur les premiers succès, et qu'elle dépend fortement des informations sur ses propres qualités et des marques d'estime que vous donnent les autres [10].

LE MODÈLE BI-FACTORIEL DES SATISFACTIONS DE HERZBERG

Peu de théories ont fait couler autant d'encre que le modèle de Herzberg. S'agit-il uniquement d'une mise en relation des motivations et des satisfactions au travail ? Quel rapport avec l'étude des motivations ? Pour mieux le comprendre, il faut rappeler le postulat commun à toutes les théories des besoins : c'est leur non-satisfaction qui est source de motivation. Mais alors que Maslow, Alderfer, et Murray définissent les besoins par leur contenu, sans chercher à les regrouper en catégories, Herzberg distingue deux types de besoins, ceux qui sont propres à tous les êtres vivants, et ceux qui sont particuliers à l'espèce humaine. Et il postule que seuls ces derniers sont des "motivateurs", alors que les autres, qu'il qualifie de besoins "d'hygiène", seraient seulement susceptibles, dès qu'ils sont pourvus, de réduire l'insatisfaction. Lorsqu'on sait que le salaire et la politique du personnel font partie des besoins d'hygiène, il n'est pas étonnant que le monde du travail ait prêté une oreille attentive aux affirmations de Herzberg. Y avait-il là une source de motivation indépendante des traditionnelles récompenses au mérite ?

Sur quoi fonde-t-il sa théorie ? En faisant une analyse thématique de bons et de mauvais souvenirs concernant la vie de travail qu'il a récoltés au moyen d'entretiens, Herzberg différencie les événements qui constituent la trame des mauvais souvenirs de ceux qui constituent l'essentiel des bons souvenirs. Ce qui lui permet d'opposer les sources de motivation à ce qu'il définit comme de simples remèdes à l'insatisfaction,- d'où le nom du modèle "bi-factoriel" [4]. Ces sources de motivation que Herzberg nomme des "motivateurs" sont liées au *contenu* des tâches, c'est-à-dire au fait d'assumer des responsabilités, à la réussite, à la promotion, à l'intérêt pour le travail lui-même, à l'autonomie, aux défis surmontés. Alors que les remèdes à l'insatisfaction, les facteurs "d'hygiène" concernent ce que Herzberg rassemble sous le nom de "*contexte*" du travail,- essentiellement le salaire, la sécurité, les relations avec les collègues, les conditions matérielles du travail et la politique de gestion des ressources humaines qui caractérise l'entreprise.

L'implication pratique de ce modèle est claire. On devrait pouvoir stimuler la motivation d'un individu en accroissant le "contenu" significatif de sa tâche, c'est-à-dire en multipliant les responsabilités, les défis à surmonter, en accroissant son autonomie et en rendant les activités dont il est chargé aussi intéressantes que possible. En d'autres termes, il faut savoir utiliser les vrais ressorts de la motivation, ceux qui concernent la nature même du travail et pas, comme on l'avait cru jusqu'alors, l'échange entre un travail et des "récompenses" externes, échange qui peut peut-être réduire l'insatisfaction mais pas exercer de fonction motivante.

Le modèle de Herzberg a connu un long et fort succès auprès des chefs d'entreprise, probablement à cause de la simplicité de sa formulation, de son caractère original et du fait que ses conclusions recoupent certaines de nos intuitions. Personne, en effet, ne peut nier le plaisir tiré du fait de réussir une tâche difficile, de se confronter avec succès à un défi, ou encore, d'avoir un travail intéressant. Mais le modèle bi-factoriel lui-même a été l'objet de vives critiques, aussi bien sur le plan de la méthode utilisée pour le fonder que sur l'absence de preuves expérimentales.

Résumons ces objections. Tout d'abord, des données récoltées au cours d'entretiens ne sont pas des faits objectifs, et les experts ne s'accordent pas sur leur analyse. De plus, les souvenirs sont le résultat d'un travail cognitif sélectif et pas un compte-rendu objectif de la réalité. En particulier, on a montré que lorsqu'une personne décrit un événement satisfaisant qui lui est arrivé dans le passé, elle a tendance à s'en attribuer le mérite, alors qu'elle blâme les autres en décrivant une expérience déplaisante. Bref, les "deux facteurs" ne sont probablement que des artefacts dus à la méthode employée. Ce qui explique qu'**aucune** recherche n'ait réussi à reproduire les résultats de Herzberg dès lors qu'elle a utilisé des méthodes différentes pour identifier les besoins et mesurer leur rôle.

Bien plus, toutes les recherches ultérieures montrent clairement que aussi bien les facteurs dits "motivateurs" que les facteurs dits "d'hygiène" contribuent à la satisfaction et que tous constituent des sources potentielles de motivation. A tel point que, dès 1980, le modèle de Herzberg est jugé par les chercheurs comme devant être définitivement abandonné, et ne justifiant plus de nouvelles recherches [11]. Pourtant beaucoup d'interventions sur le terrain continuent à se référer à Herzberg et son modèle est parfois présenté sous des noms alléchants comme étant la dernière nouveauté dans ce domaine...

On peut donc retenir que l'existence de facteurs d'hygiène qui seraient non motivants et qui s'opposeraient à des facteurs motivateurs ne résiste pas à l'examen. Mais il faut toutefois reconnaître les mérites d'Herzberg. Il a fait progresser l'analyse des besoins et de leur rôle dans la genèse des motivations, parce qu'il est le premier, à part quelques exceptions sans réel lendemain comme le livre de Viteles publié en 1953 [12], à avoir analysé la motivation dans les situations de travail, sans s'appuyer sur des conceptions élaborées à partir de modèles animaux ou concernant des problèmes de psychologie clinique. Les travaux de Maslow sur la hiérarchie des besoins et ceux de Mc Clelland et d'Atkinson sur la motivation à réussir reposent essentiellement sur des expériences de laboratoire ou sur des recherches cliniques et aucun d'entre eux n'a réellement étudié ce qui fait la spécificité du travail et des organisations. Herzberg, au contraire, a montré que la motivation au travail ne peut être considérée comme un simple cas particulier de la motivation à agir et qu'il faut prendre en considération le rôle des conditions sociales et organisationnelles. En outre, il a su s'exprimer dans un vocabulaire accessible aux cadres dirigeants et, loin de se limiter à des considérations théoriques, il a fait des propositions concrètes, propositions qui ont forcé les responsables des ressources humaines à expliciter et à réviser leurs conceptions implicites de la motivation. Surtout, Herzberg a montré que les stimulants financiers ne sont pas les sources uniques de la motivation au travail,- en d'autres termes que le travail n'est pas seulement l'objet d'un échange marchand entre le travailleur et son employeur. Ce faisant, il a mis l'accent sur d'autres facteurs de la motivation, liés au "contenu" du travail, comme la nature du travail lui-même, les possibilités de réussite personnelle, les responsabilités attribuées et les marques d'estime reçues.

En d'autres termes, il ne faut pas confondre le schéma théorique dit "bi-factoriel" de la motivation, schéma qui suppose l'existence de deux facteurs distincts de motivation et dont on a maintes fois démontré la non-validité, avec l'impulsion majeure donnée par Herzberg à l'analyse des facteurs de la motivation au travail.

De très nombreuses recherches sur la motivation ont vu le jour grâce à la controverse ouverte par le modèle de Herzberg. C'est ce débat, ainsi que la volonté de tester les modèles théoriques par le truchement d'enquêtes de terrain, qui est à la source des efforts menés depuis vingt ans pour "enrichir" le travail, efforts dont nous tenterons de décrire les résultats dans la seconde partie de cet ouvrage, où seront examinées les méthodes visant à développer la motivation par l'enrichissement des tâches et par le développement de l'implication. Une des données dont il faudra alors tenir compte,- donnée que Herzberg a fortement sous-estimée-, c'est l'existence de différences inter-individuelles importantes, différences qui forcent à reconnaître que l'enrichissement des tâches ne peut pas être source de motivation pour tous, de manière identique, et que, contrairement à l'idée défendue par Herzberg, le "contexte" comme le "contenu" du travail doivent être pris en considération. Il n'existe probablement pas de modèle normatif de la motivation au travail, qui serait valable pour tous les individus et dans toutes les situations. Mais les aspects liés au contenu et à la signification même des activités de travail ont été longtemps sous-estimés et c'est Herzberg qui a eu le mérite d'en souligner l'importance. Ce qui a permis de soulever le problème du statut et du poids respectifs des sources internes et externes de la motivation.

UNE QUESTION CENTRALE : MOTIVATION INTERNE ET/OU MOTIVATION EXTERNE ?

Résumons le point où nous sommes arrivés. L'effort impliqué par le travail peut venir soit de sources de motivation "externe", résultant d'un échange entre ce que l'individu réalise et les récompenses que lui attribue l'organisation, soit de motivations "internes" directement liées à la nature même du travail, ce qui signifie que le travail est alors réalisé pour lui-même et pas en échange d'autres satisfactions. Ces deux sources de motivation résultent de processus psychologiques nettement différents que Deci [5] analyse en mettant en cause le "lieu de contrôle". Qu'est-ce que cela signifie? Quand le comportement est déterminé par une motivation "interne", l'individu perçoit un lieu de contrôle interne, c'est-à-dire qu'il voit le travail qu'il accomplit comme étant surtout sous son contrôle. Lorsqu'il reçoit des récompenses "externes" pour le résultat de son travail, il perçoit un lieu de contrôle externe, c'est-à-dire qu'il voit son travail comme étant surtout contrôlé par des personnes ou des circonstances hors de son contrôle, celles qui attribuent des récompenses en fonction des résultats obtenus. Les deux processus, donc les deux sources de motivation ne sont pas incompatibles et peuvent très bien coexister. De ce fait, on doit, avec Deci, se demander si les deux types de motivation sont susceptibles de s'ajouter ou si elles risquent de se détruire mutuellement. Deci lui-même, ainsi que Lepper [13] apportent des preuves expérimentales de ce qu'il nomment un effet de "sur-justification". Lorsqu'on offre, en plus, des récompenses externes à des personnes qui étaient déjà motivées parce qu'elles jugeaient leur travail intéressant et utile et qu'elles y voyaient une occasion de réaliser leurs capacités, elles y passent alors moins de temps, le font moins bien et le jugent ensuite moins intéressant. Le changement de processus impliqué par le passage d'une motivation interne à une motivation externe aurait donc des effets négatifs. Concrètement, cette analyse conduit Deci à mettre en garde sur le fait qu'un système de salaire à l'intéressement ne peut pas toujours être efficacement concilié avec un climat de management participatif.

Cet effet détrimental des récompenses externes si elles s'ajoutent à un processus réussi de motivation interne a été affirmé de manière répétée, avec toutefois des exceptions notables. En particulier, Fisher[14] a montré que les récompenses financières, primes et bonus, n'affectent pas le rôle des motivations internes lorsqu'elles sont cohérentes avec les normes de l'organisation et appliquées à l'ensemble du personnel de manière régulière. Et Guzzo [15], passant en revue les résultats des recherches existantes remarque que les "récompenses" peuvent avoir des caractéristiques variées (être immédiate ou à long terme, de durée brève ou étendue, générée automatiquement ou par une décision spécifique...). De ce fait, la distinction entre motivation "interne" et "externe" n'est pas aussi nette dans la réalité que dans les définitions théoriques. Par exemple, une marque d'estime venant d'un supérieur, ou une promotion avec une augmentation de salaire sont deux types très différents de récompenses "externes". Et le second exemple, qui implique aussi un accroissement de responsabilité, devrait avoir des effets sur les deux catégories de motivation.

Il n'en reste pas moins que les questions posées par Deci montrent combien le problème des différentes sources de motivation et de leur importance respective est complexe. Et qu'elles conduisent à réfléchir sur le concept de besoin lui-même, sur la possibilité (et l'intérêt) de classer les besoins en catégories bien définies, et sur les liens entre ces classifications abstraites et la réalité. En effet, nous sommes bien loin, même lorsque nous parlons, par exemple, du besoin de se réaliser ou encore du besoin d'exercer un pouvoir, des nécessités immédiates que constituent la volonté de subvenir correctement à la vie de sa famille, ou encore de trouver un contexte social qui vous accepte, et qui rassure en donnant le sentiment d'appartenir à un groupe.

On peut donc se demander si les schémas théoriques que nous avons décrits jusqu'ici ont fait progresser l'étude de la motivation au travail. Ils ont, en effet, d'abord tenté de faire une typologie exhaustive des besoins et ensuite d'expliquer comment ces besoins s'articulent entre eux et pourquoi ils ont une influence motivante. Mais, lorsqu'on les compare, ces typologies apparaissent comme très voisines et ne diffèrent entre elles que parce qu'elles sont à grain plus ou moins fin. C'est ce que montre le tableau de la page suivante, adapté de Ronen [16]. La classification la plus simple est due à Herzberg. Elle ne comporte que

Tableau 1 - Différentes théories des "besoins"

D'après S. Ronen (1994), Motivational need taxonomies, chapitre 5 in M. Dunette et L. Hough, *Handbook of industrial and organizational Psychology*, Palo Alto, Consulting Psychologists Press.

RONEN	MURRAY	MASLOW	ALDERFER	HERZBERG
Challenges Actualisation de ses compétences Autonomie Possibilités de formation	Besoins "Secondaires" C'est-à-dire : Réussite Pouvoir Autonomie Affiliation Etc...	Actualisation de soi	Besoins de Développement	Contenu ("Motivateurs")
Promotion Marques d'estime Salaire		Estime		
Relations avec cadres et collègues		Besoins sociaux	Besoins sociaux	
Avantages matériels Sécurité Horaires adéquats Facilités de logement Conditions de travail	Besoins "Primaires"	Sécurité Besoins "Physiologiques"	Besoins "d'Existence"	Contexte ("Hygiène")

deux catégories de besoins. Alderfer éclate en deux sous catégories les besoins de "contexte" ; et Maslow fait de même avec le groupe de besoins nommés "contenu" par Herzberg et "développement" par Alderfer ; besoins que Murray, puis Ronen, comme nous le verrons plus loin, analysent de manière encore plus détaillée.

Leurs apports concernent toujours les besoins, mais ils les classent plus ou moins finement. Peut-on aller plus loin ? En particulier, ne faut-il pas prendre en compte les environnements organisationnel et culturel et la manière dont ils peuvent satisfaire les besoins individuels ? Après tout, l'observation quotidienne nous montre bien qu'il existe des personnes qui souhaitent la sécurité, mais aussi la relative rigidité de l'administration alors que d'autres préfèrent la liberté d'initiative que donne la petite entreprise. Ce sont les aspects que prend en compte Miner en cherchant dans quelles conditions il peut y avoir une adéquation entre les rôles que souhaite jouer l'individu et les rôles que l'organisation attend qu'il joue réellement. Il montre qu'on peut grouper les besoins en rôles qui sont susceptibles de correspondre aux exigences des postes et des fonctions. Dans le même esprit, Ronen, en cherchant à faire des comparaisons inter-culturelles des besoins motivants, propose une liste de valeurs qui permettent de comparer entre elles des cultures différentes.

LE MODÈLE DE MINER : LES MOTIVATIONS DE "RÔLE"

Un des traits communs aux modèles précédents, c'est leur caractère universel. Universel de deux points de vue. D'une part, ils proposent une analyse de la motivation et de ses ressorts qui devrait expliquer tous les comportements, quels que soient les individus concernés. D'autre part, ils tiennent peu compte des caractéristiques environnementales, ce qui, dans le cas de la motivation au travail, revient à supposer que la dynamique des motivations est la même quelles que soient les fonctions des individus dans l'organisation et quelle que soit l'organisation elle-même, sa culture, son type d'activité, sa structure...

C'est précisément là l'originalité du modèle dont Miner a proposé récemment une version exhaustive et concrétisée par un instrument de diagnostic différentiel [6]. Miner a tenté d'identifier non plus des besoins isolés mais des "schémas de motifs" cohérents et liés aux exigences impliquées par la nature des différents rôles à jouer dans les divers types d'organisation. A la suite de Weber, de Herbst, de Mintzberg, et de Oliver, il identifie quatre types d'organisations, en fonction de leur structure, de la manière dont elles opèrent et des rôles qu'elles souhaitent voir jouer à leurs cadres et à leurs responsables. La théorie de Miner est donc limitée - au moins pour le moment - aux motivations des cadres. Si on veut la résumer en quelques phrases, on peut dire qu'elle est fondée sur l'idée de congruence entre les schémas de motifs de l'individu et les rôles requis par la structure de l'organisation où il travaille. Ces schémas de motifs peuvent être variés, à condition qu'ils soient adaptés aux rôles requis. En d'autres termes, il y a différentes manières de satisfaire aux exigences des rôles propres à une organisation et, à la limite, un même individu peut satisfaire aux exigences de ces rôles de manière différente dans le temps.

Miner distingue quatre formes organisationnelles, (organisations hiérarchiques, professionnelles, entrepreneuriales et collectives), chacune étant caractérisée par un schéma motivationnel différent, en ce sens qu'elles ont besoin d'avoir un personnel d'encadrement et des responsables qui possèdent des motivations spécifiques et adaptées.

L'encadrement joue un rôle central dans les organisations *hiérarchiques* parce qu'il établit les règles, évalue les performances, sanctionne et récompense, recrute, gère les réunions, répartit les ressources, juge les compétences individuelles et introduit les changements nécessaires. La position hiérarchique détermine le salaire et le degré d'autonomie de chacun. Et ce sont les cadres supérieurs qui endossent les responsabilités et prennent les risques. Il faut souligner que dans les organisations hiérarchiques, les cadres ont la charge de créer la motivation aux niveaux subalternes, du fait de leur contrôle sur les récompenses et les sanctions. En outre, et d'une manière générale, les organisations hiérarchiques sont de grande taille et les règles y sont donc écrites et codifiées.

Six dimensions caractérisent les rôles requis par ce type d'organisation, et les schémas de motivation qui s'y rapportent :

• une attitude positive vis-à-vis de ses supérieurs hiérarchiques, rendue nécessaire par le fait que l'organisation requiert de ses membres un respect de l'autorité ;

• le désir de se trouver en compétition avec ses pairs, rendu nécessaire par le système de récompenses et de sanctions qui règlent les comportements. Ce qui implique le fait d'aimer la rivalité, d'être prêt à se battre pour ses idées, pour sa promotion, pour ses projets ;
• le désir d'exercer une autorité, symétrique du respect de l'autorité supérieure, ce qui correspond au fait que dans une hiérarchie, les cadres ont des relations vers le haut et vers le bas et doivent donc aussi bien être capables de respecter les ordres reçus que d'en donner et de se faire obéir ;

• le désir de s'affirmer (parfois appelé "masculinité" dans les descriptions de valeurs, mais qui caractérise aussi bien les hommes que les femmes..). Ce désir implique la volonté de prendre des responsabilités, d'assumer les décisions prises et de protéger les membres de son groupe ;

• le désir de se singulariser, d'acquérir de la visibilité par l'originalité de ses contributions, et, ce faisant, d'attirer l'attention des autres, y compris par des critiques et des discussions ;

• une attitude favorable à l'exécution des travaux routiniers nécessaires pour la bonne marche des opérations dans une grande organisation.

Seuls réussiront dans une organisation de type hiérarchique les cadres qu'animent cet ensemble de motifs, qui acceptent volontiers ces rôles et qui en tirent une réelle satisfaction.

Les organisations *professionnelles* sont bien différentes. Elles rassemblent une majorité de "knowledge workers", c'est-à-dire de personnel hautement qualifié dont les règles, les valeurs, le statut sont principalement transmis par le biais de formations, où collègues et associations professionnelles jouent un rôle important. C'est le cas, par exemple, des organismes de recherche, des cabinets de consultants, ou encore des entreprises qui travaillent dans des secteurs de très haute technologie. Le fonctionnement de ces organisations est éloigné de ce qui caractérise les précédentes. La plupart des emplois sont professionnels, en ce sens que la formation et la qualification y jouent un rôle essentiel. La satisfaction liée au travail est fortement tributaire de l'exercice même de la profession. De ce fait, l'implication est forte, les horaires souvent dépassés, et la motivation est clairement liée à l'intérêt porté à son travail. Le développement des carrières est fonction du développement des compétences, les promotions sont fondées sur des capacités professionnelles, le statut repose sur l'expérience professionnelle,- en un mot, la loyauté au groupe professionnel joue un rôle central.

Il est évident que les rôles et les schémas de motivation dans cette deuxième catégorie d'organisations sont fortement différents de ce qu'ils sont dans les organisations de type hiérarchique. Quatre "désirs" sont décrits par Miner comme essentiels.

• Le désir de continuer à acquérir des connaissances, à développer et à transmettre une expertise professionnelle qui a une importance d'autant plus forte qu'il s'agit de secteurs où le progrès scientifique et technologique est rapide.

• Le désir d'autonomie qui correspond au sentiment d'être compétent et d'être capable de prendre des décisions seul.

• Le désir d'atteindre un statut élevé et de se bâtir une réputation aux yeux de ses collègues et de ses clients.

• En outre, la relation centrale établie entre clients et professionnels rend important le désir de se rendre utile aux autres.

Mc Clelland [3] a bien montré la nature particulière de cette relation d'aide qui donne à celui qui utilise sa compétence pour aider l'autre ce qu'il a nommé un "helping power", un pouvoir d'aide. Ce qui signifie que les professionnels satisfont leur besoin de pouvoir à travers les relations d'aide, et pas, comme c'est le cas dans les relations hiérarchiques, à travers des relations d'autorité.

Les organisations *entrepreneuriales* fonctionnent sur des schémas de rôles et de motivations encore différents. Elles sont centrées sur le profit et la réussite de l'entreprise, quelle que soit l'activité concernée. Dans ces organisations, les communications sont surtout directes et souvent orales, les objectifs commandent la nature et la répartition des tâches, et chacun établit ses propres règles en fonction des buts qu'il s'assigne. L'autonomie individuelle a de ce fait une importance accrue. Chacun prend ses décisions, décide des risques qui lui paraissent judicieux, modifie son activité en fonction des buts et des risques, et évalue ses résultats. Résultats qui comptent puisqu'ils sont la base des salaires et des promotions, voire des sanctions. Dans ce type d'organisation et d'activité, on peut distinguer différentes sources de motivation :

• Le désir de réussir en tant qu'individu, donc celui de pouvoir attribuer clairement son succès à ses efforts, et d'en tirer un accroissement de l'estime de soi.

• Le désir d'éviter les échecs qui est le complément symétrique du désir de réussir, et qui conduit "l'entrepreneur" à ne pas se mettre dans des situations qu'il considère comme trop risquées, ceci même s'il perçoit comme sûres des entreprises que d'autres qualifient de risquées.

• Le désir d'innover, de faire quelque chose à quoi personne d'autre n'avait pensé auparavant, de manière à ce que, le succès venu, cette innovation soit clairement liée à son initiative.

• Et le désir de faire des plans, d'anticiper le développement de ses initiatives et de prévoir à l'avance la manière dont les opérations à venir vont se dérouler. C'est là que se nouent les motivations de l'entrepreneur parce qu'il aime prévoir l'avenir et les chemins qui vont le mener vers le but qu'il se propose.

Un quatrième type d'organisations est défini par les notions de *groupe* et de *consensus*. L'énergie du groupe vient de la participation à des décisions et des activités collectives ; c'est le groupe qui sert de média-teur aux activités de formation, à la répartition des tâches, à l'évalua-tion des compétences et des résultats, qui prend en charge le recrute-ment, les communications internes et la solution des problèmes qui surgissent. Les conflits sont résolus par le groupe qui assure également la solution des problèmes posés par les individus qui le composent. Ce schéma de rôle est donc entièrement différent des précédents, et forte-ment dominé par toutes les initiatives développées autour de la notion de participation, de formation aux activités de groupes, et de sensibili-sation aux phénomènes qui se développent dans un groupe.

Cinq rôles motivent les personnes qui travaillent dans des organisa-tions de ce type.

• Le désir d'affiliation, d'être accepté, reconnu, soutenu par un groupe, et de passer du temps à minimiser les conflits et à y exercer de l'influence.

• Le désir d'appartenir à un groupe de manière durable, c'est-à-dire en restant sensible aux menaces d'expulsion, en acceptant la domi-nation des valeurs collectives et en tirant des satisfactions répétées du sentiment d'appartenance au groupe.

• Le fait d'avoir des attitudes positives vis-à-vis des autres membres du groupe. Dans les organisations hiérarchiques, les attitudes favo-rables aux supérieurs constituent une exigence fondamentale. Ici ce sont les attitudes vis-à-vis des pairs qui sont centrales.

• Le désir d'avoir des relations de collaboration efficaces avec d'autres accompagne et complète le tableau précédent ; de même que le désir de participer à la gestion démocratique, collective, du groupe. Il faut être prêt à accepter de renoncer à toute compétition interne et à voir les problèmes quotidiens résolus à travers un consensus sans cesse remis en question.

Cette liste des types d'organisations n'est peut-être pas close ; et toute classification est simplificatrice, ce qui signifie que certaines organisations se situent entre deux des types décrits par Miner. Mais son apport renouvelle profondément la notion même de besoin et concrétise l'idée que nous cherchons, à travers notre activité professionnelle, à satisfaire des besoins de nature très différente. On peut retenir des travaux de Miner non seulement la volonté de montrer que des motivations différentes contribuent à la réussite dans des organisations différentes parce que celles-ci requièrent l'élaboration de rôles très divers, mais également que l'activité de travail implique un rôle social, une interaction avec d'autres qui peut prendre des formes variées et qui doit correspondre à la dynamique des aspirations propres à chacun. Il ne suffit pas de parler, sans autre précision, des besoins sociaux que le travail peut satisfaire. Le travail n'est pas seulement une activité marchande qui sert à obtenir des moyens d'échange qui permettront d'acquérir ce qu'on valorise ; c'est aussi et avant tout une activité qui répond, en elle-même, à des besoins psychologiques profonds.

L'intérêt du travail de Miner vient également du fait qu'il ne s'est pas limité à proposer un schéma théorique et une analyse fine de ces différents rôles. Il a aussi élaboré, développé et validé de manière extensive un outil de diagnostic qui permet d'orienter les individus vers des types d'organisations qui correspondent à leurs schémas de motivation et qui prédisent leur réussite professionnelle dans ces organisations. Ce questionnaire est semi-projectif, en ce sens qu'il comporte des phrases à compléter. Les réponses font l'objet d'une analyse de contenu strictement codifiée par l'auteur. Une version fermée qui propose un choix de réponses existe également. Les scores obtenus concernent sept échelles qui permettent de décrire les rôles préférés par le sujet, donc les caractéristiques de l'environnement professionnel qui lui conviendront le mieux. Il ne s'agit en aucun cas d'un instrument de sélection mais plutôt d'un moyen de contribuer à la bonne orientation des cadres dans un monde du travail de plus en plus diversifié, donc de les mettre dans les conditions les plus motivantes possibles. Ce qui concrétise le fait qu'il n'y a pas des individus toujours motivés, alors que d'autres ne le seraient pas, mais plutôt des situations qui motivent les uns et pas les autres.

Au total, qu'on parle de motifs, de rôles, ou encore de sources de motivation, on peut retenir l'idée fondamentale que les individus diffèrent
entre eux en ce qui concerne les besoins qu'ils cherchent à satisfaire,
et, bien plus, que leurs priorités changent, au fil de leurs expériences et
de leurs positions familiales et professionnelles. En fait, l'ambiguïté
des modèles de la motivation fondés sur le concept de besoin vient de
ce qu'ils apportent aussi bien un schéma du processus motivationnel
qu'une classification des besoins. C'est ce dernier aspect que Ronen
tente d'approfondir.

LA TYPOLOGIE DE RONEN

Ronen souligne que nous n'avons peut-être pas accordé assez d'attention aux besoins eux-mêmes, alors même que personne ne conteste
l'idée selon laquelle chacun d'entre nous n'est motivé à faire des
efforts dans son travail que si celui-ci lui apporte la satisfaction de
besoins qui sont forts chez lui et qui ne sont pas encore satisfaits.
Certes, le terme de besoins évoque une conception trop mécanique de
la nature humaine, conception qui conduit à se représenter la motivation comme un champ de force dans lequel l'individu serait passivement attiré vers ce qui a de l'importance pour lui. Il n'en reste pas
moins que l'action s'oriente vers des objectifs, eux-même liés à ce que
chacun d'entre nous valorise. Et que l'environnement du travail, la
politique du personnel, la culture de l'organisation, ainsi que les conditions mêmes du travail offrent des possibilités plus ou moins accessibles pour satisfaire les besoins individuels.

Peut-on, de ce point de vue aller plus loin et faire mieux que les différentes propositions représentées sur le tableau 1, afin de pouvoir évaluer les préférences personnelles représentées par les priorités que chacun d'entre nous accorde aux différents résultats du travail ? Ronen
préfère parler de valeurs du travail plutôt que de besoins. Surtout, il ne
propose pas une solution *a priori*. En effet, il a tenté en premier lieu
d'établir une liste exhaustive des aspects de l'environnement du travail
susceptibles d'être plus ou moins valorisés par l'individu, pour, ensuite, chercher si une analyse statistique de l'importance accordée à

chacun de ces aspects permet d'en dégager des dimensions significatives. Il est évidemment utile pour les organisations de savoir quelles valeurs caractérisent leur personnel, de manière à mieux comprendre ce qui les motive et à rechercher une adéquation entre ce qui leur est offert et ce qu'ils souhaitent obtenir. En outre, une telle taxonomie peut permettre de procéder à des comparaisons inter-culturelles et de mieux comprendre l'impact du contexte social et des normes sur les hiérarchies de valeurs individuelles.

Ronen a utilisé un questionnaire qui présente quatorze aspects du travail professionnel dont la liste est reproduite sur le tableau 2. Les sujets interrogés, dans les différents pays où ses recherches se sont poursuivies, devaient coter l'importance, pour eux, de chacune de ces valeurs sur une échelle en cinq points. Ces données ont été soumises à une analyse statistique permettant de constituer des ensembles homogènes. Même si les scores moyens sont différents, les corrélations observées entre les cotations attribuées aux différentes valeurs sont très voisines dans les différents pays étudiés. Ce qui a permis d'effectuer une analyse factorielle qui a regroupé ces valeurs autour de deux dimensions fondamentales, de telle manière que chaque valeur puisse être placée dans un des quadrants délimités par ces deux dimensions. Les deux axes factoriels ainsi définis opposent, d'une part, les valeurs de travail à orientation individuelle aux valeurs de travail à orientation collective, et d'autre part, les valeurs de travail à orientation matérielle aux valeurs à orientation non-matérielle. Quatre quadrants ainsi définis permettent donc de regrouper les combinaisons de valeurs suivantes :

• matérialiste-individualiste
• matérialiste-collectiviste
• non matérialiste-collectiviste
• et non matérialiste-individualiste

1 - Conditions physiques du travail	10 - Possibilités de promotion
2 - Environnement résidentiel	11 - Possibilités de formation
3 - Horaires	12 - Autonomie
4 - Sécurité de l'emploi	13 - Possibilités d'utiliser
5 - Bonus	ses compétences
6 - Salaire	14 - Challenges qui donnent
7 - Relation avec les collègues	la possibilité d'avoir
8 - Relation avec les cadres	le sentiment de réussir
9 - Appréciation des résultats	
de son travail	

Tableau 2 - Aspects de l'environnement du travail
susceptibles d'être valorisés d'après S. Ronen [16]

Les études menées par Ronen et le fait que ses résultats se reproduisent, à quelques nuances près, pour tous les échantillons étudiés, malgré leur appartenance à des pays et à des cultures différentes, est un argument fort pour conclure d'une part qu'il est possible de faire une description exhaustive des besoins que le travail permet de satisfaire, et d'autre part, que cette description se prête à une analyse thématique étayée par les données statistiques. Au plan pratique, la liste que nous propose Ronen, ainsi que le regroupement autour de deux axes et de quatre quadrants, représente un schéma utile pour situer les valeurs individuelles et décrire les valeurs collectives.

Ronen a notamment interrogé un échantillon français de 1966 personnes. La Figure 1 montre comment leurs valeurs de travail sont groupées sur les différents quadrants. On peut noter que les aspects les plus concrets (ceux qui sont au niveau inférieur de la classification de Maslow) apparaissent dans le quadrant qui combine une orientation collective et matérialiste. Ceux qui associent individualisme et matérialisme rassemblent des aspects plus personnels comme la recherche d'estime, d'autonomie et de promotion. Et, trait particulier à l'échantillon français, le salaire se trouve dans ce quadrant, fortement associé à la notion de promotion. Les valeurs à la fois matérialistes et orientées vers le groupe concernent les relations inter-personnelles, notamment les relations avec la hiérarchie et avec les collègues. Enfin, on trouve réunies dans le même quadrant, les valeurs qui sont à la fois individualistes et non-matérialistes, c'est-à-dire tout ce qui est lié à la réalisation du potentiel individuel, faire face à un défi, progresser grâce aux formations, utiliser à plein ses compétences.

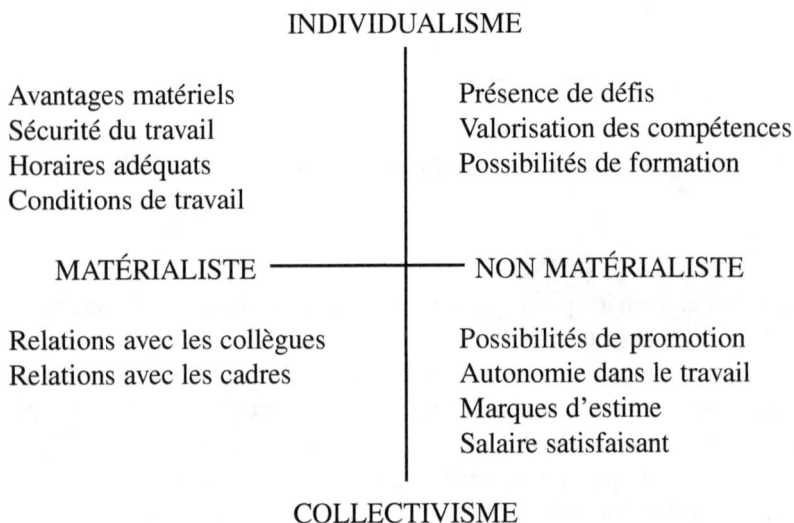

INDIVIDUALISME

Avantages matériels	Présence de défis
Sécurité du travail	Valorisation des compétences
Horaires adéquats	Possibilités de formation
Conditions de travail	

MATÉRIALISTE ————————————— NON MATÉRIALISTE

Relations avec les collègues	Possibilités de promotion
Relations avec les cadres	Autonomie dans le travail
	Marques d'estime
	Salaire satisfaisant

COLLECTIVISME

Figure 1 - Typologie des besoins d'après S. Ronen (1979), Cross-national study of employee work goals, *International Review of applied Psychology*, 28, 1-12

ET POUR CONCLURE

Cet inventaire des modèles théoriques de la motivation qui sont fondés sur le concept de besoin en tant que "force interne" et sur la conception de la motivation comme mise en mouvement par l'existence d'un besoin à satisfaire, n'est pas seulement intéressant pour les chercheurs académiques. Qu'on préfère parler de motifs, d'échelles de valeurs ou, plus simplement, de besoins, il est évident qu'aucune activité n'est dépourvue de justification et il serait contradictoire dans les termes de penser que les motifs ne jouent pas un rôle dans la motivation.

Pourtant il faut prendre en considération les critiques adressées à ces théories, ainsi que les preuves expérimentales qui montrent sans doute possible qu'elles ne permettent "ni de prédire l'apparition d'un comportement spécifique, ni de prévoir les processus qui médiatisent la manière dont l'énergie individuelle va être canalisée vers un comportement précis" [17]. Dans ce cas, que reste-t-il des "théories du besoin" et de l'idée que la motivation est une force interne ? Les modèles que nous avons décrits montrent comment la notion initiale de besoins stables, identiques pour tous, agissant de manière quasi mécanique pour réguler le comportement, a cédé la place à une conception plus nuancée et plus complexe.

Trois points caractérisent cette reformulation et ouvrent la voie aux modèles qui seront décrits dans les deux chapitres suivants :

1) La motivation ne doit pas être considérée comme un comportement passivement déterminé par l'environnement mais comme la résultante d'une interaction **active** entre l'individu et l'environnement. Dans ce processus d'interaction, le traitement de l'information, l'évaluation cognitive de l'environnement jouent un rôle central. Les modèles cognitifs de la motivation qui seront décrits dans le chapitre deux rendent compte de la manière dont les choix et les décisions résultent de ces processus cognitifs et proposent de nouveaux concepts qui permettent à la fois de mieux décrire la dynamique des motivations et de mieux analyser les situations organisationnelles telles qu'elles se présentent sur le terrain.

2) L'illusion d'une liste simple de besoins présentant des hiérarchies communes à tous a laissé la place à l'idée qu'il existe dans le travail des aspects multiples qui peuvent correspondre à des buts personnels, flexibles, organisés en ensembles complexes mettant en jeu aussi bien les valeurs et les motifs que l'affectivité et la cognition. Ce qui ouvre la voie à l'étude des processus de self-régulation qui seront décrits dans le chapitre trois.

3) Les motifs jouent un rôle important mais ils ne sont pas suffisants pour expliquer la motivation. De même il ne faut pas oublier, par souci de produire des analyses détaillées, que l'activité professionnelle est constituée par un ensemble de tâches diverses et successives, exécutées dans un contexte social tout aussi diversifié. La conception de rôles et de motivations de rôles ouvre le chemin dans cette direction. En effet, la représentation que chacun se fait du rôle professionnel qu'il souhaite jouer et du rôle professionnel caractéristique de différentes activités détermine la structure et la dynamique de ses motivations. De même, la possibilité de disposer d'une "carte" des motivations, telle que celle que propose Ronen et de s'en servir pour suivre l'évolution des besoins dans le temps pour une même population, et pour comparer des cultures et des organisations différentes représente une avancée significative.

Au total, il faut retenir que les données concernant les motifs, les valeurs, les rôles qui caractérisent les individus et les groupes représentent des informations essentielles mais incomplètes. En d'autres termes, et au plan de l'application pratique, aucun problème de démotivation ne peut être résolu par l'application de règles générales qui régiraient la dynamique des motivations pour tous et partout, encore moins par la simple observation des valeurs et des motifs. Mais, symétriquement, on ne peut approcher aucun problème de ce type sans reconnaître l'importance relative des motifs et des valeurs chez les individus qui composent les différentes catégories de personnel, ceci de manière à articuler les cultures individuelles et les cultures organisationnelles. Et il faut tenir compte, de ce point de vue, de l'évolution rapide du monde du travail à laquelle nous sommes confrontés actuellement. Il est évident que les activités de service offrent des possibilités de donner au travail une signification différente de celle que lui conféraient les activités de production. Et les attentes d'une main d'œuvre de plus en plus qualifiée, de plus en plus féminine, de plus en plus diversifiée sur le plan culturel, ne sont pas les mêmes que celles qui animaient les hommes au travail il y a cinquante ans. Raison de plus pour développer et utiliser des outils d'enquête sur les valeurs du travail, dont les travaux de Miner et de Ronen sont de bons exemples. Et pour s'intéresser aux modèles théoriques moins anciens que ceux de Maslow, de Herzberg, de Murray, qui ont été développés dans un monde du travail différent du nôtre. Ce sont ces nouvelles approches que nous présenterons et analyserons dans les deux chapitres qui suivent. Ceci dit, ce chapitre sur la motivation, force interne, n'avait pas pour seul but de démystifier les schémas de Maslow, de Herzberg, etc. qui sont parfois encore présentés à tort comme étant des nouveautés bien validées. En effet, même si ces différents schémas sont trop simples lorsqu'il s'agit d'expliquer un phénomène aussi complexe que la motivation, il ne faut pas aller plus loin dans l'autre sens et rejeter comme inutile le concept même de besoins individuels. Ce qui signifie que...

... PRATIQUEMENT, ON PEUT RETENIR

• L'activité professionnelle est susceptible de satisfaire des besoins très variés.

• La possibilité de satisfaire ces besoins représente une source de motivation au travail.

• Ces satisfactions sont étroitement liées aux rôles et aux contenus du travail ainsi qu'aux conditions mêmes du travail.

• La valeur accordée aux différents résultats qu'apporte l'effort est fonction d'un travail cognitif complexe, qui met en jeu aussi bien des caractéristiques de la situation que des caractéristiques individuelles.

• La valeur accordée à ces diverses satisfactions est différente selon les individus et est susceptible de varier fortement au cours du temps chez un même individu.

• Faire correspondre la culture organisationnelle, les conditions de travail et la politique du personnel, d'une part, ce que cherchent et ce que valorisent les membres du personnel d'autre part permet de stimuler la motivation.

• Savoir quelles sont les priorités des membres de l'organisation, connaître les hiérarchies de valeurs qui caractérisent différents groupes constituent donc des conditions essentielles à une politique efficace de motivation.

Références citées

1. A. Maslow (1954), *Motivation and personality,* New York, Harper and Row ; P. Alderfer (1972), *Existence, relatedness and growth : Human needs in organizational settings,* New York, Free Press.
2. H.A. Murray (1938), *Explorations in personality,* New York, Oxford University Press.
3. D. McClelland, J.W. Atkinson, R.A. Clark, E.L. Lowell, (1953), *The achievement motive,* New York Appleton Century Croft ; J.W. Atkinson (1964), *An introduction to motivation,* Princeton, Van Nostrand ; D. Mc Clelland (1975), *Power : the inner experience,* New York, Irvington.
4. F. Herzberg (1966), *Work and the nature of man,* New York, Mentor Executive Library.
5. E.L. Deci (1972), The effects of contingent and non-contingent rewards and controls on intrinsic motivation, *Organizational Behavior and Human Performance,* 8, 217-229 ; E.L. Deci (1975), *Intrinsic motivation,* New York, Plenum.
6. J.B. Miner (1993), *Role motivation theories,* Londres, Routledge.
7. "To become more and more what one is, to become everything that one is capable of becoming".
8. Voir notamment D.T. Hall et K.E. Nougaim (1968), An examination of Maslow's need hierarchy in an organizational setting, *Organizational Behavior and Human Performance,* 3, 12-35 ; M.A. Wahba et L.G. Bridwell (1976), Maslow reconsidered ; a review of research on the need hierarchy theory, *Organizational Behavior and Human Performance,* 15, 212-240 ; et P.M. Muchinsky (1990), *Psychology applied to work,* Pacific Grove, California, Brooks Cole.
9. R.M. Steers (1975), Effects of need for achievement on the job-performance relationship, *Jal of Applied Psychology,* 60, 678-682.
10. C. Lévy-Leboyer (1969), *L'ambition professionnelle et la mobilité sociale,* Paris, PUF.
11. Voir par exemple, E.J. McCormick et D.R. Ilgen, (1980), *Industrial Psychology,* Englewood Cliffs, New Jersey, Prentice Hall et N. King, Clarification and evaluation of the two-factor theory of job satisfaction, *Psychological Bulletin* 1970, 74, 18-31.
12. M.S. Viteles (1953), *Motivation and morale in industry,* New York, Norton.
13. M.R. Lepper, D. Greene (1978), *The hidden cost of rewards,* Hillsdale, Erlbaum.
14. C.D. Fischer (1978), The effects of personal control, competence, and extrinsic reward system on intrinsic motivation, *Organizational Behavior and Human Performance,* 21, 273-288.
15. R.A. Guzzo (1979), Types of rewards, cognition and work motivation, *Academy of Management Review,* 4, 75-86.
16. S. Ronen (1994), Motivational need taxonomies, chapitre 5 in M. Dunette et L. Hough, *Handbook of industrial and organizational Psychology,* Palo Alto, Consulting Psychologists Press.
17. R. Kanfer (1990), Motivation theory and industrial/organizational psychology, in M.D. Dunnette et L. Hough, *Handbook of industrial and organizational Psychology,* Palo, Alto, Consulting Psychology Press.

Chapitre 2

La motivation, choix rationnel ?

La discussion qui conclut le chapitre précédent peut se résumer en un double constat. La motivation n'est pas un état stable, uniquement caractéristique de l'individu, donc indépendant de l'environnement. Et il est illusoire de penser recruter des individus qui seront motivés pour tout et partout. C'est pourquoi il faut admettre que, même si elle est fortement influencée par des caractéristiques individuelles, la motivation varie en fonction des situations. En fait, cette dernière éventualité recouvre deux possibilités bien différentes. Dans la première, l'environnement du travail jouerait un rôle quasi-mécanique, qui laisserait l'individu passivement soumis aux contraintes de la situation : par exemple, l'existence de systèmes de salaire au mérite déclencherait, systématiquement et pratiquement sans exception, une motivation à atteindre les performances susceptibles d'être récompensées. Même si, en tenant compte des conclusions du chapitre un, on peut moduler cette proposition et admettre, par exemple, que les salaires au mérite ne motiveront qu'une fraction des individus concernés (ceux qui ont besoin, pour des raisons diverses d'un salaire plus important), elle n'en reste pas moins caractérisée par une représentation de la nature humaine comme passive, et manipulable par les caractéristiques de l'environnement organisationnel. D'où l'intérêt d'une approche plus dynamique pour laquelle la motivation est un processus actif, ce qui amène logiquement d'abord à essayer de comprendre comment l'environnement conduit l'individu à construire ses motivations, et ensuite à analyser la manière dont il perçoit et comprend son environnement de travail.

C'est là tout l'intérêt des modèles de la motivation dits "cognitifs". Ils partent d'une idée simple et séduisante : chacun d'entre nous réagit non pas à un environnement objectif, mais à celui qu'il perçoit, à la manière dont il interprète l'ensemble de la situation dans laquelle il travaille. Toute motivation serait donc le fruit d'un processus doublement subjectif, en ce sens qu'il est fonction de caractéristiques individuelles, motifs, valeurs, besoins, et qu'il est, également, tributaire de la manière dont chacun comprend les caractéristiques de son environnement,- en d'autres termes du processus cognitif, propre à chacun, qui le conduit à se faire une idée personnelle de cette situation.

C'est Victor Vroom qui a été le premier, en 1964, à exposer de manière claire le modèle cognitif de la motivation au travail, et à l'appliquer à l'analyse du choix professionnel et de l'effort apporté à la réalisation d'une tâche [1]. Dans les trente années qui se sont écoulées depuis la parution de l'ouvrage de Vroom, le modèle cognitif des motivations a certainement été le plus populaire et le plus utilisé dans les pays anglo-saxons, même si la France est restée à l'écart de ce mouvement. De nombreuses revues de synthèse ont été consacrées au modèle cognitif [2] et je m'en suis moi-même servie pour montrer que la crise économique et les problèmes d'emploi qui en ont résulté allaient entraîner, contrairement à ce qu'on aurait pu penser, mais conformément à ce qui est arrivé, une "crise des motivations" [3].

Pourquoi qualifier ce modèle de "cognitif" ? Parce qu'il assume, avant tout, que chaque individu se conduit de manière rationnelle, et qu'il décide consciemment de porter son effort vers des activités dont il prévoit qu'elles lui apporteront les résultats et les récompenses qu'il souhaite obtenir. En d'autres termes, plus qu'un modèle de la motivation au travail, il s'agit d'un modèle expliquant les choix relatifs au travail ou encore d'un schéma de prise de décision. Le point de départ est le suivant : nous savons tous ce que nous attendons comme résultat de notre travail ; et nous avons des idées précises sur ce que nos résultats peuvent nous rapporter. C'est ce que Lawler a résumé de la manière suivante : "La force d'une tendance à agir d'une certaine manière dépend de l'intensité avec laquelle nous nous attendons à ce que notre action soit suivie de résultats, et de la valeur que nous attachons à ces résultats". Bref,- et cela semble très logique-, nous choisissons d'adopter des comportements dont nous pensons que les résultats auront du prix pour nous.

Cette analyse est doublement fructueuse. D'une part, parce qu'elle introduit de nouveaux concepts qui représentent autant de facteurs de la motivation, ce qui permet aux responsables de ressources humaines de mieux analyser les situations locales. D'autre part, parce qu'elle a donné lieu à des développements qui ont montré l'extrême complexité des processus motivationnels.

Ce n'est pas le lieu ici de faire une description détaillée des différents courants théoriques qui se réclament des modèles cognitifs. Nous nous limiterons donc, parce qu'ils apportent des notions utiles sur le terrain, à exposer et à discuter le modèle dit "VIE" (**Valence/ Instrumentalité/ Expectation**), qui décrit le processus cognitif responsable de la motivation, le modèle d'**équité** qui aborde la construction, par chacun, du sentiment d'être équitablement traité par son organisation, et les développements auxquels il a récemment donné lieu, notamment concernant la distinction entre **justice distributive** et **justice procédurale**.

VALENCE/INSTRUMENTALITÉ/EXPECTATION

Trois concepts servent symboliquement de nom à ce modèle parce qu'il postule que les choix individuels - choix professionnel, choix d'une tâche à accomplir, décisions concernant le niveau d'effort qu'on est prêt à consacrer à une tâche - dépendent de trois paramètres : la valence, l'instrumentalité et l'expectation, ou, plus précisément, dépendent du produit de ces trois paramètres.

La **valence** est la caractérisation affective attachée par chacun aux résultats de ses activités. Il s'agit donc d'une relation entre chaque individu et chaque "résultat" du travail. De ce fait, on ne peut pas parler d'une valence "générale" qui caractériserait toujours, quel que soit l'individu et quel que soit le moment, tel ou tel résultat. En effet, la valence peut changer, une personne étant à un certain moment soucieuse de développer sa carrière, à un autre moment, à la recherche de marques d'estime visible... Par exemple, un cadre peut attacher beaucoup de prix à une promotion, qu'il souhaite fortement. Dans ce cas, on peut dire que la promotion a, pour lui, une valence positive. Ce ne sera peut-être pas le cas d'une autre personne qui attend de son travail, avant tout, une occasion de mettre en œuvre ses compétences, ou encore un salaire qui lui permette de faire un achat nécessaire. D'autres "résultats" du travail peuvent avoir une valence négative. Par exemple, le stress induit par le travail, la fatigue qui le suit, les reproches encourus. Et ces différents "résultats" sont également susceptibles d'être vécus plus ou moins négativement selon les individus et selon la situation. La caractéristique la plus importante du concept de valence, c'est le fait qu'elle soit fondée sur la manière dont chacun d'entre nous se représente les résultats de la performance qu'il est en train de réaliser ou qu'il va réaliser. Ce ne sont pas les avantages objectifs liés aux résultats du travail, mais bien les satisfactions qu'on s'attend à en retirer qui vont entraîner la motivation. Par exemple, une personne peut faire des efforts pour acquérir un nouveau diplôme, parce qu'elle croit que ce diplôme supplémentaire va lui procurer des avantages qu'elle recherche, même si cette attente n'est pas justifiée. La valence est donc étroitement liée à la hiérarchie de valeurs propres à une personne, à ses besoins du moment, et, également, à ce qu'elle croit être les conséquences de son comportement. Et, ce qui donne toute son importance à la dimension cognitive, chacun d'entre nous a des représentations différentes, liées à son expérience personnelle et à sa manière de traiter les informations, de ce que seront, pour lui, les retombées du travail accompli.

Le rôle des processus cognitifs est encore plus évident en ce qui concerne l'**instrumentalité**. La performance est le résultat immédiat du travail, qu'on peut qualifier de résultat de premier niveau ; l'instrumentalité est la représentation des relations entre la performance et les résultats de second niveau que sont, par exemple, le salaire, les primes, les promotions, les témoignages d'appréciation ou encore le sentiment d'avoir accompli quelque chose de valable. En d'autres termes, si quelqu'un est persuadé qu'un degré élevé de performance ou encore une performance de très bonne qualité va lui valoir des résultats de second niveau qu'il valorise ou va lui éviter ceux qui ont une valence négative, il redoublera d'efforts pour atteindre le degré de performance nécessaire. Vroom propose de concrétiser l'instrumentalité par un indice de probabilité allant de −1 (relation négative entre la performance et les résultats de second niveau) à +1 (relation très forte entre la performance et les résultats de second niveau) et passant par 0 (aucune relation entre performance et résultats). Par exemple, ceux qui ne comprennent pas la manière dont primes ou bonus sont distribués ou les jugent fondés sur le hasard ou encore sur des préférences personnelles imprévisibles, ne seront pas du tout stimulés par ces primes. En revanche des systèmes de bonus qui ne sont pas trop complexes, pour lesquels la performance récompensée est décrite de manière claire au personnel concerné, et qui sont précisés en détail à chaque attribution, créent une instrumentalité fortement positive et, de ce fait, ont des chances d'atteindre leurs objectifs.

Dans la réalité, ce type de représentations est encore plus complexe parce qu'il implique plusieurs "résultats de second niveau" différents, et, pour compliquer le tableau, parce que certains résultats ont une valence positive, d'autres, une valence négative. Ainsi une nouvelle mission peut être porteuse d'un espoir de promotion, signifier un travail plus intéressant, mais, par ailleurs, constituer une source de stress non négligeable et poser des problèmes familiaux du fait de déplacements fréquents. Dans une autre situation, faire une suggestion destinée à améliorer la productivité peut avoir une instrumentalité positive parce que toute suggestion retenue fait l'objet d'une prime, et parce qu'elle représente un succès qui contribue à améliorer l'estime de soi ; mais elle aura aussi une instrumentalité négative parce qu'elle ne sera pas populaire parmi les collègues et que la productivité qu'elle entraîne risque de signifier une réduction des besoins de main d'œuvre.

La motivation est déterminée par un troisième paramètre : l'**expectation**. Il s'agit de l'opinion que chacun a de lui-même et de ses possibilités d'atteindre un but donné, dès lors qu'il fait les efforts nécessaires. Il est intuitivement évident qu'aucun d'entre nous ne sera motivé à se donner du mal pour réaliser une tâche précise s'il n'est pas convaincu de posséder à un degré minimum les aptitudes et les compétences requises pour la mener à bien. Cette représentation de soi et des qualités nécessaires pour tout travail est mise en jeu dans l'expectation qui est la conviction de pouvoir atteindre une performance donnée. En d'autres termes, il s'agit de la manière dont chacun perçoit la relation à venir entre son comportement et les résultats (de premier niveau) de ce comportement. L'expectation peut aller de 0 (mes efforts ne serviront à rien) à +1 (mes efforts seront très fructueux grâce aux qualités que je possède).

Mais l'expectation ne met pas seulement en jeu l'image de soi. Elle est aussi le fruit des expériences antérieures, de la manière dont les résultats obtenus ont été évalués, de la confiance manifestée par les autres, notamment du fait des responsabilités confiées, de la conviction de posséder les outils et le matériel nécessaires, et de recevoir une aide adéquate des collègues ou des supérieurs... Un niveau élevé de cette confiance en soi générale qu'est l'estime de soi contribue également à l'expectation. Bref, le processus cognitif, propre à chacun, qui relie son effort à venir et les résultats qu'il s'attend à obtenir, implique aussi bien l'image de soi que des données caractérisant la situation actuelle, les expériences antérieures et les exigences de la tâche.

Ces trois paramètres - valence, instrumentalité, expectation - constituent la source d'une motivation qui vise à la satisfaction des besoins à valence positive et à l'évitement des événements à valence négative. Dans ce contexte, Vroom parle de décisions prises par les individus pour maximiser leur intérêt propre, décisions prises sur la base de l'ensemble des informations qu'ils possèdent et de leur manière de traiter ces informations.

Porter et Lawler ont complété le modèle de Vroom, en l'intégrant dans une suite d'événements, ce qui rend compte du fait que la motivation est un processus en constant renouvellement [4].

D'une part, ils rappellent que la performance a d'autres déterminants que la motivation, non seulement les aptitudes et les compétences, mais aussi la "clarté du rôle", en d'autres termes la précision des attentes organisationnelles concernant le travail à effectuer. Ce qui signifie que l'effort n'entraîne pas toujours la performance parce que

LA MOTIVATION, CHOIX RATIONNEL ?

les aptitudes et les connaissances sont inadéquates, ou encore parce que la personne ne sait pas exactement ce qu'on attend d'elle. On ne doit donc pas, sur le terrain, et même si cette relation existe, s'attendre à une relation forte entre instrumentalité, expectation et valence d'une part, et performance d'autre part. Ce qui revient à dire que le niveau réel des aptitudes peut ne pas correspondre au sentiment que chacun en a, et que la bonne volonté ne suffit pas...

Par ailleurs, ces auteurs précisent les relations complexes qui existent entre performance et satisfaction. La performance n'entraîne la satisfaction que lorsque plusieurs conditions sont réunies. Et c'est l'étude de ces conditions qui fait réaliser que la motivation au travail est un processus dynamique qui se construit de manière permanente. En effet, toute performance est susceptible d'entraîner, pour l'individu qui l'a réalisée, des "récompenses" internes et des "récompenses" externes. Celles-ci ne seront des sources de satisfaction que si la personne qui a effectué la performance les considère comme étant justes et équitables. De ce point de vue, la satisfaction est le résultat d'une double évaluation qui concerne le travail réalisé et ce qu'on a obtenu en échange. Enfin, satisfaction et évaluation de la performance réactivent, en quelque sorte, le système. Si quelqu'un juge équitables les récompenses qu'il a obtenues, l'instrumentalité (autrement dit les liens qu'il perçoit entre sa performance et les récompenses) se trouve renforcée. Par ailleurs, si l'effort qu'il a fourni est couronné de succès, cela doit signifier, pour lui, qu'il possède les aptitudes et les compétences nécessaires, ce qui va conforter l'expectation,- l'idée qu'il possède ces compétences.

Le mérite du modèle de Vroom et des compléments apportés par Porter et Lawler est donc triple. En premier lieu, ils ouvrent une voie d'analyse de la motivation qui fait intervenir des processus cognitifs là où seuls semblaient devoir être mis en cause des phénomènes affectifs. Ensuite, ils donnent une idée concrète de la manière dont la motivation évolue au fil des performances, des nouvelles informations reçues sur le travail accompli, et des récompenses attribuées. De ce fait, la motivation n'est plus vue comme une caractéristique stable de l'individu mais comme une interaction individu/situation, en évolution constante puisque l'expérience acquise contribue à la modifier. Enfin, ils mettent en cause cette idée reçue, fondamentale dans le mouvement tradition-nel des relations humaines, selon laquelle la satisfaction serait une cause directe de la motivation. Il pourrait sembler évident que le fait d'être satisfait de ses conditions et de son environnement de travail pousse à l'effort et stimule la motivation. Le schéma développé par Porter et Lawler montre que cette relation de causalité n'est pas impos-sible. Mais au lieu d'être un simple lien de cause à effet, toujours pré-sent, elle est fonction de mécanismes cognitifs intermédiaires, la satis-faction ressentie par une personne renforçant le sentiment de ses com-pétences et la certitude de l'instrumentalité de ses efforts. Et elle est soumise à des conditions précises : les "récompenses" valorisées doi-vent être clairement liées à la performance ; la personne concernée doit bien percevoir ces relations et être convaincue que le hasard ou le favo-ritisme ne sont pour rien dans l'attribution des récompenses et elle doit être également sûre que ces récompenses sont équitables. Ce qui implique une relation circulaire : la performance pouvant être cause de satisfaction aussi bien que la satisfaction être cause de performance.

Réflexion, analyse et recherches sur la motivation au travail considé-rée dans une perspective cognitive ne se sont pas arrêtées là. D'une part, les modèles qui viennent d'être décrits ont été soumis, de manière répétée, à des études de validation. D'autre part, les diffé-rents processus cognitifs mis en cause ont été l'objet de développe-ments qui ont montré leur complexité. Nous commencerons par faire le point des études de validation puis nous exposerons successive-ment l'apport complémentaire de Raynor, qui permet de réintrodui-re les différences inter-individuelles dans le schéma de la motivation, celui de Weiner qui précise les processus d'attribution et montre comment la dimension affective s'intègre à la dimension cognitive, et, enfin le modèle d'Adams qui rend compte de la genèse du sentiment d'équité, ainsi que les développements qui ont suivi, notamment ceux qui distinguent la justice procédurale de la justice distributive.

LA VALIDITÉ DU MODÈLE COGNITIF

D'une manière générale, les résultats des recherches destinées à tester le modèle de Vroom et les développements apportés par Porter et Lawler ont démontré leur validité [5]. Il faut toutefois regarder les faits plus en détail. Tout d'abord, ce modèle est destiné à prévoir le choix d'un individu placé face à des alternatives différentes, dans la mesure où ce choix implique que sa décision maximise l'utilité et la satisfaction à venir. Toutes les recherches qui tentent de prédire des décisions vérifient parfaitement le modèle. C'est le cas de Parker et al. (1976), de Arnold (1981), de Matsui et al. (1977) et de Lévy-Leboyer (1978) qui ont utilisé avec succès le modèle cognitif pour prédire des décisions aussi variées que le fait, pour des officiers de marine de prendre une retraite anticipée, le choix professionnel d'étudiants, la catégorie d'assurances que des agents souhaiteraient vendre, et le choix des horaires effectué par des ouvriers d'une usine d'automobile [6].

En revanche, le modèle est beaucoup moins efficace quand il s'agit de prédire le niveau de performance atteint par chacun des individus d'un même groupe. Rien d'étonnant à cela. Toute performance est déterminée par la motivation, mais également par beaucoup d'autres paramètres, aptitudes, qualités des moyens disponibles... tous ceux dont, précisément, Porter et Lawler ont rappelé l'existence. Alors que la décision de faire des efforts est principalement le résultat de paramètres cognitifs. Il faut ajouter que, s'il est relativement aisé de décrire objectivement un choix ou une décision, l'évaluation de la performance, souvent fondée sur une appréciation faite par la hiérarchie, n'est pas toujours objective, ce qui rend difficile la vérification empirique du modèle.

Au total, on peut retenir que le modèle cognitif rend bien compte des mécanismes responsables des décisions et des choix. De ce fait, il peut servir de cadre, sur le terrain, à une analyse des différents facteurs responsables de la décision ou du choix d'un objectif et, le cas échéant, à un recueil des informations sur le ou les paramètres déficients, qui peuvent mettre en cause une valence inadéquate, une instrumentalité déficiente, ou une expectation faible. Certes, il faut tenir compte du fait que toute théorie du comportement humain est forcément incomplète. Aucune ne permet de prédire le comportement de chaque individu dans chaque situation. Mais le modèle cognitif permet de rappeler aux cadres qu'il ne faut attribuer une mission qu'à ceux qui sont capables de l'assumer,- donc qu'il leur faut savoir quelles sont les potentialités de chacun, et quelles sont les exigences des tâches. Et il permet aussi de leur faire prendre conscience de la nécessité de construire les expectations et de connaître les valences du personnel dont ils sont responsables.

DÉVELOPPEMENTS DU SCHÉMA COGNITIF : LES CONTRIBUTIONS DE RAYNOR ET DE WEINER

Les recherches que nous venons de relater, de même que les modèles de Vroom, de Porter et de Lawler ne concernent qu'une tâche ou qu'une décision, coupée artificiellement de la séquence de tâches, de résultats, de feedbacks, de récompenses, etc. qui constituent la trame des journées de travail. En outre, tout individu a des plans d'avenir, une idée plus vaste de ce qu'il attend de son travail et de ce qu'il cherche à accomplir. C'est cette lacune que Raynor tente de combler en situant la motivation pour une tâche immédiate par rapport à l'ensemble des choix et des aspirations d'avenir de l'individu[7]. Il suggère que la motivation pour une activité est déterminée en partie par la manière dont l'individu perçoit l'importance de cette tâche immédiate pour atteindre ses buts plus éloignés. Ainsi, le développement de la carrière suppose une série de succès, de difficultés, d'échecs... ponctuels, plus ou moins dépendants les uns des autres. De ce fait, la motivation au jour le jour dépend des paramètres cognitifs définis ci-dessus, mais aussi, du nombre d'étapes à parcourir en vue de réaliser des objectifs plus lointains, et de la position de la tâche actuelle par rapport à ce parcours. En bref, le modèle cognitif décrit par Vroom, et complété par Porter et Lawler, ne représente qu'une simple étape dans un processus long et complexe.

Raynor a développé son hypothèse de manière ingénieuse. En particulier, elle lui permet de prendre en considération les différences individuelles concernant le désir de réussir. Les sujets ambitieux rechercheraient des tâches de difficulté moyenne, dans les situations où la performance atteinte ne détermine pas la possibilité de passer à une tâche plus difficile. Par contre, il seraient plus motivés que les sujets moins ambitieux quand ils sont placés devant la première étape d'une série de tâches, à condition que le nombre de tâches liées les unes aux autres soit élevé, mais pas dans le cas où la série de tâches est courte. Raynor nomme "effet de tâche" cette relation complexe entre motivation, distance de la tâche par rapport à un objectif plus ou moins éloigné, et désir de réussir. Et il la différencie de "l'effet de temps", qui joue un rôle opposé : si le temps qui sépare la tâche immédiate du but final à atteindre est important, la motivation concernant la tâche immédiate s'en trouve réduite.

Plusieurs recherches de laboratoire, manipulant "l'effet de tâche" et "l'effet de temps", et prenant en compte la motivation à réussir, ont permis de vérifier le bien-fondé du modèle de Raynor. On peut donc affirmer que la motivation pour une tâche spécifique est atténuée ou bien stimulée par les caractéristiques de la situation qui relient succès ou échec à cette tâche précise et aux aspirations plus générales et plus éloignées de l'individu.

Un autre développement du modèle cognitif est fondé sur l'utilisation par Weiner de la théorie de l'attribution [8]. Rappelons qu'il y a "attribution" lorsque nous interprétons un comportement en lui donnant des causes. Et chacun d'entre nous possède des "patterns" d'attribution privilégiés. Ainsi, certains attribueront, en priorité, leurs succès ou leurs échecs à leurs qualités ou à leur incompétences ; alors que d'autres attribueront les mêmes événements à des causes externes, qualité du matériel, soutien de l'encadrement, etc.

Weiner a analysé plus en détail les attributions concernant les comportements de travail et leurs résultats. Ses résultats, et leur traitement statistique, montrent que les explications que nous donnons à nos comportements passés, explications qui consistent à traiter, au plan cognitif, les évaluations et les "récompenses" attribuées, mettent en jeu trois dimensions : le "lieu de causalité", la stabilité des résultats et la contrôlabilité. Le "lieu de causalité" concerne la manière dont les résultats obtenus par un individu sont attribués par lui à ses qualités propres, efforts et compétences, ou, au contraire, à l'environnement extérieur (difficulté de la tâche, moyens pour l'accomplir, chance et hasard...). La stabilité des résultats caractérise la manière dont ces résultats sont perçus comme stables et susceptibles de se reproduire, ou comme aléatoires et susceptibles de changer dans le temps ; enfin, la contrôlabilité précise le degré selon lequel ces résultats sont perçus comme étant soumis au contrôle volontaire.

Ces différentes manières d'attribuer des causes aux résultats de son travail ont une influence directe sur la façon dont évoluent les expectations. En particulier si l'échec est attribué à des causes instables, comme la malchance ou l'insuffisance d'effort, il ne diminue pas les expectations concernant les tâches ultérieures. En revanche, si l'échec est attribué à des causes stables, comme l'incompétence et la trop grande difficulté du travail à faire, l'expectation s'en trouve fortement affectée. Mais si, par ailleurs, l'échec est perçu comme susceptible d'être contrôlé, par exemple, par une préparation différente ou grâce à une meilleure formation, il n'altérera pas non plus l'estime de soi, donc ne réduira pas l'expectation, c'est-à-dire l'espoir de mieux réussir une autre fois. Par exemple, un vendeur qui échoue de manière répétée, lorsqu'il s'agit pour lui de vendre un produit à haute technologie peut percevoir cet échec comme stable (répété), interne (dû à son incompétence) et non contrôlable (il a fait tout ce qu'il pouvait faire pour conclure ces marchés). Dans ce cas, son espoir de réussir ce type de vente dans l'avenir diminuera notablement et sa motivation disparaîtra aussi. Mais, s'il considère que son échec est accidentel, qu'il ne met pas en cause sa compétence et qu'il peut trouver d'autres manières d'aborder un client difficile, sa motivation restera intacte.

Weiner souligne l'importance de la perception de la stabilité des résultats. S'ils sont perçus comme stables, par exemple parce que la difficulté de la tâche est vue comme ne devant pas changer, les performances futures seront anticipées comme ne devant pas changer non plus. Et l'inverse réduit l'impact d'un succès ou d'un échec sur les expectations concernant l'avenir. Encourager quelqu'un qui a eu des difficultés à obtenir un résultat convenable en soulignant que ce résultat n'est pas stable et en montrant comment il pourrait s'améliorer diminue les anticipations négatives et relance la motivation.

En outre, les processus d'attribution ont un effet direct sur l'affectivité. Weiner suggère par exemple qu'un résultat négatif perçu comme étant dû à des facteurs que d'autres personnes sont seules à pouvoir contrôler, entraîne la colère, ce qui contribue à diminuer la motivation. Au contraire, un résultat faible, mais perçu comme contrôlable, donnera à la personne qui l'a obtenue un sentiment de honte et de culpabilité qui relanceront sa motivation à réussir.

Les compléments apportés par Raynor et par Weiner au schéma de Vroom, déjà développé par Porter et Lawler, permettent de mieux saisir les ramifications complexes qui, à travers des processus cognitifs en interaction permanente, relient les comportements aux motivations et aux phénomènes affectifs. Raynor aide à comprendre comment les différences individuelles s'articulent avec le schéma cognitif de la tâche et Weiner, comment les phénomènes affectifs prennent le relais des processus cognitifs. L'idée que le traitement et l'intégration des informations diffèrent selon les individus et, pour un même individu selon les situations, permet de corriger ce que le modèle cognitif avait de simplificateur, tout en soulignant l'importance des informations accessibles à l'individu, et, surtout, de la manière qu'il a de les interpréter.

LES THÉORIES DE L'ÉQUITÉ : LE MODÈLE D'ADAMS

Dans la même optique qui suppose que tout individu agit et est motivé en fonction de ce qui va maximiser la satisfaction de ses besoins et minimiser le coût qu'il va devoir supporter, Adams a cherché à préciser dans quelles conditions le rapport entre ce qu'on fait comme travail et ce que le travail vous rapporte est jugé équitable ou non. Ce n'est pas là pure curiosité de chercheur. En effet, l'évaluation de la performance et la perception de la situation du point de vue de son équité ne peuvent être sans effet sur la motivation. Et l'examen de l'origine et des effets comportementaux du sentiment d'équité conduit à étudier les attitudes et les réactions des individus devant les pratiques de chaque organisation. Nous exposerons donc ici le modèle d'Adams, les preuves expérimentales qui le valident, les problèmes qu'il pose et les développements auxquels il a donné lieu.

Adams suggère que le sentiment d'équité résulte d'un processus d'échange, comme tout autre échange marchand, échange qui prend place entre employé et employeur, ou, plus généralement entre l'organisation et ses membres [9]. En outre, cette comparaison met en jeu ce que l'individu apporte à l'organisation, c'est-à-dire non seulement les résultats de son travail, mais aussi son expérience, ses compétences, ses qualités de tous ordres, ses qualifications, et ce qu'il reçoit de l'organisation, c'est-à-dire son salaire, les marques d'estime, les avantages en nature, la stabilité dans l'emploi...

Mais la comparaison entre les "inputs" (ce que l'individu apporte à l'organisation) et les "outputs" (ce que l'individu en reçoit) ne peut être réalisée par l'individu de manière directe. Chacun fait alors appel à un processus de comparaison sociale. Et le sentiment d'inéquité existe lorsque le rapport entre les deux ratios inputs/outputs parait déséquilibré par comparaison avec le(s) même(s) rapport(s) concernant d'autres personnes. Au cas où il y a inéquité ressentie, c'est-à-dire au cas où cette comparaison est jugée non équitable, il se crée une tension négative qui déclenche différents comportements destinés à rétablir l'équité. Ces comportements sont variés. Il peut simplement y avoir rétablissement du sentiment d'équité par révision du jugement fondé sur les observations des inputs et des outputs. Il peut également y avoir une activité destinée à faire modifier soit les inputs, soit les outputs des autres. Plus directement, la personne qui se juge victime d'inéquité peut tenter de modifier ses inputs ou de faire modifier ses outputs ; ou encore elle va se retirer de la situation en perdant toute motivation. Comme le précise Adams, la nature de la réponse choisie dépend de nombreux facteurs propres à la situation, notamment l'importance de l'inéquité perçue, les contraintes situationnelles, la perception de la situation par l'individu lui-même.

Comme le souligne Mowday [10], le modèle d'Adams a plusieurs implications importantes. Premièrement, le sentiment de justice ou d'inéquité est déterminé par des processus cognitifs ; ce qui signifie que les caractéristiques objectives de la situation ont moins d'importance que la manière dont elles sont interprétées par chacun. En second lieu, il n'y a pas forcément d'inéquité ressentie lorsqu'une personne fournit des "inputs" importants et reçoit peu en échange, aussi longtemps que d'autres personnes sont dans la même situation. Troisièmement, l'inéquité peut être négative (plus d'outputs qu'on juge en mériter) ou positive (moins d'outputs qu'on juge en mériter). Et déclencher des comportements de régulation opposés. Ce qui signifie qu'une personne qui se juge trop bien payée pour ce qu'elle fait va tenter de compenser cette inégalité par une sur-motivation, même s'il est plus facile d'accepter d'être surpayé que d'être sous-payé.

Les résultats des recherches qui ont tenté de valider le modèle d'Adams l'ont confirmé pour une très large part. Lorsqu'on crée artificiellement une situation d'inéquité en faisant croire à des sujets naïfs qu'ils sont trop ou qu'ils sont trop peu payés, ils ajustent la quantité et la qualité de leur travail de manière à rétablir ce qui leur paraît juste. Ainsi des sujets rémunérés à la pièce et à qui on a donné des informations qui leur font croire qu'ils sont trop payés vont **ralentir** leur travail de manière à le faire de leur mieux. Alors que des sujets rémunérés au temps passé et à qui on fait également croire qu'ils sont surpayés vont accélérer le rythme et tenter de fournir plus de travail à l'heure. En réalité, si les résultats des recherches concernant le sentiment d'être sous-payé sont concordants, il n'en est pas tout à fait de même pour le cas inverse, probablement parce que les procédés utilisés pour induire le sentiment d'être surpayé représentent également une menace pour l'estime de soi et pour la sécurité de l'emploi. De ce fait, on peut penser que les sujets concernés se donnent du mal pour prouver que les informations qui leur ont été données sont inexactes. Comme les arguments qui induisent le sentiment d'être surpayés ne résistent pas longtemps à l'expérience de la tâche et à l'observation directe des résultats obtenus, l'effet d'inéquité disparaît rapidement. On risque alors de prendre pour un comportement visant à rétablir l'équité ce qui est, en réalité, un effort pour se protéger. En revanche, lorsqu'on crée le sentiment d'équité en changeant simplement les bases salariales, le modèle d'Adams est toujours confirmé sans réserves.

Ces faits expérimentaux, qui sont plus que des nuances apportées au modèle d'équité, ont conduit plusieurs auteurs à mettre en question la possibilité d'appliquer le modèle d'Adams aux situations organisationnelles réelles. Locke, notamment, fait remarquer combien les recherches qui ont confirmé ce modèle sont irréalistes [11]. On ne fait pas facilement croire, sur le terrain, à des employés qu'ils sont surpayés ou qu'ils sont incompétents, et il est plus vraisemblable que le processus cognitif est inverse : les employés utilisent leur niveau de salaire comme une information parmi d'autres, et s'en servent pour évaluer la qualité de leurs contributions à l'organisation, plutôt que le contraire. En outre, il faudrait probablement distinguer le cas des petites entreprises où le sentiment d'inéquité se joue dans une relation personnelle entre employeur et employé et où l'employé qui se croit surpayé a le sentiment de devoir plus à son employeur, et les grandes organisations où ce sentiment d'inéquité n'est pas personnalisé et est donc moins fort.

Ceci dit, le soutien très général apporté par les expériences de laboratoire au modèle d'Adams permet d'affirmer que des mécanismes cognitifs interviennent pour créer le sentiment d'équité ou son contraire, et, également, que ce sentiment motive des comportements spécifiques. Reste que la réalité de la vie de travail est certainement plus complexe que les simulations expérimentales grâce auxquelles le modèle d'équité a été testé. D'où l'intérêt des développements théoriques qui ont suivi, et qui concernent, de manière plus proche du terrain les points suivants :

• le choix des comparaisons sociales qui fondent l'équité ressentie,
• les divers comportements qui visent à rétablir l'équité et le rôle des différences individuelles sur le choix de ces comportements,
• les notions mêmes de justice et l'existence de normes sociales d'équité

Le choix des comparaisons sociales est un élément-clé du modèle d'Adams. En effet, une même situation, du point de vue des inputs fournis et des outputs reçus, peut être jugée équitable ou être ressentie comme inéquitable selon qu'on se compare à une personne mieux lotie ou à un collègue défavorisé. En outre, des éléments différents peuvent entrer en ligne de compte selon la nature des comparaisons sociales utilisées. Par exemple, en période de crise de l'emploi, un employé du secteur privé qui se compare à un fonctionnaire, devrait accorder de l'importance à la stabilité de l'emploi. Afin de donner un cadre systématique à ces remarques, Goodman a classé les comparaisons sociales en trois catégories, selon que la comparaison se fait avec d'autres (c'est-à-dire avec d'autres personnes qui ont une activité proche de celle de la personne impliquée et qui travaillent dans la même organisation ou dans une organisation différente), avec soi-même (par exemple avec le rapport input/output qui était le sien dans une situation précédente), ou avec des références contractuelles, accord explicite ou implicite existant entre l'employé et l'employeur [12]. Les recherches ont montré que, dans la majorité des cas, plusieurs bases de référence sont utilisées simultanément pour constituer le sentiment d'équité, et le choix des bases de référence est déterminé par l'accès à des informations pertinentes,- donc par la tendance qu'a l'individu à chercher des bases de comparaison et par l'existence même de ces références. On sait le rôle que peuvent jouer, de ce point de vue, les média, et les informations données annuellement par les groupes d'anciens élèves d'une même école. Il faut donc retenir qu'une situation, qui était jugée équitable, peut, sans changer objectivement, être ressentie comme inéquitable parce que de nouvelles informations sont arrivées à la connaissance de l'individu ou encore parce qu'un des aspects pris en considération dans l'équation input/output prend plus d'importance pour lui.

Comment sont choisis, par l'individu, les *comportements* destinés à rétablir l'équité ? Dans les situations expérimentales qui ont permis de tester le modèle, les stratégies possibles sont limitées et la seule manière accessible de faire consiste à changer son comportement dans le travail. La réalité de la vie de travail offre des possibilités plus nombreuses et plus complexes, sans qu'on sache très bien comment se fait le choix entre elles. Il est vraisemblable que les différences inter-individuelles jouent un rôle. Deux points semblent intéressants. D'une part, la classification des caractéristiques de la situation en input et en output n'est pas aussi simple qu'on peut le penser. Par exemple, se voir donner une nouvelle responsabilité peut être perçu comme une charge supplémentaire (input) ou comme un témoignage d'estime (output). De même, la participation aux décisions peut être considérée comme un travail de plus ou comme un accroissement précieux de l'autonomie. Tornow a montré que les individus ont une tendance personnelle à classer les caractéristiques situationnelles soit comme des inputs, soit comme des outputs [13]. Ce trait a, bien évidemment, une influence sur la perception de l'équité : les personnes qui sont enclines à classer ces caractéristiques comme des outputs plutôt que comme des inputs réagissent de manière énergique au sentiment d'être surpayées, en travaillant plus ou mieux.

Tous ces développements suivent le schéma d'Adams qui revient à considérer la motivation comme le résultat d'un besoin spécifique,- celui de rétablir *la justice*. Pour éviter ce que cette interprétation a de vague et de peu satisfaisante, tout en gardant au sentiment d'équité toute son importance, les recherches les plus récentes se sont centrées sur la perception de l'équité et sur sa valeur instrumentale au niveau des attitudes et des comportements.

Dans cette perspective, plusieurs auteurs insistent sur la différence qui existe entre deux aspects de la justice ressentie,- la justice *procédurale* qui concerne les procédures de décision relatives à l'attribution et à la répartition des outputs, et la justice *distributive* qui implique le sentiment d'un équilibre adéquat entre ses inputs et ses outputs, par comparaison avec ceux des autres,- ce qu'Adams a décrit sous le terme d'équité ressentie. Greenberg, Kanfer et d'autres chercheurs ont fait progresser l'étude du sentiment d'équité en s'interrogeant sur les conditions qui favorisent la perception de la justice procédurale, et sur les effets qu'elle a en ce qui concerne les attitudes et les comportements [14]. Les recherches de Greenberg montrent bien que ces deux aspects de la justice ne coïncident pas forcément, c'est-à-dire qu'une même personne peut se sentir, quant à elle, équitablement rémunérée de ses efforts, tout en contestant la justice des procédures d'évaluation qui sont mises en œuvre par l'organisation. Il faut donc tenir compte des deux, sans donner plus d'importance à l'une ou à l'autre, alors que le modèle d'Adams ne s'intéresse réellement qu'à la justice distributive, et à ses effets.

Les recherches effectuées dans un contexte différent, notamment dans un contexte juridique, avaient déjà souligné le rôle de la participation à l'évaluation, participation qui donne à la personne évaluée le sentiment d'avoir un certain contrôle sur son évaluation. Le fait d'avoir un droit de regard sur ce qui se passe, ou, mieux, la possibilité d'apporter ses propres informations à l'instance ou à la personne qui évalue accroît le sentiment de justice, quels que soient, par ailleurs, les résultats obtenus. Plusieurs recherches permettent de penser qu'il en est de même en ce qui concerne la perception de la justice procédurale dans la vie des entreprises. L'évaluation du travail, les notations professionnelles et l'attribution de récompenses de tous ordres paraissent d'autant plus justes que la personne concernée a la possibilité de communiquer aux décideurs les informations qui lui semblent pertinentes. Notamment, Landy a montré que des employés perçoivent les notations professionnelles comme justes lorsque les évaluations sont assez fréquentes, et lorsqu'ils ont la possibilité d'exprimer leurs opinions pendant l'évaluation [15]. En outre, d'autres recherches ont mis en évidence le fait que le sentiment d'équité est stimulé par la clarté des processus d'évaluation et par sa stabilité dans le temps, mais qu'il est, contrairement à ce qu'on aurait pu penser, indépendant du niveau de l'évaluation attribué. En d'autres termes, on accepte une évaluation même sévère, lorsqu'on comprend comment elle a été faite, et lorsqu'on peut y participer.

Les résultats des travaux que nous venons de décrire permettent de mieux comprendre comment naît le sentiment d'équité. Reste à savoir s'il influence la motivation. A-t-on eu raison d'accorder de l'importance au sentiment d'équité ? A-t-il un effet sur les attitudes et les comportements ? Notamment, a-t-il un effet sur la satisfaction et ce qu'elle entraîne, stabilité dans l'emploi, climat organisationnel... Et a-t-il un effet sur la motivation, donc sur le travail effectué ? Les recherches qui ont testé le modèle d'Adams, donc les effets de la justice distributive, l'ont prouvé, au moins en ce qui concerne le fait de se sentir trop bien payé dans le cadre d'une situation de travail simulé. Est-ce que la distinction qui vient d'être faite, entre justice distributive et justice procédurale permet d'aller plus loin ?

Parlons d'abord de l'effet de l'équité sur les attitudes. A nouveau les recherches ont débuté dans le cadre légal. Tyler a comparé la perception de la justice distributive et de la justice procédurale dans l'évaluation de l'équité des décisions de justice, et a montré l'importance de la justice procédurale [16]. Une personne qui pense que le verdict qui la condamne est trop sévère mais qu'il a été obtenu selon une procédure équitable se rebellera contre le verdict lui-même, pas contre le système judiciaire. Tyler a confirmé ces résultats sur d'autres terrains, en ce qui concerne les attitudes face aux autorités légales, comme les officiers de police, et même face aux positions prises par les hommes politiques. Ce qui signifie que la confiance dans les décisions du gouvernement est fonction de la perception de la justice procédurale et que la justice distributive n'y joue qu'un rôle secondaire.

A la suite de ces résultats, des recherches ont été menées, notamment par Cropanzano et Folger, sur les effets de la justice procédurale dans le monde du travail [14]. Ces travaux ont concerné la satisfaction par rapport au salaire, les attitudes envers l'entreprise, et la satisfaction concernant les augmentations de salaire. Ils montrent, de manière répétée, que les facteurs procéduraux déterminent l'implication dans l'organisation alors que les facteurs contribuant à la justice distributive déterminent une satisfaction plus spécifique, celle qui concerne uniquement le salaire reçu. Il est donc vraisemblable que la justice procédurale influence les comportements eux-mêmes, ainsi que les attitudes servant d'intermédiaire entre l'estimation de l'équité et les comportements. De fait, on observe que les membres du personnel de l'organisation à qui est donnée la possibilité de participer aux évaluations, et qui jugent celles-ci comme résultant d'un processus équitable, sont mieux intégrés dans l'entreprise, et, partant de là, plus stables et plus loyaux vis-à-vis de l'organisation.

D'autres travaux, concernant les effets que peut avoir le sentiment d'équité sur le comportement, vont dans le même sens mais montrent la complexité des processus cognitifs qui aboutissent au sentiment d'équité aussi bien que la complexité des effets de ce sentiment sur les conduites ultérieures. En particulier, Kanfer a fait travailler deux groupes de sujets à une tâche simulant une situation de marketing réel[17]. Les deux groupes étaient évalués par leur hiérarchie, mais seuls les sujets de l'un d'entre eux avaient la possibilité de dire à l'évaluateur comment eux-mêmes jugeaient leur performance et de présenter des arguments pour justifier les récompenses qu'ils pensaient mériter. Comme on pouvait s'y attendre, ce groupe a, plus que l'autre, le sentiment d'être équitablement évalué et récompensé, sans que ce sentiment ait de rapport ni avec l'évaluation ni avec les récompenses. Mais, et cette fois-ci contrairement à ce qu'on aurait pu prévoir, le groupe qui participe à l'évaluation obtient, ensuite, des résultats inférieurs à l'autre. Autrement dit, il se juge équitablement traité mais cela ne relance pas sa motivation. Quelle explication donner à ces observations ? Les auteurs suggèrent que le fait d'intervenir dans la procédure d'évaluation procure bien le sentiment d'être équitablement traité, mais, en même temps, réduit l'instrumentalité des performances de travail. En d'autres termes, la participation au débat qui aboutit à l'évaluation de la performance montre que toute performance peut être justifiée et qu'un résultat médiocre peut même être l'objet d'une récompense, dès lors que son auteur sait trouver les arguments pour le défendre. Même si d'autres recherches restent nécessaires afin de confirmer cette analyse, la possibilité que la participation aux évaluations soit, en définitive, démotivante, parce qu'elle conduit à se contenter d'une performance médiocre mais justifiable doit être gardée en mémoire. C'est, en outre, un excellent exemple d'une situation où la satisfaction, née de la possibilité d'être associé à l'évaluation, ne conduit pas à un accroissement de la motivation.

Dans leur article sur la justice procédurale et ses effets sur la motivation au travail, Cropanzano et Folger proposent une synthèse des résultats actuels sous la forme d'un modèle bi-factoriel de l'équité, qui articule les effets réciproques des deux types de justice, procédurale et distributive. Un des intérêts de ce modèle, c'est qu'il distingue la motivation à agir de manière "constructive", par exemple en redoublant d'efforts pour prouver que l'évaluation de ses résultats était injuste, et la motivation à agir de manière "destructive", par exemple en travaillant moins ou en se mettant en grève soit parce que l'évaluation est jugée inéquitable, soit parce qu'une distribution injuste des récompenses lèse directement les personnes concernées. Comment se fait le choix d'un comportement constructif ou destructif ? C'est l'équité perçue du processus qui joue un rôle décisif. Si les procédures utilisées sont jugées équitables, il devient difficile de contester la répartition des récompenses qui en résulte. Par exemple, une évaluation qui semble être anormalement défavorable, mais qui résulte d'un processus considéré comme équitable, ne déclenchera pas une motivation à riposter contre la hiérarchie ou contre l'organisation. En revanche, si la procédure utilisée par l'organisation est vue comme injuste, la réaction sera destructive.

Cet effet dit du "fair-process" a été largement démontré et son importance est évidente. L'expérience de l'injustice sera réduite et peut même être supprimée si les personnes qui disposent de l'autorité dans l'organisation sont considérées comme ayant agi de manière aussi équitable que possible ; et, de ce fait, la tendance à blâmer le système et à se révolter contre lui seront également réduites [18]. Inversement, une injustice procédurale ne déclenchera pas de comportement actif chez les individus dont le sort n'est pas directement modifié par cette procédure.

Au total, on peut retenir que le sentiment d'équité est bien, comme Adams a été le premier à le montrer, un aspect important de la relation entre l'individu et l'ensemble du système organisationnel. Mais ses effets sont bien plus complexes que la notion d'un simple rééquilibrage de la répartition des récompenses ne le suggère. Notamment, si l'organisation et ses décideurs sont perçus comme agissant avec justice, les employés qui s'y trouvent réagiront de manière constructive à ce qu'ils jugent être une inéquité spécifique. Ces remarques prennent une importance particulière à une époque de crise où les objectifs de productivité conduisent à modifier les systèmes de rémunération et de distribution de récompenses et où la gestion des réductions d'effectif sont un aspect-clé des relations entre l'individu et l'organisation. La manière dont l'organisation traite ces problèmes, et sa capacité à présenter les décisions comme allant dans le sens d'un bien collectif pour l'entreprise, représentent des déterminants essentiels du type de réaction que le personnel aura devant des mesures difficiles à accepter. En particulier, une injustice distributive ne pourra entraîner que des réactions individuelles, ceux qui se sentent personnellement maltraités ayant tendance à réagir seuls pour rétablir l'équité. Alors que des injustices procédurales déclencheront inévitablement des réactions collectives, dans la mesure où elles lèsent ou risquent de léser un nombre important de personnes.

ET POUR CONCLURE

Nous avions vu, en conclusion du premier chapitre, que les modèles théoriques fondés sur une conception de la motivation comme mise en mouvement par la nécessité de satisfaire des besoins impératifs sont à la fois trop simples et trop statiques pour qu'ils permettent d'analyser dans leur intégralité les processus de la motivation au travail. Ce qui ne nous a pas empêché de reconnaître que les besoins, et les valeurs, existent et qu'il y a un lien étroit entre l'effort consenti et la valeur, pour l'individu de ce qu'il est susceptible de lui rapporter.

Les modèles cognitifs ne remplacent pas les schémas fondés sur la satisfaction des besoins, mais ils leur apportent un complément capital,- l'idée que l'environnement de travail est perçu par chacun de manière spécifique et que c'est par rapport à sa perception de l'environnement que chacun adopte telle ou telle modalité de comportement. D'où l'importance de l'analyse des processus cognitifs qui sous-tendent la signification donnée à l'environnement, qui conduisent à attribuer des explications aux informations reçues et qui amènent à évaluer les rapports entre inputs et outputs, entre ce qu'on apporte, par son travail, et ce qu'on reçoit, du fait de son travail.

L'approche cognitive a ainsi permis de mieux comprendre pourquoi une même situation est diversement interprétée par des individus différents ou à des moments différents par le même individu. Elle réintroduit donc les différences inter et intra-individuelles dans des modèles motivationnels que les théories du besoin présentaient comme universels. Et elle permet d'affirmer que toute motivation a trois types de déterminants : individuel, environnemental et temporel, ce qui contribue à abattre la barrière artificielle que la psychologie expérimentale a créée entre les processus cognitifs et les processus affectifs.

Mais les modèles cognitifs ont aussi des limites. En fait, ils n'expliquent que la **décision** de faire quelque chose ou encore d'y consacrer un certain niveau d'effort, pas le comportement lui-même. Lorsque le choix concerne une alternative immédiate, par exemple, accepter un poste ou choisir un métier, le modèle cognitif est tout à fait validé en ce sens qu'il rend parfaitement compte des décisions réellement prises. Mais il n'apporte aucune information lorsqu'il s'agit de comprendre comment un comportement se déroule de manière continue, comment on passe de l'intention à l'action, en d'autres termes, comment la motivation est soutenue jusqu'à ce que l'objectif choisi soit atteint. C'est toute la différence qui existe entre l'intention et le passage à l'action.

Toute action se déroule dans un environnement social et se déploie dans le temps. Impossible donc de préciser ses déterminants sans le secours d'un modèle qui mette en jeu l'individu en situation, ainsi que les interactions qui existent entre les processus cognitifs propres à l'individu, sa manière de réfléchir à la situation et de réguler les informations qu'il reçoit de l'environnement, ses émotions, et sa représentation des objectifs assignés. En d'autres termes, les modèles décrits ci-dessus complètent de manière importante les conceptions de la motivation décrites au chapitre un et qui ne sont fondés que sur l'analyse des besoins et des valeurs. Mais ils ne sont pas encore suffisants parce qu'ils ne tiennent pas compte de la capacité de l'être humain à se représenter un objectif et les chemins qui y mènent, à anticiper les conséquences de ses actions et à élaborer une construction symbolique des événements. Ce sont précisément ces aspects et ces éléments que font intervenir les modèles de self-régulation qui sont l'objet du prochain chapitre.

PRATIQUEMENT, ON PEUT RETENIR

• La décision de faire des efforts, donc la motivation, est déterminée par la représentation qu'a l'individu des résultats de ses efforts.

• Il faut donc informer pour motiver, notamment donner des informations à chacun sur ses compétences et des indications précises sur ce qu'on attend de lui...

• ... Et sur les règles de l'échange "performance/récompenses" dans l'organisation...

• ... Et également sur les voies de promotion et la manière dont les évaluations sont faites par la hiérarchie...

• ... Et enfin, informer pour bien montrer aux membres du personnel qu'ils ont la possibilité de contrôler les résultats de leur travail (et faire en sorte que ce soit vrai).

• Il faut également connaître les potentialités de chacun et se rappeler que si les challenges surmontés renforcent l'image de soi et stimulent la motivation, les échecs ont l'effet contraire.

• Il faut également créer des procédures équitables,- qu'il s'agisse de rémunération, de mobilité, de promotion... et vérifier que ces procédures sont effectivement perçues comme équitables, et qu'elles continuent à l'être, même si de nouvelles informations sont accessibles...

• Et s'assurer que ces procédures d'évaluation sont claires et transparentes.

• Il est souhaitable, dans la mesure du possible, de faire participer les évalués aux procédures d'évaluation, c'est-à-dire leur donner la possibilité de s'exprimer.

Références citées

1. V.H. Vroom, (1964), *Work and motivation*, New York, Wiley.
2. Citons notamment M.A. Wahba et R.J. House, (1974) Expectancy theory in work and motivation, *Human Relations*, 27, 121-147, E.E. Lawler, (1973) *Motivation in work organizations*, Monterey, Brooks Cole et T.R. Mitchell, (1974) Expectancy models of job satisfaction, occupational preference and effort : a theoretical, methodological and empirical appraisal, *Psychological Bulletin*, 81, 1053-1077.
3. C. Lévy-Leboyer (1994), *La crise des motivations, op. cit.*,
4. L.W. Porter, E.E. Lawler, (1968), *Managerial attitudes and performance*, Homewood, Dorsey Press.
5. J.P. Wanous, T.L. Keon, J.C. Latack (1983), Expectancy theory and occupational/ organizational choices : a review and test, *Organizational Behavior and Human Performance*, 32, 66-86.
6. D. F. Parker, L. Dyer (1976), Expectancy theory as a within person behavioral choice model : an empirical test of some conceptual and methodological refinements, *Organizational Behavior and Human Performance*, 17, 97-117 ; H.J. Arnold, (1981), A test of the validity of the multiplicative hypothesis of expectancy-valence theory of motivation, *Academy of Management Journal*, 24, 128-141 ; C. Lévy-Leboyer (1978), *Le choix des horaires*, Paris, Monographies du CNRS ; T. Matsui, M. Kagawaka, J. Nagamatsu et Y. Otsuka (1977), Validity of expectancy theory as a within-person behavioral choice model for sales activities, *Jal of Applied Psychology*, 62, 764-767.
7. J.O. Raynor, G.P. Roeder (1987), Motivation and future orientation, task and time effects for achievement motivation, in F. Halish, J. Kuhl, ed., *Motivation, intention, volition*, New York, Springer-Verlag.
8. B. Weiner (1986), *An attribution theory of motivation and emotion*, New York, Springer-Verlag.
9. J.S. Adams (1965), Inequity in social exchange, in L. Berkowitz, ed., *Advances in experimental social psychology*, Vol 2, 267-299, New York, Academic Press ; J.S. Adams, S. Freedman, (1970), Equity theory revisited : comments and annotated bibliography, in L. Berkowitz et E. Walster, ed., *Advances in experimental social psychology*, Vol. 9, 43-90, New York, Academic Press.
10. R.T. Mowday (1991), Equity theory predictions of behavior in organizations, in R.M. Steers et L.W. Porter, ed., *Motivation and work behavior*, 111-131, New York, Mc Graw Hill.
11. E.A. Locke (1976), The nature and causes of job satisfaction, in M. Dunnette, ed., *Handbook of industrial and organizational Psychology*, 1297-1349, *op. cit.*
12. P.S. Goodman (1977), Social comparisons process in organizations, in B. Staw et G. Salancik, ed., *New directions in organizational behavior,* 97-132, Chicago, St Clair.
13. W.W. Tornow (1971), The development and application of an input-outcome moderator test on the perception and reduction of inequity, *Organizational Behavior and Human Performance*, 6, 614-638.
14. On peut consulter notamment les pages 104 à 111 du chapitre de R. Kanfer, Motivation theory and industrial and organizational psychology in M.D. Dunnette et L.M. Hough, ed. (1990), *Handbook of industrial and organizational psychology, op. cit.*
    R. Cropanzano, R. Folger (1989), Referent cognitions and task decision autonomy. Beyond decision theory, *Journal of Applied Psychology,* 74, 293-299 ; J. Greenberg (1986), The distributive justice of organizational performance evaluations, in H.W. Bierhoff, R.L. Cohen et J. Greenberg, ed, *Justice in social relations*, 337-351, New York, Plenum.

15. J. Landy, J.L. Barnes, K.R. Murphy (1978), Correlates of perceived fairness and accuracy of performance evaluation, *Jal of Applied Psychology,* 63, 751-754.

16. T.R. Tyler (1984), The role of perceived injustice in defendants'evaluations of their courtroom experience, *Law and society Review,* 18, 51-74 ; T.R. Tyler (1990), *Why people obey the law : procedural justice, legitimacy and compliance,* New Haven, Yale University Press.

17. R. Kanfer, J. Sawyer, P.C. Earley, E.A. Lind (1987), Fairness and participation in evaluation procedures : effects on task attitudes and performance, *Social Justice Research,* 1, 235-249.

18. E.A. Lind et T.R. Tyler (1988), *The social psychology of procedural justice,* New York, Plenum Press.

Chapitre 3

De l'intention à l'action : l'auto-régulation

Pour séduisante qu'ils soient au plan intellectuel, et productifs au niveau des pratiques, les modèles de motivation qui ont été exposés dans les deux chapitres précédents laissent l'impression d'une double lacune. D'abord, le concept de motivation est une notion essentiellement dynamique. On imagine volontiers l'individu motivé comme quelqu'un d'enthousiaste, plein d'allant, d'énergie, qui ne se laisse pas rebuter par les obstacles se dressant entre lui et son objectif. Au lieu de quoi les modèles des besoins, comme les modèles cognitifs, autopsient une motivation raisonnante, et actionnée presque mécaniquement par un environnement directif.

Il est vrai que la motivation au travail dépend des besoins susceptibles de mettre les individus en mouvement et des informations qui vont leur permettre de faire le lien entre ce qui leur manque et ce qui leur permettra de l'obtenir. Mais ce n'est pas tout. La notion de liberté individuelle et le rôle des traits de personnalité propres à chacun sont absents du tableau. Comment expliquer, en effet, à l'aide de ces modèles qui se veulent universels, l'originalité des comportements singuliers, la passivité des uns, la persévérance sans égale des autres ? Le bon sens et les proverbes ("l'enfer est pavé de bonne volonté"...) nous disent bien qu'il y a un grand pas à franchir entre le fait de décider d'une orientation à prendre et l'élan et la persévérance qui mèneront au but. Qu'on considère la motivation comme mise en mouvement par la satisfaction de besoins non pourvus par la situation actuelle ou comme une décision rationnelle de consacrer ses efforts à des comportements qu'on anticipe comme devant être la source de satisfactions à venir, rien ne rend compte, dans les analyses théoriques qui ont précédé, de la manière dont chacun d'entre nous va du choix d'un but à sa mise en œuvre, et décide d'y consacrer toute son énergie- comment on passe de l'**intention à l'action**.

Une autre lacune caractérise les approches précédentes. Le travail se déroule toujours dans un environnement social. La liste des besoins élaborée par Maslow donne un rang important aux satisfactions sociales que procurent aussi bien le travail lui-même que l'exercice d'un métier. Et les développements qui ont permis de préciser les variables entrant dans le modèle cognitif soulignent le fait que l'expectation repose sur l'image de soi, qui est un construit nourri d'apports sociaux. Mais il semble difficile de limiter le rôle de la dimension sociale à n'être qu'une source de "satisfaction" et une réserve d'informations sur soi. Prendre en compte la dimension sociale soulève bien des questions différentes. Les autres, collègues, subordonnés, supérieurs, clients... n'apportent-ils pas une structure de valeurs qui caractérise le groupe, qui conditionne l'appartenance individuelle à ce groupe, et qui impose des modèles de comportement conformes ou déviants ? D'un autre point de vue, quelle est la nature des interactions sociales qui se déroulent au cours des activités de travail ? Et quel rôle jouent-elles dans la mise en œuvre active des décisions motivationnelles, et de leur poursuite jusqu'à ce que l'objectif soit atteint ?

Sur ces questions (comment se régule le passage de l'intention à l'action et quel rôle jouent les facteurs sociaux), et d'une manière plus générale, sur la façon dont chacun gère ses activités et son effort en fonction de ses objectifs et des autres caractéristiques de sa situation de travail, il existe actuellement un ensemble très actif de recherches. Elles ont été stimulées au départ par les travaux de Locke sur le "hard-goal effect" (*effet de la difficulté du but*) et elles se sont développées plus récemment en appliquant à ce problème la conception de l'apprentissage socio-cognitif, notamment sous l'influence de Bandura, ainsi que les concepts d'auto-régulation et de contrôle cybernétique, en particulier dans les travaux récents de Kanfer et dans ceux de Carver et Scheier[1]. Toutes ces recherches sont fondées sur une idée forte : **le but est un**

élément central dans les processus d'auto-régulation parce que la capacité d'un individu à se représenter de manière symbolique ses objectifs sous la forme d'un but précis est essentielle pour qu'il puisse exercer un contrôle efficace sur ses comportements.

Ceci dit, il n'est pas facile de faire la synthèse des différents schémas qui tentent d'analyser le passage à l'action. Et cette difficulté met en évidence la complexité des processus de motivation ainsi que la multiplicité des déterminants mis en cause. Relater la progression des recherches dans les dix dernières années permet de comprendre comment on a abordé successivement des étapes nouvelles de la motivation, et comment on a pris progressivement en compte les multiples déterminants des processus motivationnels. Premier temps : à la suite des travaux de Locke, l'importance du but s'impose comme une évidence incontournable. Pas de motivation sans objectif. Et, surtout, plus le but est difficile, plus les conduites qu'il déclenche sont motivées. Mais il y a but et but... D'où une série de recherches qui mettent en évidence les caractéristiques que doit posséder un but pour être motivant et qui permettent de décrire la manière dont se construit l'implication vis-à-vis du but.

C'est là un point de départ très solide : l'intention doit précéder l'action, et cette intention doit être concevable, donc précise et concrète. Les recherches de laboratoire et les simulations, plus ou moins artificielles, prouvent sans faille l'existence de cet effet de but. Mais la réalité est toujours plus complexe que ne le sont les conditions épurées des tâches de laboratoire. D'une part, parce que le chemin vers le but n'est pas linéaire, mais fait d'étapes, de succès relatifs, d'échecs ponctuels, de progrès et de reculs, et qu'il nous faut comprendre non seulement comment la motivation lance l'action mais aussi comment elle la relance continuellement. Il faut rappeler, en effet, que la motivation n'est pas limitée au déclenchement de l'action et que c'est elle qui fait persévérer jusqu'à ce que le but soit atteint.

En outre, dès qu'on tente d'analyser le processus motivationnel jusqu'au bout, c'est-à-dire sans se limiter à chercher comment les buts sont choisis et à démontrer qu'ils jouent un rôle motivateur, mais en allant plus loin, jusqu'à l'action et ce qui la soutient, on fait forcément appel à tous les aspects de la personnalité et à toutes les facettes des interactions individu/environnement. Les modèles récents ont ainsi permis de faire progresser notre compréhension du rôle des facteurs affectifs et cognitifs et de la manière dont ils s'intègrent. Ils ont également ouvert la voie à une analyse des paramètres individuels qui expliquent que des niveaux différents de motivation caractérisent chacun d'entre nous dans une même situation.

Ces remarques justifient le plan de ce chapitre. Nous présenterons successivement les résultats des recherches de Locke et de ses collaborateurs sur l'effet de but, puis les théories dites socio-cognitives, ainsi que les concepts d'auto-régulation et de contrôle, pour terminer par les données actuelles sur le rôle des caractéristiques individuelles dans les processus motivationnels. Toutes ces théories concernent la manière dont les conduites sont volontairement orientées vers la réalisation de buts, proches ou lointains, et sur la nature des mécanismes cognitifs qui permettent de comprendre comment but et comportement sont liés.

De ce point de vue, il faut d'ailleurs souligner que ces analyses se sont peu à peu écartées de la simple prédiction des performances, considérées comme les résultats d'ensembles de comportements, eux-mêmes déterminés par la motivation. Leur objectif est plus large, puisqu'il s'agit de rendre compte non seulement des processus de décision mais aussi du jeu des mécanismes volitionnels sous tous leurs aspects. Pourquoi cette précision est-elle importante ? Parce que, comme le note Kanfer, une personne active dans une situation de travail est susceptible d'adopter une série complexe de comportements, dont une fraction seulement est directement liée aux performances. Et, symétriquement, parce que les performances sont déterminées par d'autres paramètres que la motivation elle-même. Les modèles de motivation doivent, certes, avoir pour objet de prédire des comportements, mais il faut être plus prudent en ce qui concerne les résultats de ces comportements, résultats qui non seulement sont affectés par nombre d'autres paramètres, mais qui peuvent être atteints avec des décalages de temps souvent considérables, et également être obtenus par le truchement de comportements variés.

LE MODÈLE DU BUT

L'apport de Locke peut se résumer en trois phrases. Il définit le but comme le désir d'atteindre un certain niveau de performance. Il démontre que les buts sont de puissants déterminants de l'effort et de l'activité qui conduisent à cette performance,- et ceci même si le but lui-même n'est pas et ne peut pas être atteint. En outre, cet effet motivateur du but est totalement indépendant de l'existence de "récompenses" qui pourraient être associées au fait d'atteindre un objectif assigné. Le nombre et la variété des recherches qui ont confirmé l'existence de "l'effet de but" est impressionnant. Plus de 400 recherches, menées dans huit pays différents, et concernant au total 40 000 sujets, 88 tâches différentes, et des critères de performance très variés.

En fait, le modèle du but dépasse de beaucoup ces trois idées simples. Avec une équipe de chercheurs, Locke a poursuivi pendant plus de vingt-cinq ans une impressionnante série de travaux destinés à expliquer comment le but exerce un effet motivateur et à préciser les facteurs susceptibles de moduler cet effet [2]. Leurs résultats ont permis de définir les deux attributs principaux des buts : le *contenu* et l'*intensité*. Le contenu concerne l'objet ou le résultat recherché (acheter une maison, obtenir une augmentation de salaire, gagner un match de tennis, etc.). Il s'agit, le plus souvent, d'objets appartenant au monde extérieur que l'on souhaite s'approprier, mais les buts peuvent aussi bien être essentiellement psychologiques comme, par exemple, améliorer l'estime de soi, avoir moins d'anxiété et de doute sur soi-même. Ces contenus peuvent également être qualitativement différents, liés par exemple à la carrière d'un individu, ou à ses activités de loisir, ou encore à une opération financière qu'il se propose de réaliser. Ils peuvent aussi varier en quantité : certaines personnes ont un nombre de buts limités ; d'autres en ont beaucoup. Et en durée : buts proches ou éloignés dans le temps. Enfin, les buts peuvent être plus ou moins difficiles à atteindre, plus ou moins clairs et plus ou moins spécifiques - les plus précis étant évidemment les plus clairs. Par ailleurs, les buts peuvent être plus ou moins intenses selon le degré de réflexion mis en jeu pour les conceptualiser et élaborer un plan d'action en vue de les atteindre.

Classer les différents types de buts ne suffit pas. En effet, s'il est vrai que seul un but précis déclenche l'effort et se traduit par une performance plus élevée que celle qui serait obtenue sans but, cet effet motivateur varie et il est possible, en exploitant les résultats des recherches existantes, de préciser dans quelles conditions le but est efficace.

La plus grande partie de ces travaux concerne le rôle de la *difficulté* du but et de son degré de *spécificité*. Il faut noter qu'on entend par difficulté du but le niveau à atteindre dans une tâche donnée, ce qui est différent de la difficulté intrinsèque de la tâche qui concerne la nature du travail à accomplir, le niveau des aptitudes et le type de compétences requises.

La difficulté du but joue un rôle central, mais inattendu. L'intuition incite à croire que plus le but est jugé difficile, plus il est décourageant et plus, par conséquent, il affaiblit la motivation. Il n'en est rien. De nombreuses recherches, aussi bien au laboratoire que sur le terrain, montrent qu'à partir du moment où un but difficile est accepté en tant qu'objectif, le niveau de performance qui suit est proportionnel au niveau de difficulté. Et cette relation n'est modifiée que dans le cas où les faibles compétences de l'individu limitent sa performance, au point de rendre sa motivation sans effet. Il faut souligner que la difficulté du but n'est pas ici une notion objective et abstraite. Elle est définie par rapport à la probabilité d'atteindre un résultat donné, probabilité estimée en fonction des performances observées dans le passé. Autrement dit un but est dit difficile lorsque peu de personnes ont été capables de l'atteindre et facile lorsqu'une majorité y parvient, ou encore lorsque le sujet lui-même, après s'être essayé à la tâche et avoir eu des informations sur sa performance, accepte un objectif qui est qualifié de difficile parce qu'il est très supérieur aux résultats qu'il a obtenus dans le passé.

Pourquoi la difficulté joue-t-elle ce rôle motivant ? Pour plusieurs raisons. D'abord parce qu'accepter un but difficile mobilise plus et force à persévérer plus longtemps que s'il s'était agi d'un but paraissant aisé à atteindre. Ensuite parce que la satisfaction qu'on pense tirer de ses résultats est d'autant plus intense que l'objectif assigné est perçu comme difficile. Une réussite facile ne donne pas le même sentiment d'accomplissement qu'une réussite remportée à la force du poignet. C'est là un "processus d'attribution" que les psychologues sociaux connaissent bien. Celui qui réussit sans effort apparent est perçu par les autres comme devant sa réussite à ses dons et à un haut niveau d'aptitude qui le dispense de se donner du mal pour réussir. Par contre, celui qui réussit en faisant des efforts évidents est jugé motivé et énergique. Et son succès est perçu comme la preuve de ses ressources personnelles de dynamisme et de persévérance. Une autre raison explique vraisemblablement aussi cet effet du *"hard goal"*. Le fait même de se voir proposer un objectif difficile représente un message de confiance envoyé par la personne qui propose le but. C'est, en d'autres termes, une manière implicite de dire à quelqu'un qu'on juge qu'il possède les ressources nécessaires pour atteindre le but proposé, ce qui renforce l'image de soi et stimule la motivation.

Le rôle de la complexité de la tâche sur la genèse de la motivation a fait l'objet de nombreuses recherches. Les premières expériences, conduites au laboratoire, ont concerné des tâches relativement simples, assemblages, anagrammes, calculs arithmétiques, choisies parce que leurs résultats sont faciles à évaluer. Est-ce que l'effet de but joue également lorsqu'il s'agit de tâches complexes ? La synthèse de plus de 70 recherches portant sur des activités plus complexes démontre la généralisabilité de l'effet de but [3]. La seule variation qu'on peut noter concerne l'amplitude des gains de productivité, plus élevés dans les tâches simples que dans les tâches complexes. En outre, l'étude des mécanismes cognitifs mis en jeu par l'effet de but permet de constater que les stratégies diffèrent en fonction de la complexité de la tâche. Il est possible d'expliquer ce fait. Notamment, les recherches de Kanfer et Ackerman [4] sur les processus d'acquisition de compétences de haut niveau montrent que la difficulté de la tâche intervient de manière différente selon les étapes du processus motivationnel. Au début de l'apprentissage, c'est-à-dire à un stade où les ressources cognitives que l'individu doit gérer sont faibles, puisqu'il n'est pas encore entré dans une phase réellement active, le but n'exerce pas d'effet, ou même peut avoir un effet négatif sur la motivation, parce qu'il ne peut pas encore se produire d'auto-régulation. Et l'auto-régulation se produit plus tard, grâce à la perception et à l'évaluation des premiers résultats. Lorsque l'apprentissage progresse, ou également, lorsqu'il s'agit d'effectuer une tâche complexe mais déjà en partie maîtrisée, la présence d'un but facilite l'activité cognitive parce que celui-ci permet à l'individu de situer son effort et ses résultats par rapport à un objectif précis, donc de réfléchir plus efficacement à la tâche dans laquelle il est engagé.

Un autre aspect concerne la spécificité du but, c'est-à-dire la précision avec laquelle la cible de l'action à entreprendre est définie. Un but précis est motivant, ce qui n'est pas le cas d'un objectif vague, du genre "faites de votre mieux". A nouveau les résultats des recherches, qu'elles soient réalisées au laboratoire ou sur le terrain, confirment cette règle et Locke l'explique en remarquant qu'on est plus vite et plus facilement satisfait de sa performance par rapport à un but vague que par rapport à un but précis et exigeant,- c'est donc le but précis qui relance la motivation et fait durer l'effort. De plus, la diversité des situations dans lesquelles l'effet des buts spécifiques a été contrôlé permet d'affirmer que le rôle de la spécificité du but est généralisable à toutes les cultures, à des tâches variées, et à des individus différents.

Il ne suffit pas de vérifier et de préciser le rôle du but. Il faut aussi analyser les caractéristiques de la situation de travail qui le favorisent et préciser les processus psychologiques qui l'expliquent. Deux aspects semblent être particulièrement intéressants de ces points de vue : le fait que les buts soient assignés ou soient définis par un processus participatif et le fait de donner des informations aux individus concernés sur leur performance au cours de leur travail.

Kurt Lewin a montré l'influence, sur l'acceptation d'une décision, de la participation aux discussions qui précèdent et qui justifient cette décision [5]. Quelle relation entre cette idée et le modèle du but ? Locke, comme tous les chercheurs qui ont travaillé sur ce thème, insiste sur le fait que le but n'est motivant que s'il est accepté. La participation au choix du but devrait donc faciliter son acceptation et, par conséquent, son rôle motivateur. En outre, on peut se demander si les effets de la participation ne vont pas plus loin et si elle n'a pas un rôle motivateur direct. Dans le contexte des recherches sur le "hard goal effect", la question se pose alors de la manière suivante : l'effet de but existe-t-il, que le but soit imposé à l'individu par une autorité externe, donc sans que celui-ci ne participe à la définition du but, ou qu'il soit le résultat d'une discussion collective ?

Tout d'abord, quelle relation, dans la réalité, entre le but imposé et celui que l'individu à qui on a imposé cet objectif, se fixe lui-même ? Les recherches existantes montrent qu'on obtient une corrélation appréciable (de l'ordre de .50) entre le but assigné et le but que l'individu accepte et se fixe à lui-même, mais pas une similitude totale [6]. Ce qui signifie qu'il reste une variance individuelle importante des buts acceptés indépendamment de la norme définie par l'autorité extérieure - en quelque sorte une marge de liberté. Mais, même si cette pression extérieure disparaît, de sorte que l'individu se trouve totalement libre de choisir lui-même ses objectifs, la norme antérieure continue à jouer un rôle et à influencer, sans le déterminer totalement, le but qu'il se fixe. En d'autres termes, l'acceptabilité d'un but est assez fortement déterminée par ces facteurs sociaux que représentent les objectifs définis par la hiérarchie et les buts acceptés collectivement comme norme. Ce qui ne signifie pas que l'autorité hiérarchique soit toujours passivement respectée, mais que, dans la majorité des cas, les individus acceptent et exécutent les ordres qui leur sont donnés. Un exemple frappant de ce fait est dû à Milgram qui a montré que la majorité des sujets à qui on demandait d'administrer à des sujets innocents des chocs électriques douloureux exécutaient cet ordre, malgré son caractère choquant, et sans autre justification que l'autorité de l'expérimentateur [7].

On peut alors passer à la question suivante. Quelle relation existe-t-il entre d'une part le fait que le but soit assigné de l'extérieur, ou bien qu'il soit librement choisi, et d'autre part, l'implication de l'individu ? Et dans quelles conditions l'implication est-elle stimulée ? Une série d'études menées par Latham et Saari montrent que la manière dont le but est élaboré et choisi n'a pas d'influence sur son effet motivant, à partir du moment où ce but est effectivement accepté [8]. Ces premiers résultats ont soulevé un débat. En effet, d'autres recherches, dues notamment à Erez et à Hollenbeck, ont montré que la participation aux décisions entraîne l'implication, qui, à son tour, stimule la motivation [9].

Pour résoudre ce désaccord, Latham, Erez et Locke ont conduit ensemble plusieurs expériences qui permettent de conclure que la différence principale entre le but assigné et le but élaboré en commun tient au fait que la personne concernée a accès, dans la situation de participation, aux raisons qui justifient le but choisi [10]. De ce fait, lorsque le but assigné autoritairement est accompagné d'explications claires, l'implication individuelle est aussi forte que si le but avait été élaboré en participation. En outre, comme on l'a vu précédemment, donner un but à atteindre signifie, pour le subordonné, que son supérieur le croit capable d'atteindre cet objectif, ce qui accroît sa confiance en lui et son opinion concernant ses chances de réussir. Et la présence de l'encadrement, ainsi que la confiance que les subordonnés lui témoignent, jouent un rôle d'autant plus important que la figure d'autorité donne des arguments qui justifient le but imposé.

En d'autres termes, "vendre" l'objectif est plus efficace que simplement donner un ordre. Probablement parce que cela signifie à la fois convaincre les subordonnés qu'ils sont capables de l'atteindre et qu'il est important de le faire. Bien d'autres attributs des figures d'autorité peuvent d'ailleurs favoriser l'implication : leur expertise reconnue, leur popularité, leur légitimité, leur possibilité de distribuer des récompenses et des punitions. Mais il reste vrai que la motivation ne se développe bien qu'avec un objectif clair et précis, et qu'elle est d'autant plus forte que l'objectif est exigeant. En deux mots, l'ambition motive.

L'autre modalité étudiée concerne les **informations** données en cours de réalisation sur la performance effectuée, dont on a pu constater l'effet renforçateur sur la motivation [11]. Le rôle du but et celui de l'information reçue au cours de l'effort et qui concerne les résultats déjà atteints sont complémentaires. Le but agit comme médiateur des informations sur les résultats et, symétriquement, les informations agissent comme médiateur de l'effet de but. En fait, le rôle motivant, sur l'individu au travail, de la communication régulière de ses résultats est connu depuis longtemps. Mais quand on analyse les recherches qui l'ont prouvé, qu'il s'agisse d'expériences de laboratoire ou bien d'études sur le terrain, il est clair que le fait de communiquer ses résultats à quelqu'un ne peut avoir d'effet que si cette personne se trouve en mesure de les comparer au but qu'elle poursuit. Or, précisément, des informations sur leurs performances données à des personnes qui n'ont pas d'objectif précis ne peuvent avoir de signification relative, donc de rôle motivateur. En d'autres termes, le retour d'information (le "feedback") ne relance la motivation que si on peut le situer sur un parcours représenté avec un début (la performance antérieure) et une fin (le but à atteindre). De manière symétrique, quand les personnes qui ont accepté un but difficile ne reçoivent aucune information sur leurs résultats, l'effet de but disparaît. Idéalement, conclut Locke, il faudrait donner à chacun, et dès l'instant où le but est assigné, une information sur sa performance pendant une période d'essai, et ensuite des informations régulières qui lui permettent de savoir où il en est par rapport au but. Plus de 30 recherches ont comparé les effets du but avec informations à des situations comportant soit un but, soit des retours d'information, mais pas les deux. Elles montrent, avec une remarquable cohérence, que ni le but, ni les informations ne sont réellement efficaces de manière isolée. L'effet motivateur tient donc essentiellement à la possibilité de comparer des informations sur ses performances avec un standard externe constitué par le but qui représente une norme acceptée. Sans but, impossible d'évaluer la performance. Sans informations, pas de résultats à évaluer, donc rien pour guider l'effort et l'action.

En outre, les recherches que Matsui et ses collaborateurs ont réalisées au Japon montrent que le degré et la direction du décalage entre le but et les premiers résultats déterminent fortement les comportements ultérieurs [12]. En effet, les premiers résultats, lorsqu'ils sont comparés au but initial, servent à construire le sentiment d'efficacité et affectent ainsi les efforts ultérieurs. On retrouve là le rôle de l'expectation, décrite au chapitre 1. Si les premiers résultats détruisent la confiance dans ses possibilités d'atteindre le but fixé, la motivation s'affaiblit.

Le schéma développé par Locke ainsi que les recherches qui ont suivi ont eu le mérite de mieux nous faire réaliser combien est à la fois forte et subtile l'interaction des processus affectifs et des processus cognitifs dans le développement des motivations. Ces analyses dépeignent la motivation non plus comme la résultante mécanique de forces génétiques et environnementales, mais comme un processus actif, constitué par des régulations successives qui permettent à l'individu de choisir des comportements adaptés au but qu'il poursuit et à la manière dont il perçoit et interprète les contraintes de la situation. La gestion de la motivation au travail est, on le voit, une affaire délicate que de multiples causes peuvent enrayer.

L'AUTO-RÉGULATION

Si l'on accepte de considérer la motivation non pas comme un "état" constant, mais comme un processus qui met en jeu la volonté d'agir, la nature de ce processus devient un objet d'étude important. On ne peut plus, en effet, imaginer que la motivation, une fois déclenchée, suive son cours comme le ferait une flèche lancée sans obstacle vers un but donné. Tout au long de l'action, en fonction de l'effort accompli et de ses résultats, et également en fonction de la manière dont ces informations sont communiquées et sont interprétées, la motivation peut se tarir ou se réactiver. Que sait-on de ces processus d'auto-régulation ?

Tenter de comprendre comment procède la volonté et comment elle suscite des comportements spécifiques n'est pas un thème de réflexion récent. James, Wundt, Freud l'ont abordé avec des perspectives bien différentes [13]. Mais l'analyse empirique de l'action volontaire a permis de renouveler le problème, en cherchant à identifier les facteurs qui poussent un individu à poursuivre activement ses intentions. En d'autres termes, il s'agit de décrire la manière dont le domaine des représentations (comment chacun se représente ses objectifs) influence le domaine de l'exécution (les comportements de travail et leurs caractéristiques). Les interfaces entre ces deux domaines sont nombreuses et complexes. Et les modèles d'auto-régulation décrivent des variables intermédiaires qui permettent de clarifier la nature des connections entre intention et action.

Ces différents modèles ont en commun trois idées fondamentales :

• Le fait que la régulation des comportements dirigés vers un but est un processus dynamique, continu et holistique, c'est-à-dire qu'il met en jeu toutes les ressources et les caractéristiques de l'individu, et pas seulement comme l'impliquaient les modèles décrits dans les chapitres précédents, ses besoins actuels, et les objectifs qu'il est en train de poursuivre.

• Le rôle central joué par le traitement des informations sur le travail exécuté et son évaluation, donc sur la manière dont va évoluer la motivation.

• Le fait que ces informations font l'objet de comparaisons aussi bien avec les objectifs à atteindre qu'avec les performances antérieures, comparaisons qui peuvent soit être tournées vers le passé ("feedback" : ce que j'ai fait) soit être tournées vers l'avenir ("feed-forward" : ce que je veux et ce que je peux faire).

La comparaison avec le passé prend en compte l'évolution des performances et des comportements de l'individu en fonction des objectifs qu'il a acceptés. Lorsque cette comparaison est tournée vers l'avenir, elle se réfère à des projets personnels qui constituent un cadre de référence plus large et une perspective temporelle plus longue que la comparaison avec le seul objectif lié à la tâche actuelle. Ces projets représentent des données-clés si on veut mieux connaître les valeurs et les priorités propres à chacun, et mieux comprendre la manière dont il va réagir aux informations reçues, et relier une performance, réussie ou ratée, avec ses conséquences. Comme l'a bien montré Bandura [14], ce sont, en effet, les projets à long terme qui déterminent les préférences personnelles, c'est-à-dire ce que chacun juge désirable ou indésirable, de même que ce sont les désirs, les espoirs, les aspirations qui influencent l'implication, donc la motivation vers un but. De fait, l'importance de toute la réflexion qui anticipe l'action - on dirait maintenant des processus cognitifs qui la soutiennent - n'a pas échappé aux chercheurs qui ont tenté d'en analyser les modalités et d'élaborer des procédures permettant d'identifier les préoccupations et les objectifs généraux d'un individu [15].

Quels sont les processus de traitement de l'information utilisés dans l'auto-régulation ? Sous l'intitulé "d'apprentissage socio-cognitif», Bandura regroupe deux modalités de self-régulation qui ne sont pas explicables en termes purement behavioristes. Le premier concerne la capacité, plus ou moins grande, des individus à neutraliser le rôle perturbateur des déterminants environnementaux grâce à la représentation symbolique des conséquences de leurs comportements. Par exemple : personne ne me surveille, je peux passer mon temps à jouer plutôt qu'à travailler, mais je ne le fais pas parce que je suis capable de me représenter les conséquences d'un travail insuffisant. Le second concerne la possibilité d'acquérir des compétences par apprentissage "vicariant", c'est-à-dire essentiellement grâce à l'observation des autres, et de leurs savoir-faire. Dans les deux cas, la régulation de ces conduites se fait selon trois modalités principales : l'auto-observation, l'auto-évaluation et l'auto-analyse de ses réactions.

L'*auto-observation* désigne l'attention sélective que chacun d'entre nous apporte à un aspect précis de son comportement. Il ne nous est en effet pas possible de consacrer constamment toute notre attention à tous les aspects de nos comportements. Le choix des modalités comportementales sur lesquelles nous portons notre attention dépend de la relation qui existe entre cette modalité comportementale et l'objectif que nous poursuivons, et de son importance par rapport à l'objectif retenu. C'est cette activité d'auto-observation et de monitoring de nos comportements qui donne un poids spécifique aux informations sur notre performance, informations qui, une fois encore, n'auront de signification au plan de la motivation et de l'effort que par rapport à un but précis et accepté.

L'*auto-évaluation* concerne le processus par lequel chacun d'entre nous compare ses résultats avec le but qu'il s'est assigné. Cette auto-évaluation nous amène à rectifier la représentation que nous avons de nos compétences et de notre efficacité. Mais il faut noter que la recherche de cohérence entre la manière dont nous nous jugeons, d'une façon générale, "l'image de soi" et les résultats d'une activité récente ou actuelle, n'est pas forcément objective. L'image de soi est d'autant plus résistante aux nouvelles informations qu'elle est ancienne et bien structurée. En d'autres termes, il est possible que des résultats faibles révisent à la baisse la représentation de nos compétences. Mais il est aussi possible que nous cherchions dans l'environnement d'autres explications à des performances insuffisantes. Il est évident que les effets de ces différentes rationalisations sur la motivation ne seront pas les mêmes.

L'*auto-analyse* concerne les réponses affectives qui résultent des comparaisons décrites ci-dessus : sentiment de satisfaction parce que nous pensons être sur une voie qui va nous mener à l'objectif poursuivi, ou de dissatisfaction parce que nous avons l'impression, au vu de nos résultats, d'avoir surestimé nos compétences. L'intensité de ces réactions affectives dépend évidemment de l'importance du décalage entre résultats, expectations, et but. Elle peuvent aller jusqu'au découragement et à l'abandon du but précédemment accepté. Symétriquement le fait de voir ses anticipations dépassées par des résultats meilleurs que ceux que nous avions prévus peut non seulement relancer notre effort mais aussi nous pousser à modifier nos objectifs et à en adopter de plus exigeants.

Il ne faut pas conclure de cette description schématique que l'auto-évaluation ne serait qu'un traitement mécanique de l'information, et qu'elle suivrait un chemin logique et immuable. Et il faut à nouveau souligner la multiplicité des déterminants de l'auto-observation - échec temporaire, changement environnemental, sollicitations venant des autres, mais aussi humeurs et dispositions, variations de l'estime de soi, attributions causales variées...

De nombreuses recherches expérimentales ont permis de prouver le bien-fondé de ces analyses, et de montrer que la motivation est bien la résultante d'expectations, et de réactions individuelles aux résultats atteints, comparés à des buts ou à des normes acceptés. En outre, un autre développement théorique, fondé sur les modèles de contrôle cybernétique, permet de mieux comprendre encore la complexité des mécanismes d'auto-régulation. Notamment, Carver et Scheier [16] ont souligné le rôle "en boucle" des décalages entre buts et performance comme médiateur d'efforts cognitifs et comportementaux destinés à réduire ces décalages. Lorsque la distance entre le but espéré et la réalité est forte, l'attention est dirigée vers des objectifs relais, moins difficiles à atteindre. Dès que ceux-ci sont satisfaits, l'attention et l'effort s'orientent à nouveau vers des buts plus élevés. Ce qui implique l'existence d'une hiérarchie de buts, hiérarchie qui permet d'organiser des séquences de comportements et de soutenir l'effort en vue d'atteindre, pas à pas, des objectifs éloignés. En d'autres termes, les processus cognitifs d'auto-régulation peuvent entraîner trois types de réactions : conserver le même objectif et persévérer dans l'effort ; adopter un objectif plus modeste et continuer son effort ; renoncer et abandonner tout espoir d'atteindre l'objectif qu'on avait adopté. Il y a bien un lien clair, même s'il est complexe, entre les informations reçues, la manière dont chacun les traite et les interprète, et l'impact qu'elles ont pour relancer ou stériliser la motivation.

LE RÔLE DE LA PERSONNALITÉ

L'effet de but, comme les processus d'auto-régulation, est généralisable à toutes sortes de situations et également à toutes sortes d'individus. Mais le fait d'introduire aussi bien des paramètres cognitifs que des variables affectives dans l'analyse des processus motivationnels conduit à s'interroger sur le rôle des facteurs individuels. A partir du moment où on admet, contrairement à ce que postulaient des modèles universels comme celui de Maslow, que chacun d'entre nous assume sa propre motivation à travers des processus cognitifs et des réactions affectives aux informations qu'il reçoit, les variables individuelles qui affectent ces processus et ces réactions doivent être considérées comme des paramètres qui affectent indirectement la motivation.

Les caractéristiques de la personnalité susceptibles d'intervenir dans le processus motivationnel ont été envisagées de trois points de vue. On peut d'abord se demander, d'une manière générale, dans quelle mesure la personnalité est susceptible d'influencer les comportements de l'homme au travail ; ensuite, quel rôle différents aspects de la personnalité peuvent jouer en tant que déterminants spécifiques du traitement de l'information ; et en troisième lieu, de quelle manière les paramètres de la personnalité exercent une influence sur les processus d'auto-régulation que nous venons de décrire.

Plusieurs variables de personnalité peuvent moduler l'effet qu'exerce la situation sur le comportement, et, de ce fait, déterminer la manière dont chacun agit pour dominer les difficultés et également pour accroître ses compétences. Notamment, interviennent de cette façon la valeur accordée à la réussite, le niveau d'estime de soi et les caractéristiques qui sont classiquement décrites sous l'étiquette de comportement de type A : recherche volontariste du succès, mise en œuvre d'une activité forte pour tenter de contrôler les situations, sans d'ailleurs que ces efforts ne permettent toujours d'aboutir. Peut-être ces variables affectent-elles plus la disposition à se fixer des objectifs que la capacité à les réaliser, et ceci d'autant plus souvent qu'il s'agit de situations relativement peu claires et mal structurées. Il est certainement plus difficile de définir des objectifs mobilisateurs lorsque la situation semble ambiguë et ne fournit pas de pistes lisibles de comportement vers le but. C'est alors la personnalité qui fait la différence.

De ce point de vue, les recherches sur le comportement des sujets déprimés montrent bien le problème. Ou bien ceux-ci se fixent des buts inatteignables pour eux, de manière à se trouver en situation d'échec, ou bien, par manque de confiance en eux, ils n'acceptent que des buts faciles, qui n'auront, même s'ils les atteignent, aucun effet sur leur image d'eux-mêmes. C'est l'idée que défendent Weiss et Adler qui ont montré que la personnalité joue un rôle plus important sur la motivation dans les situations "faibles" caractérisées par la liberté laissée aux sujets de faire des choix personnels concernant la nature, la direction, l'intensité des efforts et leur persistance dans le temps [17]. D'une manière générale, ces traits de personnalité sont d'autant plus importants que la persévérance représente un facteur-clé de la performance efficace. Une étude relativement ancienne, de Helmreich, le prouve bien. Il a montré que la motivation à réussir ne détermine pas la performance d'agents de réservation de compagnies aériennes dans les premiers mois de leur affectation, mais qu'elle l'influence significativement ensuite [18]. Il faut également signaler l'importante recherche effectuée par Paterson dans le cadre des travaux menés par l'armée américaine. Un inventaire de personnalité fondé sur les antécédents personnels (ABLE = Assessment of Background and Life Experience) qui permet notamment d'identifier la recherche individuelle de réussite s'est montré très prédictif de l'effort, des qualités d'autorité et de discipline personnelle [19].

Une autre manière d'identifier l'influence de la personnalité sur la motivation consiste à envisager son rôle dans les processus de traitement de l'information. Humphreys et coll. ont proposé des concepts originaux qui permettent de décrire les variables de personnalité modulant les processus cognitifs [20]. Selon eux, trois variables de personnalité, l'impulsivité, la motivation à réussir et l'anxiété jouent un rôle spécifique, positif ou négatif, sur deux phases précises du processus motivationnel : le déclenchement de l'effort et sa persistance. L'impulsivité encourage l'éveil de l'activité, qui à son tour, stimule la mémoire immédiate, et le transfert de l'information. La motivation à réussir exerce un rôle facilitateur sur tous les processus de transfert d'information en accroissant la vigilance et en diminuant le temps de réaction. L'anxiété dramatise la crainte de l'échec et réduit, de ce fait, le déclenchement de l'effort et sa persévérance. Un tel modèle souligne la complexité des mécanismes qui relient personnalité et motivation, et en même temps suggère nombre d'applications de terrain. Les personnes impulsives, facilement "mises en route", mais qui relâcheront aussi facilement leur effort devraient bénéficier, plus que les moins impulsifs, peut-être plus lents à se mettre en mouvement, mais plus persévérants dans l'effort, de tous les dispositifs motivationnels qui sont destinés à soutenir l'effort pendant l'exécution d'une tâche ou d'une mission.

Enfin, les processus d'auto-régulation eux-mêmes sont tributaires de deux caractéristiques individuelles : l'intérêt que se porte l'individu à lui-même, donc sa capacité à prendre en considération les sources d'information qui le concernent et à développer une image de soi forte et prégnante. Les personnes qui sont fortement "tournées vers elles-mêmes" cherchent constamment des informations sur elles et multiplient les comparaisons entre leurs résultats, leurs expectations et leurs buts. Cette quête d'informations et cet intérêt pour les comparaisons entraîne un contrôle renforcé de l'action destiné à réduire les décalages entre résultats et intentions, et diminue l'importance des états affectifs associés à des performances jugées *a priori* bonnes ou médiocres. Dans la même perspective, Kuhl a défini une caractéristique individuelle qu'il nomme "contrôle de l'action", et qui est associée aux modalités de l'activité, qu'elle soit anticipée ou en cours [21]. Les per-

sonnes qui sont "orientées vers l'action", donc soucieuses de la contrôler, s'intéressent avant tout aux résultats de leur activité et s'attardent
peu sur les réactions affectives liées à cette activité, et sur les conditions environnementales qui l'accompagnent. Différentes recherches
ont prouvé expérimentalement le bien-fondé de ces analyses. Par
exemple, Hollenbeck [22] a montré que les vendeurs qui sont très "self-
focus" et qui considèrent que leurs objectifs sont importants se fixent
à eux-mêmes des buts plus exigeants que les autres.

Le statut empirique et théorique de ces paramètres, orientation vers
l'action et focalisation vers soi, pose problème, surtout si on juge intéressant de les mesurer systématiquement et de les intégrer dans le
tableau actuel des dimensions principales de la personnalité. On sait,
en effet, que les recherches sur la personnalité montrent de manière
répétée, que tous les questionnaires de personnalité permettent de
dégager cinq dimensions fondamentales, névrosisme, extraversion,
ouverture intellectuelle, fiabilité et conscience professionnelle, convivialité [23]. Les recherches de Tellegen l'amènent à proposer un regroupement en deux dimensions plus générales qu'il intitule affectivité
positive et affectivité négative. L'affectivité positive concerne la tendance à rechercher des activités agréables et correspond assez étroitement à l'une des cinq dimensions fondamentales, l'extraversion. Alors
que l'affectivité négative concerne la tendance opposée (rechercher des
activités peu agréables) et regroupe anxiété et névrosisme [24].

Au total, la motivation n'est pas un trait de personnalité. Mais la motivation n'est pas indépendante de la personnalité. Des paramètres des-
criptifs de la personnalité individuelle, paramètres qui ne sont pas
cognitifs, influencent les processus d'auto-régulation, jouent notamment un rôle sur la manière dont se construit l'évaluation de soi et, de
ce fait, déterminent la motivation, donc les résultats de l'activité. Dans
le même esprit, il faut souligner que les travaux récents qui concernent
les effets du caractère sur la prise de décision l'expliquent par leur
action au niveau des mécanismes cognitifs de traitement et de mémo-
risation de l'information. On sait combien il s'est avéré difficile de
démontrer l'existence de liens nets entre traits de personnalité et résultats du travail. Cela vient probablement, comme le suggère Kanfer, du

fait que les résultats du travail ne représentent que le chaînon final d'une longue suite de causes intriquées entre elles. En revanche, lorsqu'on s'intéresse aux effets des traits de personnalité sur des chaînons spécifiques de l'action, à savoir la prise de décisions, le niveau des buts fixés, et également, la nature des relations inter-personnelles dans la mesure où elles interviennent dans l'évaluation de soi, on peut reconstituer le tableau complexe des effets de la personnalité sur différentes étapes du processus motivationnel.

ET POUR CONCLURE

La motivation n'est pas du tout ce qu'on avait pu, intuitivement, penser...

La logique voudrait que la motivation soit ou bien une caractéristique individuelle permanente, ou bien un état transitoire, fonction des relations individu/environnement à un moment donné. En fait, elle n'est ni l'un ni l'autre. C'est un processus long, et un processus très complexe, dont les différentes étapes sont déterminées par toute une série de paramètres environnementaux, sociaux et individuels, dont le rôle varie en fonction de la phase en cours et de sa place dans les comportements qui mettent l'intention en pratique.

En outre, et là encore, contrairement à l'intuition, la motivation n'est pas non plus un état purement affectif. C'est essentiellement un processus cognitif où l'affectif n'intervient qu'indirectement, pour freiner ou faciliter le traitement des informations qui sont issues de l'environnement de travail.

Les facteurs sociaux ne sont pas absents du tableau général. Mais ils interviennent sous des formes différentes : ils confortent la confiance en soi, facilitent l'acceptation des buts, et sont la source de feedbacks qui relancent l'effort. Les caractéristiques individuelles modulent le fonctionnement des processus cognitifs, dont l'importance a été mise en évidence dès qu'on a analysé en détail le rôle de "l'effet de but". D'une manière générale, on peut dire que les phénomènes de représentation (de soi, du but, de son rôle vis-à-vis de projets à plus long terme...) constituent une part essentielle de ce processus qui mène de l'intention à l'action. De ce fait, tout ce qui favorise la représentation de l'objectif, et des conséquences de son comportement par rapport à cet objectif, facilite pour l'individu la mise en œuvre d'un effort qui vise à la réalisation de ses intentions. C'est dire que les ressorts de l'action sont essentiellement cognitifs, comme l'ont montré les modèles décrits dans le chapitre précédent. Mais les processus cognitifs impliqués dans le passage de l'intention à l'action ne sont pas du tout indépendants de tout ce qui singularise chaque individu, son environnement, son milieu social, sa personnalité et son affectivité ainsi, bien sûr, que ses projets personnels.

PRATIQUEMENT, ON PEUT RETENIR

• Le rôle motivant des objectifs.

• Le fait que l'objectif doit être réellement accepté, même s'il est difficile, et que le charisme des prescripteurs, mais aussi les explications données et la confiance témoignée facilitent l'acceptation du but.

• Le rôle de toutes les informations qui permettent à chacun de se situer par rapport à ses objectifs, voire à son point de départ, ce qui contribue à freiner ou à relancer la motivation.

• La dynamique qui motive l'action diffère selon les individus, et notamment leur anxiété, leur impulsivité, leur désir de réussir et de contrôler leur comportement, leur focalisation plus ou moins grande sur eux-mêmes. Tenter de caractériser la motivation comme un trait individuel stable est illusoire. En revanche, négliger les paramètres individuels conduit à se priver de données utiles au plan théorique comme au plan de l'application. Et identifier les traits de personnalité qui permettent de prévoir la manière dont l'individu se motive et, surtout, ce qui contrarie sa motivation, peut être très utile.

• Constater la complexité des processus motivationnels, c'est reconnaître qu'il ne peut y avoir de recettes simples pour stimuler la motivation. Encore moins de recettes générales, valables pour tous et partout. Bien des raisons peuvent paralyser une des étapes du processus et bien des interventions, utilisées seules ou ensemble, peuvent les stimuler. D'où l'intérêt, pour le praticien, de connaître l'état actuel de la théorie. Et la difficulté que nous aurons à présenter, dans la seconde partie de cet ouvrage, un tableau pragmatique des méthodes de terrain destinées à stimuler la motivation et de leurs indications...

Références citées

1. Voir notamment sur ces sujets les ouvrages de synthèse de E.A. Locke et G.P. Latham (1990a), *A theory of goal setting and task performance,* Englewood Cliffs, Prentice Hall ; A. Bandura (1986), *Social foundations of thought and action : a social cognitive theory,* Englewood Cliffs, Prentice Hall ; et E.L. Deci, R.M. Ryan (1985), *Intrinsic motivation and self-determination in human behavior,* Plenum Press, New York ; R. Kanfer (1990), Motivation theory in I/O psychology, in M. D. Dunnette et L. Hough, edrs, *op. cit.,* et C.S. Carver et M.F. Scheier (1981), *Attention and self-regulation : a control theory appproach to human behavior,* New York, Springer-Verlag.

2. Ce passage résume la description donnée par Locke et Latham (1990a), p.25-26 ainsi que le chapitre 2 du même ouvrage qui présente les résultats des recherches sur les effets du but, et l'article de E.A. Locke, G.P. Latham (1990b), Work motivation and satisfaction, light at the end of the tunnel, *Psychological Science,* 1, 240-246.

3. R.E. Wood, A.J. Mento, E.A. Locke (1987), Task complexity as a moderator of goal effects : a meta-analysis, *Journal of applied Psychology,* 72, 416-425.

4. R. Kanfer, P.L. Ackerman (1989), Motivation and cognitive abilities : an integrative aptitude/treatment interaction approach to skill acquisition, *Journal of applied Psychology,* 74, 657-690.

5. K. Lewin (1974), Group decisions and social change, in T. M. Newcomb et E.L. Hartley, edrs, *Readings in social psychology,* New York, Holt, pp. 330-344.

6. Les recherches décrites dans ce paragraphe sont présentées en détail dans Locke et Latham (1990a), *op. cit.,* p. 119-121, 133-136, 169-171, 329-330.

7. S. Milgram (1974), *Obedience to authority,* New York, Harper and Row.

8. G.P. Latham et L.M. Saari, (1979), The effects of holding goal difficulty constant on assigned and participative set goals, *Academy of Management Journal,* 22, 163-168 ; G.P. Latham, P. Steele et L.M. Saari (1992), The effects of participation and goal difficulty on performance, *Personnel Psychology,* 35, 677-686.

9. J.R. Hollenbeck, C.R. Williams, H.J. Klein (1989), An empirical examination of the antecedents of commitment to difficult goals, *Journal of applied Psychology,* 74, 18-23 ; M. Erez, R. Kanfer (1983), The role of goal acceptance in goal setting and task performance, *Academy of Management Review,* 8, 454-463.

10. G.P. Latham, M. Erez et E.A. Locke (1988), Resolving scientific dispute by the joint design of a crucial experiment by the antagonists : Application of the Erez-Latham dispute regarding participation in goal setting, *Journal of Applied Psychology,* 73, 753-772.

11. Ce paragraphe utilise largement le chapitre 8 de l'ouvrage déjà cité de Locke et Latham (1990a).

12. T. Matsui, T. Kakuyama, M.L. Onglatco (1987), Effects of goals and feedback on performance in groups, *Journal of applied Psychology,* 72, 407-415.

13. On peut consulter sur cet aspect historique la revue de questions publiée par Paul Karoly (1993) : Mechanisms of self-regulation : a systems view, *Annual Review of Psychology,* vol 44, 23-52.

14. A. Bandura (1988), Self-regulation of motivation and action through goal systems, in V. Hamilton, G. Bower et N. Fridja (Eds), *Cognitive perspectives on emotion and motivation,* Dordrecht, Kluwer Academic Publishers ; A. Bandura (1986), *Social foundations of thought and action : a social cognitive theory, op. cit.*

15. On peut consulter sur ce sujet la première partie, intitulée "New middle-level units in personality psychology" de l'ouvrage collectif édité par D.M. Buss et N. Cantor (1989), *Personality Psychology,* Springer-Verlag, New York.

16. C. S. Carven, M. F. Scheier (1981), Attention and self-regulation : a control theory approach to human behavior, *op. cit.*

17. H.M. Weiss et S. Adler (1984), Personality and organizational behavior, in B.M. Staw et L.L. Cummings, edrs, *Research in organizational behavior*, JAI Press, Greenwich.

18. R.L. Helmreich, L.L. Swain, A.L. Carlsrud (1986), The honeymoon effect in job performance, temporal increases in the predictive power of achievement motivation, *Journal of Applied Psychology*, 71, 185-188.

19. N.G. Peterson, L.M. Hough, M.D. Dunette, R.L. Rosse, J.S. Houston, J.L. Toquam, H. Wing (1990), Project A : specification of the predictor domain and development of new selection/ classification tests, *Personnel Psychology*, 43, 263-276.

20. M.S. Humphreys, W. Revelle (1984), Personality, motivation and performance : a theory of the relationship between individual differences and information processing, *Psychological Review*, 91, 153-184.

21. J. Kuhl et J. Beckman, edrs, (1992), *Volition and personality*, Gottingen, Hogrefe.

22. J.R. Hollenbeck, C.R. Williams, H.J. Klein (1989), An empirical examination of the antecedents of commitment to difficult goals, *Journal of Applied Psychology*, 72, 204-211.

23. Voir le numéro spécial de la *Revue Européenne de Psychologie Appliquée*, Le modèle de personnalité des big five en Europe, n°1, 1994.

24. A. Tellegen (1985), Structures of mood and personality and their relevance to assessing anxiety, with an emphasis on self-report, in A.H. Tumas et J. D. Maser, edrs, *Anxiety and the anxiety disorders*, Hillsdale, Lawrence Erlbaum.

deuxième partie

De la théorie
à la pratique

Quelles stratégies ?

Les descriptions théoriques qui ont fait l'objet de la première partie ont progressivement permis de " démonter " la complexité des processus de motivation. Ces modèles ont également une valeur heuristique dans la mesure où ils introduisent des concepts nouveaux, un "langage" de la motivation, ce qui permet de mieux formuler les problèmes. Mais passer de l'analyse théorique et de la réflexion à la pratique est toujours difficile. Quelles leçons peut-on retenir avec l'idée d'en tirer des indications pour l'application, c'est-à-dire pour le choix et la mise en œuvre de stratégies motivationnelles efficaces ?

Nous avons appris que...

- ...la motivation n'est pas une caractéristique individuelle. *Mais* elle dépend fortement de traits individuels. Ce qui signifie qu'il ne suffira pas de sélectionner les plus motivés mais qu'on ne peut pas négliger l'adéquation des stratégies motivationnelles aux caractéristiques des individus, et notamment à leurs besoins et à leurs aspirations. Besoins et aspirations qui, malheureusement, ne suivent pas des règles aussi simples que ce que les modèles décrits au chapitre 1 pouvaient le faire penser et qui doivent donc faire l'objet d'enquêtes, ceci d'autant plus que la nature et la hiérarchie des besoins et des aspirations changent au cours de la vie personnelle et professionnelle, et varient selon les secteurs d'activité et selon les cultures.

• ...développer la motivation fait partie intégrante de la gestion des ressources humaines, et constitue une des tâches centrales des cadres et des dirigeants. *Mais* les conditions organisationnelles et les comportements de "leadership" susceptibles de l'encourager ne sont pas efficaces partout et pour tous. Ce qui signifie qu'il faut tenir compte des variables modulatrices, liées aux individus, aux organisations aussi bien qu'à la culture technique et au contexte socio-économique, variables qui interviennent pour déterminer l'efficacité situationnelle d'une même stratégie motivationnelle.

• ...la dynamique du processus motivationnel résulte d'un grand nombre de facteurs et met en cause le fonctionnement cognitif, la personnalité, les ambitions individuelles, les normes sociales, la représentation des situations de travail, l'acceptation et la perception des objectifs, la nature des informations sur ses performances, l'existence de récompenses adéquates... *Mais* ces nombreux paramètres ne sont pas interchangeables. Ce qui signifie que la dynamique motivationnelle peut se mettre en panne parce que un seul des éléments qui la produit pose des problèmes, de telle sorte qu'une investigation détaillée est toujours nécessaire pour savoir où est le maillon qui fait défaut.

• ... l'échange entre les résultats du travail et les salaires, récompenses ou avantages divers reste un des fondements rationnels de la motivation. *Mais* ce n'est pas une manière de motiver aussi simple et universelle qu'on avait pu le penser. Pour deux raisons. D'une part, les "récompenses" doivent être bien ajustées aux valeurs, aux besoins et aux aspirations de chacun, et tenir compte du fait que ces besoins varient selon les individus, changent dans le temps, et peuvent appartenir au domaine matériel ou au domaine des relations sociales, marques d'estime, symboles non marchands de la réussite, et également construction et défense d'une identité fondée sur les rôles et les comportements professionnels... D'autre part, parce que toute récompense est l'objet d'une représentation personnelle à chacun, qui lui donne une valeur motivante propre. Un même système de récompenses motivera les uns mais pas les autres, ce qui signifie que copier ce qui a réussi ailleurs ne garantit pas l'efficacité. En outre, parce que, même si des mécanismes cognitifs entrent en jeu dans la relation entre récompenses et performance, nous agissons moins rationnellement que la logique ne le justifierait.

Tout cela reste bien abstrait... Certes, ces analyses théoriques ont utilement contribué à clarifier la nature des processus motivationnels. Mais elles ne facilitent pas le choix d'une stratégie adéquate, qui tienne compte de l'ensemble de la situation et qui contribue efficacement à la qualité et à la productivité, donc à la compétitivité. En d'autres termes, il n'est pas possible de faire correspondre terme à terme d'une part les conclusions théoriques qui précèdent et, d'autre part, les diverses stratégies proposées comme stimulants de la motivation, avec l'espoir de leur apporter une justification théorique. Et on ne saurait trop répéter, malgré les convictions souvent affichées par leurs auteurs, qu'il n'existe pas de recettes universelles pour motiver. En fait, la plupart des interventions destinées à motiver naissent de postulats *a priori* ; elles font ensuite l'objet d'essais de terrain, essais suivis de synthèses des résultats obtenus. Ces résultats peuvent, si on s'en donne la peine, être expliqués par le recours aux données théoriques connues. Ce n'est pas là seulement une préoccupation de chercheurs. Comprendre quelles sont les stratégies efficaces et savoir pourquoi elles le sont permet de fonder la politique à adopter sur le diagnostic de la situation.

On peut donc dire qu'il y a deux approches de la motivation au travail. D'une part, rendre compte du processus motivationnel, et en décrire l'extrême complexité. D'autre part, faire la synthèse des stratégies de terrain en cherchant à comprendre où et pourquoi elles sont utiles, donc préciser, dans la mesure du possible la nature et le rôle des conditions qui déterminent leur efficacité. La première partie de cet ouvrage a utilisé la première approche. La deuxième partie utilisera la seconde. Ce qui implique de classer les tactiques motivationnelles en fonction des postulats qui les fondent. Trois idées fondamentales et intuitivement valides sont à la base des applications et permettent de les examiner en trois rubriques distinctes.

La première peut se résumer en une phrase : **A chacun selon ses mérites**. Pour stimuler la motivation au travail, utilisons des récompenses proportionnelles aux performances effectuées, ou, plus subtilement, décernées à ceux qui ont adopté les comportements que l'organisation désire promouvoir. C'est une idée implicitement présente dans les positions de Taylor qui pensait qu'il serait toujours facile de trouver des ouvriers prêts à changer de méthodes de travail à condition qu'on leur donne une prime. La réalité a montré que mettre en œuvre un intéressement est plus difficile que Taylor ne le croyait, ne serait-ce que parce qu'il faut le calculer, ce qui soulève des problèmes au niveau de l'équité ressentie. Bref, on sait depuis longtemps que le fait d'attribuer des primes ou autres récompenses peut être un facteur de la qualité et de la productivité du travail. A quelles conditions ? Comment gérer un tel programme ? Quelles récompenses ? Calculées comment ? Et quelles informations doit-on donner au personnel concerné ? Et surtout, quand et pourquoi la récompense motive-t-elle parce qu'elle est perçue comme équitable ? Tous les modèles théoriques décrits dans le chapitre précédent contribuent à apporter des réponses à ces questions : la nécessité de connaître les besoins et les aspirations des individus, mais également le rôle de l'image de soi, des facteurs cognitifs qui concernent la perception des liens entre performance et récompense, et celui des normes sociales. Le **chapitre 4** propose une analyse concrète des modalités de la gestion des récompenses, analyse fondée à la fois sur les apports théoriques et sur les expériences de terrain. Et rappelle que ce mode de stratégie motivationnelle n'est pas toujours possible pour des raisons de bon sens liées notamment aux difficultés rencontrées pour mesurer objectivement la performance individuelle, particulièrement lorsqu'il s'agit de postes non opérationnels et au fait que les conditions de travail interdisent aux exécutants de la contrôler complètement.

Mais les stratégies motivationnelles uniquement fondées sur la relation entre récompense (ou sanction) et performance sont concentrées sur le produit du travail et négligent tout ce qui constitue le contexte du travail et sa nature même. En outre, le progrès technologique rapide, la complexité et la diversité croissante des tâches et des équipements ainsi que la nécessité de faire face à des marchés marqués par la compétition internationale conduisent à souhaiter stimuler l'innovation et le juste recours à des comportements qui dépassent les exigences prescrites, plus que la simple augmentation de production. Et dans des organisations à structure moins hiérarchique, plus souvent organisées en réseaux d'équipes interdépendantes, le rôle de l'implication personnelle et des codes de conduite rassemblés sous le terme de "citoyenneté organisationnelle" deviennent prépondérants.

Tout ceci explique l'intérêt croissant pour la motivation interne par rapport à la motivation externe [1]. Alors que la motivation externe se construit sur un échange entre le travail et une ou des "récompenses", la motivation interne est fondée sur l'attirance du travail lui-même, sur son contenu, ses conditions, son intérêt et sa signification pour l'individu. Certes la différence n'est pas toujours évidente. Par exemple, les "récompenses" peuvent être non tangibles et apporter de l'estime de soi, donc donner une nouvelle signification au rôle professionnel. Et inversement, accroître l'autonomie dans le travail peut être perçu comme une récompense. Si on veut décrire l'évolution des stratégies motivationnelles, il serait peut-être juste de dire qu'on est passé de la seule gestion de l'échange du travail contre des récompenses appropriées à des initiatives centrées sur le fait de **changer le travail** de manière à lui donner une signification. Signification qui a de nombreuses conséquences, faire réaliser à chacun l'importance du rôle qu'il joue, lui permettre d'identifier ce qu'il fait et les qualités qu'il possède... C'est alors le travail lui-même qui devient source de motivation. A condition, toutefois que ces changements ne soient pas contre-productifs, voire mal accueillis par ceux pour qui ils sont réalisés, ni par ceux qui, à d'autres niveaux hiérarchiques, risquent de se trouver dépossédés d'une partie de leurs prérogatives.

Le troisième postulat est lié au comportement des acteurs dans l'entreprise, et, en particulier, de la hiérarchie. Il met en cause les notions de participation et de délégation et, plus généralement, l'idée que le style de **leadership** peut être **motivant**. Le lien entre la description théorique du processus motivationnel et les pratiques de terrain est ici encore plus difficile à établir. Notamment parce que les mêmes principes de départ conduisent à des façons de faire différentes. Il arrive même que les positions prises par un praticien contredisent un modèle théorique. Par exemple, Deming, présentant sa version du management de la qualité, s'inscrit contre le fait de formuler des buts spécifiques et précis, parce qu'il pense que "des objectifs étroits rétrécissent la vision des acteurs et les invitent à relâcher leur effort lorsque le but est atteint"[2]. Et les théoriciens ne parlent pas tous d'une même voix. Un récent numéro spécial sur la motivation au travail [3] oppose le modèle d'auto-régulation à la théorie du but, et, en définitive, contribue surtout à montrer la complexité des deux approches quand on veut les traduire en termes de pratiques concrètes.

Même si utiliser des primes et autres "récompenses" pour motiver est plus complexe que l'intuition ne le fait croire, c'est pourtant la partie la plus facile. Eclairer pour le gestionnaire les stratégies qui visent une stimulation de la motivation interne est bien plus difficile. Et cela pour deux raisons. Tout d'abord, les stratégies proposées sont toujours multiformes, c'est-à-dire qu'elles combinent différentes interventions, chacune d'entre elles pouvant être reliée à un modèle théorique spécifique. Ce qui signifie que si une telle stratégie réussit, on ne pourra savoir clairement à quel aspect du programme attribuer la réussite. Pire encore, sous un même intitulé, on trouve souvent des stratégies qui, dans la réalité de leurs applications, diffèrent pour l'une ou l'autre de leurs composantes. Prenons l'exemple du "management pour une qualité totale" [4]. Selon qu'il s'agit de ce que proposent Juran, Deming ou encore Ishikawa [2, 5], l'orientation fondamentale concerne l'analyse des processus de travail, ou, au contraire, l'examen des irrégularités dans ce processus, de leurs causes et de leurs résultats, ou, plus généralement, la volonté d'apprendre et d'améliorer continuellement la qualité. Et la motivation est censée provenir du défi qu'apporte la volonté d'améliorer continuellement la qualité, ou encore du fait que les talents sont bien utilisés, voire du choix pertinent des objectifs. Deming et Ishikawa parlent de trois sources de motivation : intrinsèque, la volonté de se développer grâce à ses rôles professionnels, la tâche elle-même et le fait de pouvoir se réaliser.

Seconde raison : il n'est pas possible de se fonder sur les schémas théoriques soutenus par des résultats expérimentaux et par des connaissances de psychologie fondamentale pour recommander telle ou telle manière de faire. Les stratégies proposées dans le contexte de la motivation interne reposent parfois sur des postulats pas toujours bien démontrés, voire invalidés par les résultats de recherches, mais qui ont la vie dure parce que leur caractère généreux séduit et qu'ils correspondent à l'intuition. Pour rendre le tableau encore plus complexe, et dès qu'on passe à l'application des modèles théoriques, la contingence des effets de ces pratiques devient évidente. C'est-à-dire qu'il existe des facteurs modulateurs qui sont autant de conditions nécessaires pour que les stratégies proposées soient efficaces,- ce qui rend évidemment le tableau encore plus complexe. Enfin, toute méthode de ce type ne vaut que ce que vaut celui qui l'applique... Plus encore, les qualités charismatiques de l'encadrement sont susceptibles de constituer des sources de motivation à part entière, dans la mesure où elles contribuent à construire la loyauté vis-à-vis de l'organisation, à donner du prix aux récompenses attribuées, et à rendre crédibles les efforts d'enrichissement du travail. Ce qui conduit alors à se demander qui sont les leaders charismatiques.

Ces différentes remarques justifient le plan qui a été adopté pour les chapitres 5 et 6. Les stratégies qui reposent sur le changement du travail sont exposées dans le **chapitre 5**. Il tente de montrer la complexité et la diversité des significations et des pratiques qu'englobe le concept de "changer le travail pour le rendre motivant", et propose une liste des caractéristiques du travail qui seraient responsables de son caractère plus ou moins stimulant. Décrire les essais d'application de cette approche oblige à prendre en compte l'évolution actuelle et récente du travail, notamment les progrès techniques et l'introduction de l'informatique et à ouvrir le débat qui concerne la déqualification que risque d'entraîner l'automatisation des opérations. Le **chapitre 6** s'intéresse au style du management qui représente la seconde ressource susceptible de développer la motivation interne. A la fois par l'intermédiaire de la répartition des tâches et des responsabilités, et de façon plus directe, par le rôle que peuvent jouer les qualités des cadres et leur charisme personnel. Là aussi, il importe de replacer et le débat et les leçons de l'expérience passée, dans le contexte actuel qui est caractérisé par une multiplication de structures en réseau et un nombre réduit de niveaux hiérarchiques.

Références citées

1. E.L. Deci, R.M. Ryan (1985), *Intrinsic motivation and self-determination in human behavior*, New York, Plenum.
2. W.E. Deming (1986), *Out of the crisis*, Cambridge, Mass., Mit Press.
3. *Motivation and emotion*, Special issue : "Motivation in work settings" (1991), Vol. 15, n° 1.
4. J.R. Hackman, R. Wageman (1995), Total quality management : empirical, conceptual and practical issue, *Adm. Sc. Quarterly*, 40, 309-342.
5. K. Ishikawa (1985), *What is total quality control ? The Japanese way*, Englewood Cliffs, Prentice Hall ; J. Juran (1974), *The quality control handbook*, New York, McGraw Hill.

Chapitre 4

Récompenser pour motiver ?

Il y a beaucoup de raisons de travailler.

Pour disposer des moyens qui nous permettent de vivre comme nous le souhaitons, d'acheter les produits et les objets dont nous avons envie. Mais aussi pour avoir la sécurité que procure un salaire régulier, parce que le travail apporte des occasions d'être apprécié, pour respecter des valeurs qui nous semblent importantes... La liste est sans limite et elle est fonction de la culture et des normes sociales aussi bien que des intérêts personnels et des valeurs individuelles. En d'autres termes, l'exercice d'une activité professionnelle permet de satisfaire des besoins aussi variés que nombreux.

Connaître la nature et la hiérarchie de ces besoins est important. Et à la question souvent posée par les dirigeants d'entreprise "Comment motiver mon personnel ?", la réponse peut être brève : "Demandez le leur !" [1]. Il est vrai, en effet, qu'on ne peut espérer motiver en récompensant le travail bien fait si ces récompenses ne correspondent pas à ce dont le personnel concerné a besoin. Et il est évident que ces besoins varient selon les individus et également, pour une même personne, dans le temps, notamment en fonction de la manière dont évolue sa situation professionnelle et familiale. Il ne faut donc pas, et c'est le bon sens, faire l'économie d'enquêtes régulières sur les besoins des membres du personnel, qu'ils soient ou pas concernés par une politique d'intéressement. Ni attribuer aux autres ses propres besoins, et, encore moins, croire qu'une même hiérarchie de besoins nous caractérise tous, comme le suggère le séduisant mais trop simple schéma hiérarchique proposé par Maslow.

A chacun ses besoins, certes. Mais ces raisons de travailler ont indiscutablement un élément commun. Il s'agit toujours de "récompenses", au sens le plus large du mot, c'est-à-dire d'échanger les résultats du travail contre la satisfaction de besoins matériels ou de besoins plus abstraits, l'estime, le prestige, la satisfaction d'être utile... Il est évident que plus l'organisation saura quelles récompenses sont motivantes, donc mieux elle connaîtra la nature des besoins de son personnel, et plus elle aura de chances d'être en mesure de les satisfaire, donc de disposer d'une stratégie motivationnelle. Stratégie qui reposera sur l'idée de mettre en correspondance les aspirations individuelles et les buts de l'organisation en récompensant chacun dans la mesure où il contribue aux objectifs de l'entreprise.

Cela signifie que l'échange entre un travail et des récompenses varie selon deux modalités bien différentes [2].

D'une part, les "récompenses" sont très diverses. Elles peuvent, en effet, être financières, sous la forme de salaires ou de primes liées aux résultats ou associées à la mobilité, aux déplacements, au transport, aux frais de représentation, ou encore par le biais de l'attribution d'actions ou par d'autres formes de participation aux bénéfices. Elles peuvent aussi être constituées d'avantages en nature : rabais sur des produits de l'entreprise, possibilités de prêts à taux bas, voyages d'agrément, cadeaux personnels et également services mis à disposition comme une voiture ou un logement de fonction, la prise en charge des cotisations à une mutuelle ou à une caisse de retraite.

D'autre part, ces récompenses peuvent être attribuées sur des bases différentes, selon qu'il s'agit de salaires et d'avantages divers qui sont fixes et fondés essentiellement sur le statut et sur l'ancienneté, ou de "récompenses" attribuées de manière plus ponctuelle et uniquement sur la base du travail effectué, qu'il s'agisse de quantité ou de qualité de la production, ou encore de comportements que l'organisation souhaite encourager et qui peuvent être aussi variés que la ponctualité, la qualité du service, ou l'innovation créatrice. C'est à cette seconde catégorie que correspond l'idée de récompenser selon le mérite, même si il serait absurde d'affirmer que les salaires et autres avantages liés au statut n'ont aucune relation avec les qualités des intéressés... En réalité, la différence entre les deux procédures vient du fait que lorsqu'un système de rémunération au mérite est mis en place, c'est avec un objectif défini, mais limité dans le temps et qui peut donc être redéfini, et avec une procédure qui donne un rôle central aux appréciations ponctuelles du travail et du comportement.

De tels systèmes de récompense ont pris une place importante dans la gestion des ressources humaines. Trois raisons font en effet souvent passer de règles relativement fixes de rémunération et de distribution d'avantages divers à des situations flexibles où tout ou partie du salaire est tributaire du travail fourni, et du respect des règles organisationnelles comme de la culture d'entreprise.

En premier lieu, dès qu'il y a récompense en fonction du travail fourni et des comportements adoptés, le système d'intéressement retenu et la manière dont il est appliqué peuvent servir à renforcer les principes que l'organisation souhaite développer et mettre en œuvre, principes qui reflètent la stratégie compétitive et les valeurs fondamentales de l'entreprise.

Ensuite parce que la nécessité de disposer d'une main-d'œuvre flexible, donc à compétences multiples, et capable de travailler par équipes de projets peut être encouragée par les indexations fondées sur les compétences acquises et sur la performance de groupe [3]. Ce qui signifie que les récompenses ne concernent pas seulement le travail individuel mais s'adressent également à la volonté démontrée par chacun de se développer, ou encore au fait de participer de manière productive aux activités d'une équipe.

Enfin, le progrès technique, la complexité des mécanismes de vente et de marketing, entraînent la volonté de modérer, dans la gestion du personnel, la part laissée au contrôle hiérarchique et de faire une place plus grande à l'initiative et à la gestion, par chacun, de ses responsabilités. D'où l'importance qu'il faut accorder, dans la mise en œuvre d'un système de récompenses, à ne pas accroître sans l'avoir voulu, le sentiment d'être étroitement contrôlé, donc la nécessité de bien comprendre quels mécanismes psychologiques sont mis en œuvre pour que les récompenses stimulent effectivement la motivation.

Il existe de nombreuses formes de récompense au mérite. Elles ont donné lieu à des classifications et des regroupements variés selon qu'ils sont le fait de juristes, de fiscalistes ou encore de gestionnaires des ressources humaines. Ce peut être le cas de primes fondées sur la production, en quantité ou en qualité, ou sur la productivité, mais également de rémunérations mensuelles, à partir du moment où elles donnent lieu à des révisions individuelles soumises à l'évaluation de la hiérarchie, ou encore de bonus ponctuels récompensant une activité particulièrement appréciée. Dans une perspective différente, l'intéressement peut aussi être constitué par des commissions calculées sur le chiffre d'affaires, ou par des participations aux bénéfices lorsqu'il est possible d'évaluer la part qu'y a prise l'individu. Aux niveaux élevés de la hiérarchie, l'attribution de "stock options" permet d'intéresser les cadres à la bonne marche et à la prospérité de l'entreprise. Primes et participations peuvent être attribuées soit à des individus, soit, lorsqu'il s'agit de travail en équipe où les contributions individuelles sont complémentaires, à tous les membres de l'équipe. Et dans le cas des participations aux bénéfices, elles peuvent être données à l'ensemble des membres de l'organisation, ou bien seulement à un service, ou à un département. Enfin, les primes et les bonus peuvent être directement liées aux nouvelles compétences acquises. En outre, salaires indexés, primes et récompenses de tous ordres peuvent varier de beaucoup d'autres façons, être immédiates ou à long terme, fréquentes ou rares, matérielles ou symboliques, visibles ou pas...

Ces réflexions préliminaires montrent que la mise en place d'un système de récompenses au mérite soulève plusieurs problèmes distincts. D'une part, il faut choisir une procédure qui corresponde aux contraintes de la *situation* et de l'organisation concernées. D'où une première série de questions très concrètes qui sont autant de conditions à remplir pour juger de la faisabilité de l'intéressement et de la possibilité de créer un système motivationnel fondé sur les récompenses. Ensuite, il faut élaborer une méthode qui convienne à la *culture* de l'entreprise, voire du secteur dans lequel elle sera mise en place, qui soit non seulement faisable mais pas contre-indiquée, ou bien se préparer à une réorganisation plus ou moins importante de la gestion des ressources humaines. C'est seulement une fois ces deux obstacles surmontés qu'on peut réfléchir à l'aspect motivationnel des "récompenses" et préciser les conditions optimales pour que la mise en œuvre de ce système entraîne bien un accroissement de la motivation ou, plus spécifiquement, le renforcement des conduites que l'organisation souhaite encourager. C'est à ce niveau que les conclusions des deux premiers chapitres sur l'analyse des besoins et sur le rôle des processus cognitifs pourront s'appliquer.

A QUELLES QUESTIONS FAUT-IL RÉPONDRE AVANT D'INSTAURER UN SYSTÈME DE RÉCOMPENSES AU MÉRITE ?

On peut penser que les conditions requises pour créer un système de récompenses sont essentiellement techniques. En fait, il ne faut pas sous-estimer les aspects subjectifs et affectifs liés à ce type d'opération, les déceptions qu'elle peut entraîner, ainsi que les conséquences du sentiment frustrant d'être inéquitablement traité.

Certes, l'objectif stratégique est clair mais il est difficile à atteindre. Il consiste à attribuer une valeur monétaire aux fonctions assumées, à leurs résultats et aux comportements mis en œuvre. En fait, cela suppose plusieurs étapes. La première concerne le poste lui-même, l'importance pour l'organisation de la fonction qu'il représente, donc son rang dans les échelles de salaire liées aux compétences et aux responsabilités. La seconde consiste à faire une analyse de poste dont le but sera d'identifier les caractéristiques de chaque poste de manière à préciser ce qui est important et doit donner lieu à récompenses. La troisième étape permet d'attacher des récompenses, financières dans la plupart des cas, aux différents produits ou comportements qu'on souhaite encourager ou développer. Ces différentes phases doivent permettent de répondre à une série de questions fondamentales dont la liste est présentée sur le tableau 1.

Une fois qu'on s'est assuré de la faisabilité d'un système de récompenses au mérite, et des possibilités qui permettront de le concrétiser, il reste à faire un choix entre les nombreuses formes d'intéressement, en tenant compte de règles évidentes :

- la nature des objectifs que l'organisation souhaite valoriser doit être claire ;
- le niveau des objectifs à atteindre, ainsi que les contraintes de temps qui les spécifient doivent être équitables et réalistes, respecter des règles écrites, conventions collectives, accords de branche, et être acceptés par les personnes concernées.

Concertation et négociation peuvent utiliser des voies diverses et ce n'est pas l'objet de ce chapitre que d'en discuter la nature ou la pertinence, simplement de souligner leur importance. Un système de récompenses qui semble injuste ou peu objectif aura des effets inverses de ceux recherchés.

Reste à évaluer les différentes possibilités en tenant compte de leur efficacité pour :

• créer le sentiment que la récompense est effectivement liée au travail effectué ;
• éviter les effets négatifs (ostracisme contre les "bons», triche sur la performance) ;
• encourager la coopération mais pas la compétition ;
• obtenir une totale adhésion du personnel.

Les recherches de terrain et les observations faites sur de nombreux systèmes d'intéressement permettent, avec Lawler [4] de faire la synthèse, sur trois points, des conclusions obtenues concernant les choix à faire :

TABLEAU 1 - Questions préalables à l'établissement d'une procédure de récompenses au mérite

1- Quel type de "récompenses" est apprécié par le personnel ? En d'autres termes, quels sont les besoins prioritaires actuels des membres du personnel qui seront concernés par le système de récompenses au mérite?

2- Quels sont les objectifs de l'organisation ? C'est-à-dire quelles sont les performances qu'on souhaite améliorer et/ou les comportements qu'on souhaite modifier ? Que veut-on encourager, l'acquisition de nouvelles compétences, ou les résultats, ou un style de comportement?

3- Quel système d'intéressement est cohérent avec la culture et les valeurs de l'organisation ? Avec les contraintes légales au niveau des conventions collectives, des accords de branche et d'entreprise ? Et également avec les procédures actuelles d'évaluation, ou de gestion par objectif, ou même de promotion ?

4- Comment informer le personnel de manière à obtenir son approbation et son adhésion active au système qui sera proposé ? Peut-il y avoir une participation des représentants du personnel à l'élaboration du système de récompense ?

5- Est-il possible de mesurer avec précision le comportement ou la performance mise en cause ? Ces mesures seront-elles fiables et objectives ? Et acceptées par le personnel? Qui en sera responsable ? Les contraintes technologiques ou environnementales déterminent-elles, au moins en partie, les performances ou les comportements concernés ? Y aura-t-il des clauses de révision permettant au personnel de contester une évaluation ?

6- Avec quelle fréquence sera-t-il possible de mesurer la performance ou de décrire le comportement ?

7- Va-t-on distribuer les récompenses individuellement ou collectivement, à un groupe, un service, un département, une région... ?

9- Les récompenses vont-elles concerner l'ensemble de l'organisation ? Ou seulement un segment ? Est-on en mesure d'expliquer pourquoi ?

10- Quel est le rapport entre le salaire et les avantages fixes et les différences liées au mérite ? Quelle relation avec la répartition hiérarchique des salaires ?

11- Comment va-t-on relier performance (ou comportements) et récompense ?

12- Comment et par qui le système de récompenses sera-t-il contrôlé ?

adapté de P. B. Beaumont (1993), Human Resources Management, *op. cit.*

Sur quoi indexer les récompenses ?

Fonder les récompenses sur les résultats individuels est, en général, une meilleure solution que l'intéressement évalué et attribué au niveau d'un groupe, d'une équipe ou d'un service. En effet, dans ce dernier cas, la contribution de chacun des membres du groupe au résultat final est difficile à évaluer objectivement. De ce fait, au lieu d'encourager une coopération productive, l'intéressement collectif risque de créer un sentiment d'injustice et de rendre difficile les relations inter-personnelles à l'intérieur de l'équipe. En outre, chacun risque de percevoir ses propres résultats comme très dépendants de la performance du groupe, et peu de ses propres efforts, ce qui n'est évidemment pas de nature à développer les motivations individuelles. Ceci dit, il faut également prendre en compte un argument inverse : les primes attribuées en fonction de la performance d'une équipe sont susceptibles d'accroître la coopération à l'intérieur de cette équipe alors que les primes individuelles, surtout si elles font l'objet d'un budget limité, risquent de créer une compétition qui aura des effets négatifs.

Comment évaluer les performances ?

C'est un problème crucial mais difficile. Il est évidemment préférable de s'appuyer sur des données objectives parce que cela crée mieux la conviction que les récompenses sont bien liées aux résultats du travail effectué. Malheureusement, cette possibilité devient de plus en plus rare, pour de nombreuses raisons : la diminution relative des postes de production proprement dit, le fait que même ces tâches de production sont de plus en plus dépendantes d'un équipement complexe dont le fonctionnement est lié à de nombreux facteurs qui ne sont pas sous le contrôle de l'opérateur. Même dans le cas de la vente, où le chiffre d'affaires est une donnée concrète, il est difficile de tenir compte de manière objective et fiable des conditions qui peuvent influencer les résultats et qui ne sont pas forcément contrôlables par le responsable des ventes lui-même, telles que le niveau local de la compétition, les paramètres économiques, le rôle de la publicité, la qualité des produits et du service après-vente. D'où le recours fréquent à des appréciations subjectives, soit sous la forme d'une classique fiche de notation, soit sous la forme de propositions pour des bonus ou des primes.

Et comment faire des fiches de notation ?

Qu'elles servent, ou pas, de base à un système de récompenses, les fiches de notation souffrent de faiblesses bien connues. Notamment elles sont souvent rendues peu précises à cause d'un effet de halo qui fait donner la même note à tous les aspects listés par la fiche, d'un effet de tendance centrale, le notateur se réfugiant par prudence dans les évaluations médianes, et de biais d'évaluation propres à chaque notateur plus indulgent ou plus exigeant que les autres, ce qui rend les différentes notations peu comparables. On peut améliorer les fiches de notation, former les notateurs, calculer des pondérations ou créer des systèmes de choix forcés qui réduisent les biais [5]. Mais tout n'est pas résolu pour autant. En effet, il faut bien réaliser que plus les notations ont de l'importance pour la carrière et, dans le cas présent, pour l'attribution de récompenses significatives, plus elles deviennent un enjeu dans les relations de pouvoir, ce qui tend à leur faire perdre leur rôle d'évaluation proprement dite. On peut alors craindre que la décision concernant l'attribution d'une récompense précède la notation elle-même, et que les raisons données pour justifier cette décision manquent de franchise, donc ne servent pas à améliorer les performances ultérieures, ce qui enlève tout sens à la notion même de récompense au mérite.

Les récompenses au mérite ont-elles un effet durable ?

On a vu au chapitre 1 que la « sur-justification » qui consiste a cumuler motivation interne et récompenses a un effet destructif sur la motivation. On peut également craindre que les récompenses, quelles qu'elles soient, n'aient pas d'effet durable. Une fois le système de primes, de bonus, ou d'intéressement, retiré, les comportements récompensés risquent de disparaître sans qu'apparaisse un changement fondamental des attitudes ou des comportements concernés. En d'autres termes, les récompenses au mérite ne créent pas toujours d'implication durable. Plusieurs raisons expliquent cette fragilité : le fait que le salaire n'est pas toujours le résultat le plus valorisé du travail et que son effet motivant décroît à mesure que le salaire de base augmente ; la perception des récompenses au mérite comme étant des tentatives de manipulation ; et également les effets désorganisateurs de la concurrence entre collègues qu'entraîne la compétition pour avoir accès aux récompenses.

L'ensemble de la procédure d'intéressement n'atteindra son objectif que si l'évaluation qu'elle implique est cohérente avec la politique de gestion des ressources humaines qui est mise en œuvre par l'intéressement. L'évaluation ne doit pas être perçue comme une sanction, mais comme un moyen de faire mieux comprendre les priorités de l'organisation, et de donner à chacun la volonté de chercher à s'améliorer pour les satisfaire. On peut résumer cette discussion en disant que les effets négatifs des procédures d'intéressement sont d'autant plus nets que le climat de l'organisation est marqué par une absence de confiance envers la hiérarchie. Si tel est le cas, le crédit accordé aux évaluations sera faible parce qu'elles sont perçues comme reflétant des préjugés, qu'elles entraînent la crainte d'avoir à justifier une performance insuffisante et qu'elles ne représentent pas une occasion de progresser.

LE CAS DE LA PARTICIPATION AUX BÉNÉFICES

Les mêmes remarques peuvent s'appliquer à la participation aux bénéfices. La cohérence entre ce type d'intéressement et le style de management y est particulièrement important. Il est difficile de faire participer aux bénéfices s'il n'y a pas également partage des informations, participation aux décisions et aux prises de risque, donc implication dans les procédures qui, précisément, peuvent générer des bénéfices. C'est donc un management participatif qui doit encadrer la participation financière. La participation aux récompenses peut concerner l'ensemble des opérations de l'entreprise, comme c'est le cas dans la distribution d'actions ou d'options. Elle peut aussi être destinée à stimuler la créativité, par le truchement de systèmes de participation aux résultats de l'innovation. Ici encore, l'impact de la participation est fortement dépendant de la bonne santé de l'organisation et, notamment, de sa capacité à faire face aux modifications de l'environnement économique, social et technique.

D'une manière générale, l'effet sur la motivation de la participation aux bénéfices est-il conforme à ce qu'on pouvait espérer ? Dans l'état actuel des résultats connus, il est difficile de dire si ces méthodes sont réellement efficaces sur la motivation, et ceci, même dans les cas où elles augmentent sensiblement la satisfaction. En outre, les participations au profit ne peuvent convenir à tous les types d'organisation. Notamment, la politique de transparence de l'entreprise, la nature de ses opérations, et leur stabilité dans le temps, le style de management, la présence d'une main d'œuvre hautement qualifiée, la possibilité de contrôler les coûts par le personnel, la capacité du marché à absorber une production accrue, la nature des services internes de maintenance, sont autant de facteurs à prendre en compte dans l'établissement éventuel d'une politique de participation au bénéfice. Il faut ajouter à cela le fait que les promesses et les attentes fondées sur l'établissement d'un tel programme sont souvent déçues, parce que les profits sont inférieurs à ce qu'on espérait, parce que les résultats sont inégaux dans différents services, et parce qu'il y a des pertes générales à prendre en compte. En d'autres termes, participer aux bénéfices est une chose, comprendre la gestion financière de l'organisation est un autre problème. De ce fait, ou bien la participation aux bénéfices doit être limitée aux niveaux de qualification qui savent faire cette analyse ; ou bien elle doit être accompagnée d'une formation qui permette d'en comprendre les mécanismes financiers.

Au total, il n'y a pas de principes universels permettant de dire qu'une des formes d'intéressement est meilleure que les autres. Le choix est fonction des circonstances et des objectifs de l'organisation. En particulier, la faisabilité des mesures du travail effectué, le fait qu'elles ne risquent pas de susciter de contestations, constituent des conditions *sine qua non* à l'établissement d'un système d'intéressement. Il en va de même pour la possibilité qu'a l'organisation d'assumer la charge administrative qu'implique le calcul de l'intéressement. Il faut également se demander si les résultats du travail reflètent réellement l'effort fourni ou si, au contraire, des contraintes externes déterminent fortement les résultats.

Ce sont là des remarques de bon sens qui peuvent paraître évidentes et qui semblent emprunter peu de choses aux subtils modèles psychologiques de la motivation décrits dans la première partie. Pourtant, la description des processus cognitifs essentiels à la mise en route et à la poursuite de la motivation s'appliquent bien ici. En effet, les récompenses n'auront aucun effet motivateur si l'*instrumentalité* de la performance, c'est-à-dire le lien entre le travail effectué et la récompense obtenue n'apparaît pas clairement. De même, quand les récompenses décernées ne correspondent pas aux priorités de ceux qui les obtiennent, c'est-à-dire quand elles n'ont pas de *valence*, elles n'auront pas non plus d'effet motivateur réel. Peut-on aller plus loin ? Comme nous l'avons dit à plusieurs reprises, il n'y a pas de correspondance terme à terme entre chacun des modèles théoriques de la motivation et chacune des stratégies motivationnelles de terrain. Pour pouvoir tirer parti de ce que nous ont appris les recherches théoriques, il faut faire l'effort de décomposer en phases successives le processus motivationnel impliqué par l'intéressement et nous interroger sur les processus psychologiques impliqués par chacune de ces phases.

COMMENT ANALYSER LE POTENTIEL MOTIVATEUR DES RÉCOMPENSES AU MÉRITE ?

La mise en œuvre d'un système de récompense au mérite, quel qu'il soit, suppose quatre phases successives et distinctes. Chaque phase met en jeu des variables et des dynamiques psychologiques différentes et... fragiles.

Tout d'abord, il doit y avoir **évaluation** de la performance accomplie, fondée soit sur l'observation directe, soit sur l'appréciation de la hiérarchie. La seconde étape concerne l'**information** donnée à l'individu sur sa performance, information qui peut évidemment prendre des formes diverses selon qu'elle est faite au cours d'entretiens réguliers, ou de manière continue, ou encore par le truchement de documents écrits, bulletins de paie, annonce de l'attribution d'une prime, par exemple. Il est évident que "l'évaluation de l'évaluation" faite, souvent implicitement, par chacune des personnes concernées, sera fonction de sa perception de l'équité de la procédure et de la manière dont les informations lui seront communiquées. Le passage de l'évaluation à la **récompense** se fait dans la troisième étape, mettant en cause non seulement l'instrumentalité dont il a été question plus haut mais cet aspect de la justice ressentie que nous avons qualifiée de "distributive" dans le chapitre 3. La dernière étape porte sur l'attitude de l'individu face à la récompense reçue, qui n'est pas limitée à ce que les modèles cognitifs nomment **valence** des récompenses. Chacune de ces étapes constituent des points sensibles qui vont faire de l'intéressement un stimulant de la motivation ou qui vont être responsables de l'échec de la stratégie motivationnelle.

La notion intuitive qui veut que chacun cherche à obtenir un profit maximum en retour de son travail, donc que les récompenses dites "externes" soient toujours des sources de motivation, s'est heurtée, depuis une vingtaine d'années à une opinion inverse selon laquelle tout intéressement matériel diminue la motivation "interne", autrement dit l'implication qui vient de l'intérêt personnel porté au travail. Si on admet que les individus sont d'autant plus efficaces qu'ils sont responsables de leur comportement et qu'ils le contrôlent eux-mêmes, on peut effectivement se demander si les systèmes de récompense n'induisent pas le sentiment désagréable d'être étroitement contrôlé, ce qui fait perdre et l'intérêt même du travail et la possibilité de s'y montrer innovant.

Cette position n'est pas restée une hypothèse d'école. Par exemple, un article publié dans la *Harvard Business Review*, intitulé "Pourquoi l'intéressement ne marche pas" (*Why incentive plans cannot work*) critique tout système de récompense au mérite parce qu'il diminue l'enthousiasme et l'implication au travail [6]. Pourtant la synthèse des recherches de terrain montre clairement que l'impact négatif des systèmes de motivation externe sur l'implication et sur la créativité est limité et, surtout, qu'il est possible de l'éviter en prenant des précautions précises. Bien plus, l'intéressement peut, s'il est bien conduit, donner à chacun des informations sur ses compétences, et, de ce fait, relancer la motivation en confortant la confiance en ses possibilités de réaliser efficacement la tâche dont il est chargé. Une méta-analyse (synthèse statistique de recherches sur un même sujet) montre que, dans des conditions expérimentales, l'effet d'une récompense n'a un rôle négatif sur le temps spontanément consacré au travail que si la récompense est annoncée à l'avance comme proportionnelle aux résultats mais qu'elle est finalement donnée à la fin de la période de travail quels qu'en soient les résultats. De même, les effets négatifs d'une récompense sur la créativité et l'initiative ne surviennent que dans des conditions bien définies, essentiellement lorsque l'intéressement ne récompense pas clairement la mise en œuvre d'une pensée originale et l'effort pour sortir des sentiers battus [7].

C'est probablement pour cet ensemble de raisons que la conception de Taylor qui concernait des tâches peu qualifiées n'est pas fausse, mais qu'elle n'est pas généralisable : si un ouvrier qui fait des montages simples est payé au nombre de montages correctement effectués à la fin de sa journée de travail, il est vraisemblable qu'il en fera le plus possible, et aussi bien que possible et qu'il acceptera que d'autres lui donnent des conseils efficaces pour travailler plus et mieux. Mais lorsqu'il s'agit de tâches qui requièrent de l'initiative et de la créativité, le tableau est différent. Une grande partie des ressources d'attention dont dispose l'individu est alors focalisée vers la récompense à obtenir et vers les contrôles qu'elle implique au détriment de l'activité elle-même. On peut aller plus loin sur cette question en se référant aux connaissances théoriques. L'analyse des quatre étapes décrites ci-dessus permet en effet de comprendre de manière plus détaillée pourquoi la récompense au mérite peut avoir un effet destructeur sur l'implication et comment il est possible d'éviter cet écueil.

Toute rémunération fondée sur la performance suppose une évaluation du travail effectué. Donc le choix et la définition d'un objectif par rapport auquel l'évaluation va être faite. Or on sait qu'un but est motivant, même s'il est difficile à atteindre, à condition toutefois qu'il soit précis et accepté. Et qu'il n'y a pas de différences entre les résultats obtenus avec ou sans stimulants financiers, à partir du moment où l'objectif fixé a été clairement accepté. Ce sont là des faits bien démontrés par les recherches menées par Locke et son équipe que nous avons décrites au chapitre 2. Toutefois, deux aspects concrets doivent être pris en considération. En premier lieu, faut-il proposer des objectifs proches ou distants ? Par exemple, est-il préférable d'indiquer à des vendeurs le chiffre de vente qu'ils doivent atteindre chaque semaine, ou leur fixer un objectif pour le mois entier ? La réponse est nuancée, mais fait comprendre la difficulté qu'il y a à construire des stratégies motivationnelles efficaces. D'une part, des objectifs à court terme sont susceptibles d'encourager l'effort parce qu'ils fournissent de manière fréquente des informations sur le niveau de performance atteint, donc sur le niveau de compétence individuelle. Et nous avons vu que l'image de soi est un facteur important de la motivation. Mais, d'autre part, il est également possible que le fait d'être évalué de manière trop répétée soit perçu comme un contrôle pesant qui pousse à la passivité. L'inverse est vrai des objectifs à plus long terme qui apporteront moins souvent des informations sur la compétence démontrée mais donneront également moins le sentiment d'un contrôle permanent sur le comportement au travail. Reste à choisir en connaissance de cause. Dans le cas des vendeurs, par exemple, un objectif à court terme permet d'évaluer ses compétences chaque semaine, alors que l'objectif mensuel ne suffit pas à remettre en cause l'organisation du travail quotidien et ne donne aucune base pour situer sa performance avant que la fin du mois n'apporte des données sur les résultats. Et s'il s'agit d'acquérir une nouvelle compétence, d'assumer une nouvelle mission, ou de tenir un nouveau poste, des buts proches seront nécessaires pour encourager l'effort parce que les informations sur les progrès réalisés apportent un soutien en rassurant sur les compétences potentielles et parce que ces buts développent, en rendant concrets les résultats de ses efforts, l'intérêt pour le travail accompli. Par contre, lorsque la compétence est acquise, le fait de se sentir contrôlé de manière étroite risque de détruire l'effet motivant des récompenses indexées en affaiblissant l'implication personnelle.

Chaque situation mérite donc qu'on s'interroge sur l'utilité, du point de vue de la motivation, d'une part, des informations données à chacun sur ses possibilités et, d'autre part, sur les effets négatifs de contrôles trop fréquents. En d'autres termes, il n'est pas possible de donner des indications générales sur la manière dont les objectifs, et les récompenses qu'ils entraînent lorsqu'ils sont atteints, doivent être gérés. Et les paramètres à prendre en compte sont la complexité des tâches à accomplir, opposée à leur caractère routinier, ainsi que le fait qu'il s'agit seulement d'utiliser des compétences bien maîtrisées, ou, au contraire, d'acquérir progressivement des compétences nouvelles.

Un cas particulier, mais qui se généralise du fait de l'accroissement et du niveau des compétences requises par les nouvelles technologies, concerne l'importance des motivations internes chez les personnes hautement qualifiées, experts et professionnels. Dans un ouvrage déjà ancien, intitulé de manière très parlante "Au-delà de l'ennui et de l'anxiété" [8], Csikszentmihayli décrit son enquête auprès de sportifs de haut niveau, de champions d'échecs, de chirurgiens, et d'artistes interrogés sur ce qui rend leurs activités professionnelles très satisfaisantes, à tel point que leur motivation ne dépend que très peu des "récompenses" externes. Cet auteur propose le concept de "flot d'expérience" pour décrire un ensemble de caractéristiques : l'attention totalement consacrée à la tâche, la clarté des buts, le sentiment de contrôler soi-même totalement ses activités et la liberté de les organiser à sa guise. Le "flot d'expérience" permet de concentrer ses ressources d'attention et d'activité cognitive exclusivement sur la régulation de l'action, en vue de réussir sa tâche. Et ces personnes sont tellement engagées dans ce qu'elles font qu'elles en perdent souvent la notion du temps, ainsi que la perception de ce qui se passe à l'extérieur de leur activité. Il est vraisemblable que ce type de motivation interne existe dans les activités professionnelles de haut niveau et qu'elle est peu sensible aux systèmes d'évaluation externe.

D'une manière plus générale, le fait que l'intéressement implique forcément une évaluation, évaluation à laquelle la récompense donne une importance accrue, risque d'entraîner l'impression d'être étroitement contrôlé et pris dans une sorte de mécanique contingente entre ce qu'on fait et ce qu'on reçoit. Ce qui frustre le besoin d'auto-détermination, c'est-à-dire de décider librement de ses comportements. Il faut noter que les individus ne souhaitent pas forcément pouvoir choisir leurs récompenses. Ils préfèrent laisser cette initiative aux autres mais, en revanche, ils souhaitent garder le contrôle sur qui sont ces autres et une influence sur la manière dont ils procèdent. Ces aspects du processus qui gèrent la récompense au mérite sont très importants parce que le sentiment d'auto-détermination est le fondement de la motivation interne. En d'autres termes, une politique d'intéressement ne sera efficace que dans la mesure où elle saura capturer le besoin d'auto-détermination, à travers l'intention de respecter les objectifs assignés. Ce qui signifie que l'évaluation sur laquelle reposent les récompenses doit donner le sentiment que compétences et résultats sont pris en considération de manière réelle et réaliste. Et pas l'impression que chaque individu n'est qu'un pion seulement valorisé par l'organisation s'il atteint les objectifs, et rejeté dans le cas contraire. L'évaluation doit être respectueuse de l'individu et non dévalorisante.

La seconde phase de la mise en œuvre opérationnelle d'un plan d'intéressement concerne le retour d'information sur l'évaluation. Il est évident que l'information ainsi reçue va contribuer fortement à la perception de sa propre compétence et de ses éventuels progrès. On en fait souvent l'économie, l'attribution de la récompense paraissant représenter une information suffisante. Dans d'autres cas, il est prévu un entretien qui sera l'occasion de donner une information spécifique sur le travail effectué. Or toutes les recherches dont nous disposons, ainsi que cela a été précisé au chapitre 3, montrent que l'attribution d'une récompense, sans commentaire ni justification décroît la motivation interne à effectuer une tâche, alors qu'on espère précisément le contraire. Pourquoi cela ? Parce que, dans ce cas, l'effort n'est perçu que comme un instrument pour obtenir une récompense, ce qui est une autre manière de créer une situation à fort contrôle. La récompense sans information est ressentie comme une manipulation qui laisse l'acteur dépendant. Alors que le fait d'expliciter l'évaluation qui est à la base de la récompense apporte des informations précieuses sur ses propres capacités, ce qui redonne à l'acteur lui-même l'initiative, donc la décision de poursuivre ou pas son effort.

L'étape suivante concerne la manière dont l'information va être interprétée. Il est évident que les attitudes, et le traitement de l'information seront différentes selon qu'il s'agit de récompenses clairement fondées sur les résultats du travail ou de récompenses présentant un caractère compétitif, comme, par exemple lorsqu'une forte prime n'est attribuée qu'à une seule personne par département. Dans ce dernier cas, on peut s'attendre à des effets négatifs, parce qu'une information péjorative est donnée à la presque totalité des personnes concernées et que l'attribution d'une récompense unique ne procure qu'un seul point de référence pour évaluer son propre travail.

Il ne suffit donc pas de fournir une information, il faut également que cette information puisse être interprétée, et que le résultat de cette interprétation encourage à poursuivre l'effort. Or pour interpréter l'information, il est nécessaire de disposer d'éléments de comparaison, sinon les informations, même si elles apparaissent comme positives à ceux qui les donnent, n'entraîneront aucun effet sur la motivation. Ce qui signifie que des informations qui permettent à la personne qui les reçoit de situer sa compétence par rapport à celle des autres sont plus motivantes que des informations positives mais ne comportant aucune norme de référence. En outre, plus les informations sont liées, dans la manière de les présenter, à des compétences valorisées et valorisantes, et plus elles auront d'effet motivant. Ces différences sont bien démontrées par des recherches qui mettent en évidence la supériorité, du point de vue de la motivation, d'informations positives accompagnées de commentaires faisant référence à la fois aux objectifs à atteindre, aux résultats des autres et aux compétences utilisées pour atteindre les résultats, par comparaison avec des informations positives mais qui ne sont accompagnées d'aucune norme de référence.

Si on veut résumer ces analyses, il faut retenir que tout système de récompenses au mérite doit impliquer un *retour d'information* positive organisé de manière à encourager la motivation. Et qu'une récompense liée au comportement qu'on veut renforcer, mais sans qu'une information claire et interprétable ne soit donnée sur la performance, c'est-à-dire sans base de comparaison avec les objectifs, les résultats des autres, et même l'évolution de ses propres résultats, risque non seulement de ne pas avoir d'effets sur la motivation externe, mais également de faire décroître la motivation interne, c'est-à-dire l'implication dans le travail et la satisfaction qu'on en tire. Mais, par ailleurs, les récompenses attribuées dans le cadre d'une compétition sont le plus souvent ressenties comme introduisant un contrôle de la situation qui va à l'encontre de la volonté d'auto-détermination. La complexité de ces conclusions vient du fait que les informations absentes, ou mal gérées, ont des effets contradictoires à celles qu'on attend des récompenses elles-mêmes.

La phase suivante concerne l'attribution de la récompense et sa relation avec l'évaluation sur laquelle l'individu a reçu une information. Il est évident que cette récompense ne sera une source de satisfaction que dans la mesure où la répartition est perçue comme équitable. De ce point de vue, le fait de faire la différence (précisée au chapitre 2) entre justice *procédurale* et justice *distributive* est très utile. En effet, il permet de distinguer la perception d'une récompense jugée adéquate en elle-même, et le fait qu'on estime équitable la procédure de distribution, d'une manière générale. Une enquête de Greenberg [9] a montré que les deux formes d'équité jouent un rôle dans le processus motivationnel. Concrètement, qu'est-ce que cela signifie ? Que la conviction d'être équitablement récompensé est un élément important de la motivation que crée la récompense au mérite. Et que ce sentiment d'équité est multiple et complexe. En effet, il met en cause :

- 1°, la cohérence perçue entre les procédures qui sont utilisées à différents niveaux hiérarchiques et pour différents postes ;
- 2°, le fait que la personne évaluée puisse intervenir pour discuter l'évaluation dont elle est l'objet ;
- et 3°, la certitude qu'il existe bien une relation entre la performance réalisée et l'évaluation, d'une part, et entre l'évaluation et la récompense, d'autre part.

En outre, ces différents aspects de l'équité sont indépendants les uns des autres. Par exemple, lorsque il y a participation de l'individu à la décision qui le concerne, celui-ci peut juger le processus équitable indépendamment de la nature, donc du montant et de l'importance de la récompense obtenue. Et c'est bien le rôle joué par l'évaluation dans la procédure de récompense qui explique ces différences. Lorsque les évaluations sont considérées comme des fins en soi, l'équité est jugée à travers la qualité de la procédure d'évaluation elle-même et en fonction de la possibilité laissée aux personnes évaluées de fournir à leurs évaluateurs, avant toute évaluation, un tableau complet de leur performance. Mais lorque l'évaluation est considérée uniquement comme un moyen pour obtenir une prime ou une promotion, l'équité perçue est liée plus à la distribution équitable des salaires et des promotions au niveau de l'ensemble du personnel qu'à la manière dont sont faites les évaluations elles-mêmes.

Par ailleurs, l'équité d'un salaire ou d'une récompense est jugée par comparaison avec les salaires et les récompenses d'une part, les performances, d'autre part, d'autres personnes. On a cru que ces comparaisons étaient seulement faites avec des collègues d'un rang proche du sien [10]. En fait, ce n'est pas toujours le cas. Une enquête récente montre l'importance du jugement d'équité porté sur la distribution des salaires et des primes à des catégories professionnelles très variées [11]. Cette étude décrit bien les effets négatifs du sentiment d'être injustement traité. L'adhésion aux buts organisationnels mollit lorsque les employés ont l'impression qu'il y a un montant fixe de ressources à répartir entre salaires et primes, ce qui implique que si d'autres reçoivent "trop", eux recevront "moins". En outre, la structure organisationnelle représente une variable importante. Si la répartition des tâches et des décisions est caractérisée par une forte participation des niveaux modestes et moyens aux décisions, donc si les différences de statut sont estompées dans la vie quotidienne, la motivation va dépendre très fortement de la justice "distributive" parce que l'idéologie égalitaire qui domine dans ce type d'organisation minimise les différences entre catégories et légitime une comparaison des salaires et des récompenses du bas en haut de l'échelle. D'autres facteurs, non négligeables, peuvent également jouer un rôle : les positions syndicales, les limites à l'autonomie qu'impose la technologie, et même la taille de l'organisation,- les comparaisons étant plus faciles dans les entreprises de petite taille.

On peut actualiser cette discussion et rapprocher les effets démotivants provoqués par l'inéquité ressentie concernant les salaires et les récompenses, du sentiment d'injustice qui peut accompagner les réductions d'effectif avec licenciements [12]. La démotivation des "survivants" est d'autant plus marquée qu'une forte implication antérieure s'ajoute au sentiment que le problème organisationnel, dans son ensemble, a été traité de manière injuste. L'implication a de l'importance pour l'individu parce qu'elle est liée à l'identité professionnelle et qu'elle représente un des piliers de l'estime de soi. De ce fait, la menace d'être la prochaine victime d'un licenciement, renforcée par la conviction que les décisions antérieures n'ont pas toujours été justes, remet fortement en question le lien qui existait avec l'organisation. Mais ceci ne veut pas dire que, à l'inverse, le fait de percevoir les opérations de licenciement comme menées de manière équitable va suffire à rétablir l'implication des "survivants" ni leurs liens affectifs vis-à-vis de l'organisation.

D'une manière générale, la perception des évaluations comme le jugement sur l'équité des récompenses sont étroitement liés aux projets de l'individu. Par exemple, les objectifs des personnes récemment embauchées consistent d'abord à intégrer les règles et les valeurs de l'organisation et à prouver les compétences qu'elles possèdent. D'où la grande importance (et le pouvoir motivant) de la confrontation entre réalité et expectations, puis des premières évaluations, en début de carrière. Les plus anciens en revanche s'intéressent aux évaluations plutôt en tant que déclencheurs de récompenses ou de promotion. Mais, dans tous les cas, on ne peut isoler les évaluations des attitudes envers les responsables hiérarchiques, et la perception de leur équité est donc étroitement liée à la manière dont se comporte la hiérarchie et à la culture de l'entreprise. En revanche, l'attribution des récompenses que déclenchent ces évaluations est en général le résultat de règles où n'interviennent plus l'opinion de l'un ou de l'autre. Les effets de l'inéquité ressentie sur le comportement au travail peuvent alors entraîner non seulement une démotivation qui va conduire activement à des tentatives pour remettre en cohérence avec le comportement des évaluations fautives ou des récompenses inéquitables, mais également une forte dissatisfaction qui conduira l'individu à chercher ailleurs, en-dehors de son travail, des occasions de se réaliser et de se faire apprécier, et diminuera d'autant son implication.

La valeur personnelle des récompenses obtenues est la dernière étape du processus motivationnel. Il est évident que toute récompense a à la fois une valeur matérielle et une valeur de symbole, et, également une valeur d'information concrète. Dans la mesure où la récompense correspond à ce qui est important pour l'individu qui la reçoit, elle représente une satisfaction en soi, et une satisfaction qui ne peut manquer d'avoir des échos dans la vie hors travail parce que la récompense est, le plus souvent, l'élément visible de l'évaluation et de la compétence. De ce point de vue, le fait que l'évaluation se prolonge par un intéressement, de quelque sorte qu'il soit, sensibilise l'individu à la manière dont sa compétence est reconnue. Etre premier en classe est flatteur et apprécié. Recevoir une médaille qu'on peut porter, voire un ruban à sa boutonnière lorsqu'on est adulte, constitue une preuve publique de ses qualités. La valeur de la récompense est donc bien plus importante que la seule satisfaction de besoins spécifiques, parce qu'elle a une signification sociale et qu'elle est liée à la gestion des informations sur soi et sur ses compétences.

QUAND UN SYSTÈME DE RÉCOMPENSE AU MÉRITE NE MARCHE PAS, QUELLES EN SONT LES RAISONS ? QUELS SONT LES REMÈDES ?

Les systèmes mis en place pour introduire des récompenses motivantes ont parfois beaucoup d'influence, parfois peu d'effet, ou, pire encore, des effets inverses. Les modèles théoriques cognitifs permettent de faire la liste des causes d'échec concernant l'ensemble des modalités de récompense au mérite, d'en faire le diagnostic et d'en envisager les remèdes. En effet, ces causes d'échec peuvent être regroupées en trois catégories qui correspondent aux trois étapes de la dynamique cognitive de la motivation.

1 - Le lien entre effort et performance est affaibli

Dans ce cas, c'est bien un aspect de l'image de soi qui pose problème. On ne sera pas motivé si on n'est pas convaincu que faire un effort va permettre d'atteindre les résultats attendus, ou même si on pense qu'il n'y a qu'une chance sur deux que cet effort soit productif.

Mais ce manque de confiance en soi est rarement apparent. Dans la plupart des cas, on cache ses doutes, ou on les nie, par peur des conséquences. C'est à l'encadrement que revient alors l'initiative. Il est en effet utile d'avoir un entretien avec la personne concernée, de l'écouter, sans qu'elle perçoive cela comme une menace, afin d'évaluer la nature et le degré du doute sur soi, de chercher ce qui l'explique, expériences antérieures mais aussi disponibilité des ressources organisationnelles, voire adéquation des formations reçues. La comparaison, faite en compagnie de la personne concernée, des compétences requises et de celles qu'elle pense posséder, le fait de vérifier que la nature et la qualité de la performance attendue sont bien comprises et ne sont pas exagérées, ainsi que la comparaison avec d'autres personnes chargées des mêmes tâches complète le diagnostic.

Il est alors possible d'avoir recours à différentes interventions pour améliorer l'image de soi :

• Une formation, ou un complément de formation peut à la fois améliorer la compétence et son image. Il est souvent utile, de ce point de vue, de vérifier que la tâche et ses différentes composantes, ou la mission et ses différents aspects sont clairement identifiés.

• La réorganisation du travail lui-même est une autre solution, avec l'idée d'apporter des informations plus précises sur le travail accompli, notamment sur les résultats obtenus après un premier essai, et éventuellement par le biais de la décomposition des missions en phases courtes de manière à ménager de premières occasions de succès. Il peut s'agir éventuellement d'une nouvelle répartition des responsabilités à l'intérieur d'une équipe, de manière à ce que les exigences de la tâche correspondent mieux avec les compétences individuelles.

• Le changement des exigences imposées si elles sont trop difficiles à atteindre.

• Le fait de demander à l'encadrement direct d'apporter plus de soutien et moins de critiques.

• Dans tous les cas où il y a réellement une sous-estimation de ses capacités, des initiatives destinées à montrer que le niveau de compétences est approprié à la tâche demandée.

2 - Le lien entre performance et récompenses n'est pas clair ou il est trop vague

C'est particulièrement vrai lorsque les récompenses sont attribuées au niveau du groupe ou de l'équipe : chacun des individus perçoit mal le lien entre ses efforts et la récompense qu'il reçoit. Et ceci, même si ce lien semble évident et objectif aux yeux de l'encadrement. A nouveau, l'initiative doit venir de l'encadrement. Il faut d'abord identifier les causes de cette représentation négative des résultats de la performance. Elles sont diverses. Il peut y avoir surestimation de ses résultats, qui, en fait, ne méritent pas la récompense non obtenue. Ou encore une méfiance envers un nouveau système de primes. La responsabilité peut être renvoyée à l'injustice des appréciations de la hiérarchie, ou à une fausse représentation des priorités organisationnelles (on favorise tel ou tel secteur, il n'y a de primes qu'en fonction de la séniorité...). Il ne faut pas négliger l'histoire individuelle, le fait que dans le passé professionnel une gestion inadéquate des récompenses ait rendu sceptique sur les chances de recevoir les récompenses méritées. Ces différentes explications possibles peuvent être validées de multiples manières. L'entretien permet de savoir s'il n'y a pas surestimation de ses résultats, qui, en réalité ne justifient pas la prime, s'il ne court pas de fausses informations sur le nom de ceux qui ont obtenu précédemment la récompense convoitée, ou sur l'existence effective de procédures injustes de la part de l'encadrement.

Une fois le diagnostic fait, il est nécessaire de corriger la représentation du lien entre performance et récompense. C'est difficile pour l'encadrement qui n'a, en général, pas de contrôle direct sur les règles d'attribution des primes et autres récompenses, et qui doit tenir compte de l'existence de conventions collectives, d'accords syndicaux et des règles adoptées par l'organisation en ce qui concerne l'évolution des primes et des salaires en fonction de l'ancienneté. En outre, les évaluations du personnel sur lesquelles sont souvent fondés des primes ou des bonus manquent de précision et peuvent sembler trop subjectives. De ce fait, ceux qui sont susceptibles de les recevoir les perçoivent plus comme le résultat de bonnes relations avec les supérieurs (y compris le fait de cacher ce qui ne va pas) que de résultats effectivement attribuables à leurs efforts.

D'une manière générale, tout ce qui va dans le sens d'une clarification de la performance qui est récompensée (ou pénalisée) et de l'information sur les modalités de calcul et d'attribution des récompenses améliore la perception du lien entre performance et résultats. Ce n'est pas toujours facile à réaliser parce que beaucoup de postes impliquent un type de responsabilités et d'activités trop complexe pour qu'il soit possible de les relier clairement aux résultats de l'entreprise. Dans ce cas, même si les primes et bonus sont acceptés avec satisfaction, il est difficile pour ceux qui les reçoivent de percevoir ce qui est récompensé. Et la motivation ne suit pas. De la même manière, il ne faut pas confondre des augmentations de salaire qui deviennent permanentes avec des bonus ou des primes clairement liés à un effort spécifique. La récompense doit avoir un caractère exceptionnel et contingent. Elle est le véhicule d'un renforcement spécifique, positif ou négatif, qui implique l'identification objective de ce qui mérite récompense.

SYSTÈME D'INTÉRESSEMENT ET GESTION DES RESSOURCES HUMAINES

Nous avons jusqu'ici envisagé l'intéressement dans sa forme la plus classique, prime à la quantité ou à la qualité du travail effectué par un individu. En fait il existe d'autres modalités que l'intéressement individuel et d'autres bases possibles d'intéressement, encore rarement utilisées. Elles se situent dans le contexte de l'évolution actuelle qui réclame plus une justice procédurale que distributive. De fait, un secteur d'activité peut être devenu plus profitable pour des raisons techniques ou économiques, indépendantes de la volonté et de l'effort des individus. Les récompenser n'a alors que peu de sens. Mais, la justice procédurale peut récompenser des efforts à long terme, y compris l'innovation et la volonté de multiplier ses compétences afin de se rendre plus utile à l'entreprise dans un contexte où la flexibilité est aussi nécessaire que le besoin de disposer d'un éventail de compétences qui permette l'application rapide de nouvelles stratégies.

C'est le cas des récompenses à l'acquisition de compétences. Le développement récent de ces pratiques est lié à la multiplication actuelle des équipes autogérées, aux tentatives pour simplifier les classifications de postes, et à l'accroissement des responsabilités en bas de la hiérarchie. Essentiellement, il s'agit d'indexer une partie du salaire (qui comprend par ailleurs une base fixe) sur l'acquisition de nouvelles compétences concrétisées par des modules de formation concernant des compétences importantes pour l'entreprise. Selon les cas, chaque compétence validée donne une augmentation de salaire, ou une promotion d'indice dans la structure des salaires existante. Il est aussi possible d'utiliser ce type de stimulation à l'acquisition de compétences nouvelles pour accompagner une simplification des descriptions de poste et des échelles de salaire que vont remplacer des catégories salariales établies en fonction du nombre de compétences démontrées. D'une manière générale, il arrive souvent que l'introduction d'un système de salaire à la performance permette de simplifier des différentiels de salaire compliqués.

L'introduction de ce type de récompenses ne peut donc se concevoir sans une politique de gestion des ressources humaines qui met l'accent sur les compétences et la flexibilité, plutôt que sur le statut atteint et sur l'ancienneté. Il est également souhaitable qu'elle soit accompagnée par une politique de rotation rapide des fonctions, et il est plus facile de la développer dans un contexte de technologie avancée [13]. Il est particulièrement important que le personnel concerné comprenne bien la manière dont fonctionne ce type de rémunération indexée et ne s'attende pas à une acquisition facile de compétences théoriques pouvant déclencher des augmentations importantes. Enfin, il faut noter que la mise en œuvre de ce plan d'acquisition de compétences exige que le détachement pour ces périodes de formation ne soit pas inégalement accessible parce qu'il doit respecter les impératifs de production.

Par ailleurs, il ne suffit pas qu'un système d'intéressement soit adapté aux contraintes environnementales pour qu' il soit une source efficace de motivation. L'idée de départ semble pourtant simple. Si vous payez aux pièces un ouvrier qui fait, par exemple, des montages électriques, il comprendra bien que plus il en fait dans sa journée de travail, plus son salaire sera élevé, et il tentera d'aller plus vite et d'en faire plus. Si, pour reprendre encore une fois l'exemple des propositions de Taylor, on lui suggère une méthode de travail plus efficace, il sera prêt à l'adopter... Mais, en réalité, ce n'est pas aussi simple. D'abord notre hypothétique entreprise risque de vouloir modifier la base de calcul du salaire de manière à établir un partage des gains de productivité qui ne semblera peut-être pas équitable à l'exécutant. Ensuite, ce qui est peut-être vrai et relativement facile à mettre en place aux niveaux d'exécution de tâches simples est sûrement plus complexe lorsqu'il s'agit de fonctions évoluées.

Les politiques d'intéressement ne sont pas des stratégies isolées de l'ensemble de la gestion des ressources humaines. Et ceci est vrai de différents points de vue. En premier lieu parce qu'elles peuvent délibérément servir à renforcer la culture de l'organisation parmi ses membres dans la mesure où elles définissent clairement les comportements qui doivent être encouragés. En second lieu, parce qu'elles correspondent à l'importance qu'il y a à développer une main-d'œuvre flexible et ayant des compétences multiples, ce qui peut être mis en œuvre en encourageant l'acquisition de nouvelles compétences, la capacité à travailler en groupe (par l'établissement d'intéressements par équipe), et, encore plus grâce aux systèmes de participation aux bénéfices de l'organisation. A la limite, on peut dire avec Lawler[4] que passer d'une politique de rémunération fondée uniquement sur le statut et sur l'ancienneté à une politique de rémunération fondée sur les compétences acquises et démontrées, et sur les résultats de l'organisation ou du service correspond à la volonté actuelle de diminuer le nombre de niveaux hiérarchiques et de remplacer le contrôle strict du travail par l'implication du personnel. En outre, la difficulté que rencontrent les organisations dans un contexte économique morose pour augmenter systématiquement les salaires les incitent à indexer les rémunérations moins sur le statut atteint et plus sur les contributions réelles. On peut donc affirmer que les politiques d'intéressement ne sont pas des gadgets à la mode mais des instruments efficaces dans la gestion des ressources humaines, en particulier en ce qui concerne le développement des motivations.

CONCLUSION : LA SIGNIFICATION DES RÉCOMPENSES

Les récompenses au mérite restent et resteront probablement long-temps à la fois une manière privilégiée de développer et d'orienter la motivation du personnel et un thème central de recherche pour la psychologie du travail. En fait, on peut prédire que le recours au savoir théorique des psychologues devrait s'accroître parce que le contexte organisationnel dans lequel les récompenses au mérite sont gérées se complique singulièrement. En effet, les nouvelles structures organisationnelles créées pour faire face à la situation économique actuelle, la nécessité d'accroître productivité et qualité pour survivre dans un contexte de compétition globale, l'insécurité croissante des emplois modifient de manière profonde la gestion des ressources humaines. Trois points en particulier changent, et vont probablement changer plus encore le rôle des "récompenses" et ce qui les rend source de motivation : la tendance à une décentralisation des décisions concernant le personnel, dans les grandes entreprises ; la sophistication croissante des relations entre niveaux hiérarchiques ; le fait que la nature des "récompenses" elle-même a changé [14].

Le déclin des primes liées à l'ancienneté, joint à la décentralisation destinée à pouvoir mieux s'adapter aux marchés locaux et à la réduction du nombre de niveaux hiérarchiques donnent plus d'influence aux cadres de première ligne sur la distribution des récompenses. Ce qui met en relief le rôle des relations avec les collègues et les supérieurs immédiats. Du point de vue psychologique, cela signifie que comprendre la manière dont se construisent les représentations et les évaluations dans la vie quotidienne du travail devient de plus en plus important.

Par ailleurs, la réduction du nombre de niveaux hiérarchiques donne à chaque cadre plus de subordonnés à gérer. Et dans des conditions souvent rendues difficiles par la mobilité géographique et par la dispersion des sites. En d'autres termes, le rôle motivant que peuvent jouer les cadres par le biais de la distribution des récompenses devient de plus en plus délicat. D'autant plus que le remplacement des structures hiérarchiques traditionnelles par des réseaux de groupes de projet a comme résultat d'accroître la pression des collègues dans le groupe et de multiplier les comparaisons interpersonnelles. Ce qui tend à remplacer la fonction motivante des cadres par la pression du groupe.

Enfin les récompenses elles-mêmes changent de nature. Ce sont moins souvent les promotions et l'amélioration des indices qui jalonnent les carrières. Et elles sont remplacées par des mouvements latéraux dont la valeur pour l'individu tient à ce qu'ils sont porteurs d'enseignement et de nouvelles compétences. D'une manière générale, l'employabilité remplace la sécurité de l'emploi, ce qui signifie que l'activité professionnelle peut être une récompense en elle-même dans la mesure où elle apporte des expériences qui vont permettre le développement individuel et l'accès à d'autres postes sur le marché du travail[15]. Ces évolutions de carrière représentent alors de réelles récompenses.

La gestion traditionnelle des ressources humaines considère les récompenses comme des échanges entre un travail et la satisfaction d'un besoin spécifique. De plus en plus souvent, il n'y a plus échange terme à terme mais un ensemble intégré de compensations. Et la perception qu'en ont les employés est de plus en plus fonction de leurs opinions sur les motifs qui justifient la manière dont sont gérés emplois et carrières, salaires et primes. Ce qui veut dire que la signification d'une "récompense" isolée, sa capacité à susciter l'implication et l'allégeance à l'entreprise, sont étroitement fonction de l'ensemble de la relation qui s'est construite entre l'employé et l'employeur. Et que la même récompense peut être vue, selon le contexte, comme un stimulant à temps limité ou comme un bénéfice à long terme, dans une situation économique qui a accru l'inquiétude et fait de la justice un souci majeur.

Références citées

1. W. Cascio (1991), *Applied psychology in personnel management*, Englewood Cliffs, New Jersey, Prentice Hall.

2. Bureau International du Travail (1985), *Les systèmes de rémunération liés aux résultats*, Genève, BIT ; M. Deguy (1989), *Politique des ressources humaines dans l'entreprise*, Paris, Les Editions d'Organisation ; B. Sire, P. David (1993), *Gestion stratégique des rémunérations*, Paris, Editions Liaisons ; P. Roussel (1996), *Rémunération, motivation et satisfaction au travail*, Paris, Economica.

3. P.B. Beaumont (1993), *Human resources management*, Londres, Sage.

4. E. Lawler (1990), *Strategic pay*, San Francisco, Jossey Bass.

5. C. Lévy-Leboyer (2000), *Evaluation du personnel*, 3e édition, Paris, Editions d'Organisation.

6. A. Kohn (1993), Why incentive plans cannot work, *Harvard Business Review*, 71, 54-63 A. Kohn (1993), *Punished by rewards*, Boston, Houghton Mifflin.

7. R. Eisenberger, J. Cameron (1996), Detrimental effects of rewards. Reality or myth ?, *American Psychologist*, 51, 1153-1166.

8. L'exemple est emprunté à R. Kanfer (1990), Motivation theory, chapitre, 3, Volume 1 in M. Dunnette, L. Hough, editeurs, *Handbook of industrial and organizational Psychology*, *op. cit.*

9. J. Greenberg (1986), The distributive justice of organizational performance evaluations, in H.W. Bierhoff, R.L. Cohen et J. Greenberg (1990), *Justice in social relations*, New-York, Plenum.

10. S.E. Markham (1988), Pay for performance dilemma revisited : empirical examples of the importance of group effects, *Jal of applied Psychology*, 73, 900-910.

11. S. Adams (1963), Toward an understanding of unequity, *Jal of abn. and soc. Psychology*, 67, 422-436.

12. D. Cowherd, D. Levine (1992), Product quality and pay equity between lower level employees and top management, *Adm. Sc. Quarterly*, 37, 302-320 ; J. Brockner, T.Tyler, R. Cooper-Schneider (1992), The influence of prior commitment to an institution on reactions to perceived unfairness : the higher they are, the harder they fall, *Adm. Sc. Quarterly*, 37, 241-261.

13. H. W. Bierhoff, R.L. Cohen, J. Greenberg (1990), *Justice in social relations*, *op. cit.*

14. D.M. Rousseau (1997), Organizational behavior in the new organization area, *Annual Review of Psychology*, 48, 515-546.

15. C. Handy (1989), *The age of unreason*, Cambridge, Harvard University Press, R.M. Kanter (1989), *When giants learn to dance*, *op. cit.*

Chapitre 5

Changer le travail pour le rendre motivant

Travailler peut être une corvée ou un plaisir. Une corvée, parce que les conditions de travail ne sont pas satisfaisantes, mais aussi parce que le travail est répétitif, sans intérêt, monotone, non gratifiant. D'où l'idée de changer le travail lui-même pour le rendre motivant. Idée qui correspond à la fois aux théories du besoin, dans la mesure où elles ont mis l'accent sur le contenu du travail, et aux modèles d'auto-régulation qui ont montré le rôle de l'autonomie et du contrôle.

En fait, changer le travail a d'abord été une réponse à la déshumanisation qui résultait des efforts de rationalisation destinés à accroître la productivité. Les effets inégaux de ces tentatives ont conduit à se demander quelles caractéristiques du travail sont susceptibles de relancer la motivation, à quels états psychologiques attribuer leur rôle, et également, quelles variables en modulent les effets. Les changements profonds qui affectent le monde du travail ont réactualisé ce débat. Pour deux raisons. La globalisation de la compétitivité a fait de la productivité un élément capital, donc de la motivation un facteur-clé de la gestion des ressources humaines. D'autre part, les progrès de la technologie ont relancé la crainte du "deskilling", c'est-à-dire de voir la machine trop savante et trop fiable rendre de moins en moins utile le recours aux compétences humaines. Ces préoccupations ont entraîné la création de stratégies complexes, notamment le TQM (gestion de la qualité totale), le JIT (juste à temps) et l'AMT (management des technologies avancées), stratégies destinées, tout à la fois, à diminuer les coûts de production, à améliorer la qualité et à rendre plus rapide la réponse des entreprises aux demandes du marché. Leurs buts sont multiples, et elles sont bien différentes des premières tentatives, menées en réponse au Taylorisme et au Fordisme, pour rendre le travail plus humain. Mais elles impliquent aussi un effort pour stimuler la motivation. Notamment, elles font appel à des processus cognitifs qui facilitent l'apprentissage de nouvelles compétences, conjuguant, de ce fait, le souci de compétition et la relance de la motivation grâce aux nouvelles possibilités de développement personnel.

Cette rapide description permet de souligner la multiplicité des pratiques impliquant le changement du travail, la variété des intentions qui les sous-tendent, et la diversité de leurs effets. Elle justifie également le plan du chapitre. D'abord décrire les initiatives post-tayloriennes destinées à rendre au travail un aspect "humain», puis les efforts pour codifier ces tentatives en définissant les caractéristiques du travail susceptibles de modifier la motivation et de rendre compte de la complexité de leurs effets. Enfin, passer aux changements du travail impliqués par les nouvelles formes de management et montrer comment et pourquoi elles sont susceptibles de favoriser le développement personnel et la motivation.

RÉ-HUMANISER LE TRAVAIL : L'APRÈS TAYLOR

Redessiner le travail, répartir les tâches de manière différente pour en rendre l'exécution plus précise et plus efficace,- l'idée n'est pas neuve. En fait, la notion même de réorganisation du travail pour le rendre plus performant vient de Taylor, même s'il n'accordait que peu d'importance à la motivation du personnel. Pour assurer la qualité ainsi que la coordination nécessaire entre les différentes étapes de la fabrication, il propose, en effet, de découper les tâches en éléments simples et d'en standardiser l'exécution. C'est faire bon marché et de l'intérêt du travail, que détruit cet émiettement, et du problème épineux que représente un éventuel partage des gains de productivité. Les effets pervers de cette manière de changer le travail sont rapidement apparus. Routinisation et simplification entraînent ennui et insatisfaction, qui, à leur tour, sont une source de démotivation. En outre, ce qui pouvait être accepté par des ouvriers faiblement scolarisés, et dans une période d'emploi difficile, n'a plus été toléré par du personnel mieux formé, plus qualifié et dans une période de croissance économique. Les gains de productivité dus aux changements proposés par Taylor se sont trouvés progressivement réduits, voire effacés par les conséquences négatives de sa méthode.

Les effets démotivants de ce qu'on a justement nommé le "travail en miettes" ont renouvelé la recherche de l'efficacité et de la qualité. Dans un premier temps, parce que ce qui faisait l'attrait du travail artisanal avait disparu, on a tenté de le recréer. Rendre le travail plus intéressant, lui redonner un caractère plus gratifiant parce que le résultat de ses efforts était à nouveau visible, devait contribuer à relancer la fierté du travail accompli, donc la motivation. De ce point de vue, deux types d'interventions sont devenues populaires : l'enrichissement des tâches, qui consiste à augmenter le contrôle de chacun sur l'organisation de son travail et sur les décisions qui le concernent, et l'élargissement des tâches, qui consiste à accroître le nombre et la variété des opérations exécutées par un même employé. Ces deux programmes répondent bien à l'idée que le travail sera d'autant mieux fait qu'il procure un sentiment de réalisation, la preuve qu'on est capable d'accomplir quelque chose, et de le faire de manière autonome. Donc qu'il construit et conforte l'identité.

En résumé, un constat, de bonnes intentions, appuyées par l'idée que ce qui motive l'encadrement devrait aussi motiver les exécutants. Et des applications dont il faut vérifier la pertinence. Des recherches de terrain ont bien tenté d'évaluer les effets de ces stratégies motivationnelles. Mais leurs résultats se sont révélés difficiles à interpréter pour deux raisons. Si on veut analyser les effets d'une stratégie motivationnelle, il faut pouvoir comparer un groupe où cette stratégie est mise en œuvre avec ce qui se passe dans un groupe contrôle identique où la stratégie évaluée n'a pas été appliquée, ce qui est rarement possible. Par ailleurs, les entreprises qui ont lancé des actions d'enrichissement ou d'élargissement ont, en général, mené de front une réorganisation des structures, ou un renouvellement des équipements, voire même des technologies. Ce qui rend difficile de préciser les causes spécifiques des effets observés.

Mais le débat entre les partisans du Taylorisme et ceux de l'humanisation des tâches ne se situe pas seulement au niveau des intentions. Réorganiser le travail en le parcellarisant n'était pas uniquement une idée due au bon sens et à l'observation. C'était aussi l'application d'une attitude fondamentale selon laquelle seuls les impératifs technologiques devaient dicter l'organisation du travail. Alors qu'un courant opposé, plus tolérant, souligne l'importance du contexte et le fait qu'une même technologie peut être mise en œuvre de façons variées, les unes impliquant la parcellarisation du travail et réduisant l'appel aux compétences individuelles, les autres, fondées, au contraire sur les talents et les capacités des exécutants. Et, dans ce dernier cas, les contraintes techniques ne sont pas perçues comme imposant forcément que les tâches soient pré-déterminées avec rigueur et dans le plus petit détail. Au contraire, et dès que le progrès technique conduit à faire plus souvent appel à des compétences sophistiquées, les organisations sont amenées à chercher des combinaisons originales de compétences individuelles et de tâches automatisées. Compétences qui incluent aussi la capacité à faire face aux situations non prévues. Bref, l'idée qu'il était avantageux de remplacer le travail qualifié par des tâches automatisées où le contrôle passe de l'homme à la machine a été parfois décevante aussi bien parce que les impératifs de flexibilité et la complexité croissante des activités ont entraîné un recours accru aux compétences individuelles que parce que ce travail désincarné était démotivant.

Il faut ajouter que l'application de toutes les initiatives visant à réhumaniser et à enrichir le travail n'a pas été sans difficultés. On peut considérer l'enrichissement et l'élargissement des tâches aussi bien comme une amélioration des conditions de travail que comme une charge supplémentaire qui mérite compensation. Faire appel à plus de compétences sans les rétribuer mieux risque alors de créer un sentiment d'inéquité, même si ces interventions sont motivées par une intention généreuse. Pourtant, rendre le travail moins monotone et moins répétitif, mettre sa valeur en évidence, souligner son utilité sociale, tout cela correspond à la volonté d'améliorer les conditions de travail et de donner une dignité même aux postes les moins qualifiés, dignité que la parcellarisation des tâches leur avait fait perdre. C'est, en d'autres termes, une attitude radicalement différente de celle qui gouverne la notion de récompense au mérite, où se crée entre celui qui paye et celui qui travaille un rapport qu'on peut qualifier de commercial. Alors que l'humanisation du travail améliore l'environnement et le contenu du travail avec l'espoir de créer entre travail et travailleur une relation d'implication qui va générer la motivation. Certes, de tels efforts n'ont pas un coût nul pour les organisations. Mais ils risquent cependant de faire naître chez ceux qui en bénéficient l'impression d'être exploités sans compensation, ce qui va évidemment entraîner des effets contraires à ceux qu'on attend. Bref, ce qui est conçu par l'entreprise comme un "cadeau" destiné à améliorer les conditions de travail, et à le rendre plus intéressant, peut être perçu par celui qui en bénéficie comme une surcharge de travail. Ce n'est pas un risque irréaliste. Il arrive en effet, qu'on doive compenser une tâche peu attrayante et impossible à "enrichir" en donnant à celui qui l'exécute un salaire supérieur à ce que suppose son niveau de compétences. Changer le travail pour le rendre plus stimulant peut donc créer une nouvelle représentation de l'échange entre l'individu et l'entreprise, et des attentes qui, si elles ne sont pas satisfaites, vont aller à l'encontre du but recherché. Au total, et comme nous l'ont montré les recherches sur la perception de l'équité, tout changement du contenu du travail peut être perçu soit comme un "plus" motivant, soit comme une charge supplémentaire qui appelle compensation [1].

L'absence de résultats concluants, le fait que les améliorations observées après enrichissement ou élargissement des tâches ne duraient en général pas longtemps et surtout que les chercheurs étaient incapables d'expliquer clairement les causes de ces changements ont fait évoluer les pratiques et la réflexion. Les larges interventions d'enrichissement et d'élargissement sont devenues rares et on s'est plus souvent intéressé à la structure des tâches avec l'idée de réaliser des modifications bien définies susceptibles d'avoir un impact précis sur le comportement. L'intérêt des praticiens et des chercheurs s'est donc tourné vers l'identification de caractéristiques spécifiques des tâches, et des postes, susceptibles d'avoir une influence positive sur la motivation. En outre, les effets variables des tentatives d'application ont eu le mérite de faire réfléchir aussi au rôle des "états psychologiques", variables intermédiaires qui sont le fruit des changements du travail et la source de la remotivation. La motivation est bien un processus, comme l'ont clairement montré les modèles cognitifs et d'auto-régulation. Et c'est au niveau de ces états psychologiques intermédiaires que des paramètres individuels et organisationnels peuvent intervenir pour moduler les effets du changement du travail. Même si changer le travail peut permettre, d'une manière générale, de stimuler la motivation, cela ne constitue pas une stratégie également efficace pour tous. D'où la nécessité d'identifier les individus susceptibles d'être motivés par des postes enrichis et stimulants. C'est une autre manière de dire que certains apprécient de se voir confier une responsabilité plus importante ou un travail plus difficile, qui constitueraient pour eux un réel défi, parce qu'ils ont un fort besoin de pouvoir se développer grâce à leur activité professionnelle, et aux rôles qu'ils jouent. Ceux-là seront motivés par les changements apportés au travail. Mais d'autres se satisfont d'une tâche simple, sans challenge particulier et qui ne monopolise pas toutes leurs ressources. De ce point de vue, le terme d'humanisation a une double signification. Améliorer les conditions de travail, en particulier lorsqu'il s'agit de tâches pénibles, de travaux à la chaîne, peut bien évidemment réduire l'insatisfaction pour tous. Mais ce sont là des interventions différentes de celles qui consistent à enrichir le travail en le rendant plus complexe, plus "riche" et plus valorisé certes, mais aussi plus exigeant et plus difficile.

Il est donc important, sur le terrain, de tenir compte de ces différences individuelles et de se donner les moyens de les tester. A quoi serviront, en effet, des actions d'enrichissement si elles s'adressent à des personnes qui préfèrent des tâches simples, les sollicitant peu ? Plusieurs échelles ont été construites par les chercheurs de langue anglaise pour évaluer l'existence et la force du désir d'exercer une activité qui suppose l'acquisition de compétences nouvelles, la capacité à prendre des décisions, et qui donne accès à plus d'autonomie et de responsabilités. Sans aller si loin, et sans utiliser forcément sur le terrain des questionnaires sophistiqués, il faut retenir deux points : l'enrichissement et l'élargissement du travail ne doivent pas être confondus avec l'amélioration des conditions et des environnements de travail, si celle-ci est nécessaire. Pas plus que la satisfaction suscitée par cette amélioration ne peut être confondue avec l'implication née du changement du travail. Et la complexité accrue qui accompagne le changement n'est pas forcément une source de motivation pour tous. En d'autres termes, il est vrai que l'insatisfaction peut avoir des conséquences négatives sur le moral et, par voie de conséquences, sur le travail exécuté. Mais stimuler la motivation relève d'un processus différent, processus qui peut être déclenché par une réorganisation des tâches elles-mêmes.

Il faut souligner cette nécessaire distinction entre satisfaction et motivation. Nous avons vu qu'il y a une relation *directe*, même si elle est modulée par les processus cognitifs décrits précédemment, entre l'existence de récompenses et les résultats observables des efforts qu'entraîne, précisément, la motivation stimulée par l'attente de la récompense. Par contre, les changements apportés au travail ne sont pas des sources directes de motivation. En d'autres termes, il ne faut pas confondre le fait que les systèmes de récompenses stimulent la motivation, dans certaines conditions, et le processus psychologique complexe qui rend motivant le changement du travail.

Rappelons l'objectif de départ. L'opposition entre l'ouvrier dont la tâche est simple et répétitive et l'artisan qui travaille en gérant son temps, qui a une réelle compétence, qui voit clairement les résultats de son travail et qui est légitimement fier de ce qu'il fait, donc désireux de le faire de son mieux. D'où l'idée de recréer une relation quasi-artisanale entre l'ouvrier de la grande entreprise et sa tâche, ceci afin de reconquérir l'estime de soi qui devrait engendrer la nécessaire motivation. En fait, c'est là un schéma trop naïf et trop simple, et peu généralisable. *Trop simple* parce que, contrairement à ce que laissait entendre le modèle de Herzberg, la satisfaction n'est pas toujours source de motivation. On peut être insatisfait, mais motivé à faire bien son travail, précisément parce qu'il a une signification et que le rôle joué intègre des normes et des exigences qui dépassent les simples conditions de travail. Les professions sociales et para-médicales en donnent un bon exemple dans la mesure où une vive insatisfaction concernant à la fois les ressources disponibles et les conditions de carrière et de salaire, observables actuellement, n'empêchent pas d'avoir le sens de sa mission et de l'importance de son rôle social à tel point que saboter son travail est une impossibilité. Inversement, on peut être satisfait de son travail précisément parce qu'il s'agit d'un emploi peu exigeant, qui demande peu et tolère le relâchement. D'où la nécessité de dépasser les intentions généreuses comme l'idée intuitive d'une relation de cause à effet entre humanisation du travail et motivation, et de tenter d'identifier les variables intermédiaires qui font que changer le travail constitue une source réelle de motivation. *Peu généralisable* parce que le progrès technique et la croissance des activités de service entraînent un réaménagement des tâches industrielles et diminuent la fréquence des tâches répétitives et parcellarisées.

Résumons cette discussion. Enrichir et élargir les tâches n'est pas sans effet sur la motivation. Mais l'efficacité de ces interventions est variable selon les individus, est fonction de leur perception de ces changements, et est tributaire des états psychologiques intermédiaires qu'elles créent. Ces difficultés ne signifient pas qu'il faille renoncer aux tentatives nombreuses et diverses destinées à changer le travail. Mais en prendre conscience montre qu'il serait dangereux d'adopter n'importe quelle stratégie sans avoir fait un bilan de ses indications et un diagnostic de la situation. Pour progresser dans cette direction, les chercheurs de terrain ont analysé les différents attributs des tâches susceptibles d'avoir effectivement un impact motivationnel, et ont décrit les interventions qui permettent de structurer les tâches et les postes d'une manière propre à motiver les individus.

ENRICHIR QUOI ? AVEC QUELS RÉSULTATS ?
LE SCHÉMA DE HACKMAN

Aucune des théories décrites dans la première partie ne permet de justifier le fait que les caractéristiques des tâches influencent la motivation. Mais plusieurs d'entre elles peuvent être invoquées pour l'expliquer en partie. Même si le schéma proposé par Maslow pour rendre compte des différences concernant les besoins que les individus cherchent à satisfaire dans leur travail n'a pas été confirmé, la liste qu'il propose permet de réaliser que les sources de la motivation au travail sont variées,- salaires qui permet de pourvoir à ses besoins et à ceux de sa famille, mais aussi sécurité, estime des autres, appartenance à un groupe et besoin de se réaliser. Plus récemment, les modèles cognitifs ont permis de comprendre le rôle joué par les buts difficiles, et notamment la manière dont le fait de se voir confier une tâche exigeante influence l'estime de soi, qui, à son tour, détermine la motivation. Elles ont également montré le rôle que joue le but qui suscite et encadre l'effort à condition qu'il soit accompagné, au fil de l'exécution du travail, par des informations sur les résultats obtenus, informations "déchiffrables" en ce sens qu'il est possible de les comparer avec les résultats précédents.

En intégrant ces différents enseignements, Hackman et Oldham ont proposé une liste de caractéristiques du travail sur lesquelles il serait possible d'agir pour influencer la motivation [2]. Cette liste comprend les cinq dimensions suivantes :

• La *variété*, c'est-à-dire le nombre d'activités différentes ainsi que la diversité des aptitudes et des compétences qu'elles requièrent. Accroître la variété est à la fois un moyen de lutter contre l'ennui né de la monotonie, et la possibilité, pour chacun, de mettre en œuvre un ensemble significatif de ses talents personnels.

• L'*identité de la tâche*, c'est-à-dire la possibilité pour celui qui effectue un travail d'en identifier les résultats. Ce qui implique le fait d'être chargé d'un ensemble d'opérations suffisamment important pour que leur produit soit identifiable.

• Sa *signification,* ce qui suppose que "l'identité de la tâche" soit claire, et que s'y ajoutent des informations et des témoignages qui démontrent la valeur sociale du travail accompli. Il est évident que cette dimension fait référence à des normes culturelles. Par exemple, des activités artistiques peuvent être jugées comme ayant une valeur sociale importante, ou, au contraire, être perçues comme des divertissements sans signification. A l'opposé, toutes les activités liées à la consommation peuvent être vues comme sans valeur sociale si elles sont évaluées dans le cadre d'un mode de vie donnant priorité aux valeurs spirituelles.

- L'*autonomie,* c'est-à-dire l'indépendance et la liberté dont jouit la personne qui travaille, ainsi que ses possibilités de décider du choix des procédures à utiliser, de leur organisation dans le temps, ceci à condition de respecter les objectifs qui lui ont été assignés.

- L'*information* sur le travail effectué, c'est-à-dire la possibilité d'avoir accès à des informations précises, faciles à comprendre et suffisamment fréquentes sur la qualité et la quantité du travail effectué.

En outre, Hackman et Oldham définissent chacun des "états psychologiques" qui sont influencés par les caractéristiques des tâches. Les trois premières caractéristiques définies ci-dessus contribuent à donner un **sens** au travail effectué. Surtout, leurs rôles sont interchangeables, c'est-à-dire que l'insuffisance de l'une peut être compensée par la présence d'une des deux autres. En revanche, les deux autres caractéristiques seraient irremplaçables : l'autonomie parce qu'elle représente une condition essentielle pour qu'on éprouve le sentiment d'être **responsable** de son travail, et l'information parce qu'elle permet à chacun de suivre directement ses **résultats,** donc de savoir quel est le fruit de ses efforts, et d'avoir la possibilité d'exercer les auto-régulations essentielles pour maintenir actif le processus motivationnel. Ces deux dernières caractéristiques du travail sont donc absolument nécessaires à la motivation, en ce sens que si l'une d'entre elles est absente, aucun autre aspect ne pourra la compenser. En d'autres termes, si le travail ne comporte pas une part, même minime, d'autonomie, ou si aucune information claire n'est restituée, la présence des autres caractéristiques motivantes sera sans effet sur la motivation.

Par ailleurs, ces auteurs ont bien mis en lumière que les individus diffèrent entre eux en ce qui concerne leur désir d'autonomie, de responsabilité et de complexité accrue. Pour formaliser cette variabilité, ils ont élaboré un questionnaire désigné par les initiales GNS (Growth Need Strength, c'est-à-dire force du besoin de se développer) qui mesure le besoin de se développer et d'actualiser ses compétences, ce qui leur a permis de montrer que cette variable joue un rôle modérateur important, donc de contrôler sur le terrain la validité de la liste des caractéristiques ainsi que l'efficacité des stratégies motivationnelles qui en découlent. Enfin, le schéma proposé tient compte du fait que ce ne sont pas les caractéristiques du travail qui créent directement la motivation. Elles contribuent à faire naître des états psychologiques intermédiaires qui sont, à leur tour, responsables des effets comportementaux qu'entraîne la motivation : qualité et quantité du travail, absentéisme et instabilité réduits.

Le "modèle de Hackman et Oldham" est beaucoup plus qu'un schéma théorique. Il apporte des suggestions sur ce qui peut être changé, sur les conséquences psychologiques de ces changements et sur les effets de ces conséquences. Comment résiste-t-il à l'épreuve des faits ? Les nombreuses recherches qui l'ont testé sur le terrain donnent des résultats qui ne sont pas tout à fait unanimes mais qui sont loin d'être négligeables. Le lien entre caractéristiques du travail et pouvoir motivant est fréquemment vérifié, comme le prouve une synthèse des résultats de plus de 200 interventions [3]. Même si ces relations sont complexes et dépendent de la situation et des individus, on peut donc retenir que les caractéristiques du travail peuvent stimuler, ou freiner, la motivation. Reste à savoir si la liste fournie par Hackman est complète et pertinente, et si les besoins individuels constituent le seul paramètre qui module les effets de ces caractéristiques. Les résultats des essais de terrain et de leur suivi apportent des compléments et des précisions qui peuvent être résumés de la manière suivante :

1) Dans la grande majorité des cas où il a été possible de mesurer les trois premières caractéristiques, le fait de les augmenter accroît la signification de son travail pour celui qui l'exécute. On a donc bien identifié des caractéristiques du travail qui permettent de satisfaire le désir, souvent exprimé par le personnel d'exécution, de réaliser une tâche qui ait une signification. Le tableau reste complexe parce que la signification du travail est également influencée par l'autonomie et par l'accès à l'information. Mais les interventions qui accroissent ces deux caractéristiques ne sont pas toujours clairement reliées aux états psychologiques qu'ils sont censés déterminer (le sentiment de responsabilité et l'impression de bien connaître ses résultats).

2) Ces trois "états psychologiques" (signification du travail, responsabilité, connaissance de ses résultats) semblent bien jouer un rôle sur la satisfaction comme sur la motivation interne (évaluée par les travailleurs eux-mêmes) mais un rôle moins net et moins bien prouvé sur la performance et sur l'absentéisme. Il est vrai que les résultats du travail sont déterminés par nombre de facteurs indépendants de la motivation, ce qui rend les observations et les mesures faites sur le terrain souvent difficiles à interpréter.

3) Les relations directes entre l'ensemble de ces dimensions, d'une part, la satisfaction ainsi que la motivation exprimée, d'autre part, sont mieux vérifiées dans le cas des trois premières caractéristiques que dans le cas de l'autonomie et de l'accès aux informations.

4) Enfin, toutes les relations précédentes dépendent bien de caractéristiques individuelles, mesurées par le niveau de GNS, c'est-à-dire du besoin de se développer propre à chacun.

Chercheurs et praticiens ne se sont pas contentés de tester le modèle de Hackman. Ils ont poursuivi la réflexion, et les interventions, dans la même direction, en cherchant à la fois s'il était possible de simplifier mais aussi de compléter le modèle. Leurs résultats peuvent être décrits en se référant à trois concepts centraux, que nous avons appelés les trois C : *complexité, contrôle* et *communication.*

LA COMPLEXITÉ, FACTEUR DE MOTIVATION ?
QUAND ? POURQUOI ? À QUELLES CONDITIONS ?

La proposition de Hackman a ouvert la route à une approche fructueuse qui conduit à analyser les attributs des tâches et leur effet. Mais le tableau général qui en résulte est à la fois *moins rigide* et *plus complexe* que le modèle de Hackman ne le suppose.
Moins rigide parce que plusieurs dimensions, souvent regroupées de manière différente dans les recherches publiées, sont interchangeables pour créer la signification du travail. En d'autres termes, rendre son travail "signifiant" pour l'individu qui l'exécute constitue bien un res-

sort puissant de la motivation, mais il y a beaucoup de moyens de le faire, moyens dont l'efficacité dépend autant des individus que du contenu et de l'environnement du travail. Plus complexe, parce que d'autres facteurs que ceux qui font partie du schéma de Hackman peuvent contribuer à rendre la tâche significative, en particulier, le regard des autres sur son propre travail et, plus précisément le fait de faire un travail ou de rendre un service apprécié. Notons que la multiplication actuelle des emplois de service va donner plus d'importance à cet aspect. En outre, sur le terrain, lorsqu'on procède à des interventions qui vont dans le sens de l'enrichissement ou de l'élargissement des tâches, l'ensemble des trois premiers attributs du travail est en général modifié du même mouvement, ce qui rend difficile l'évaluation des effets de l'un ou de l'autre de ces aspects. Pour résumer, on peut dire, avec Dunham [4], qu'une tâche enrichie ou élargie est plus complexe qu'une tâche de routine, précisément parce qu'elle est plus variée, qu'elle fait donc appel à un plus grand nombre de compétences, qu'elle implique plus d'autonomie et que, de ce fait, elle conduit à donner sur le travail des informations qui lui confèrent plus de signification. Ce qui revient à affirmer, d'une manière générale, que plus les activités de travail sont complexes, et plus elles ont de chance d'être motivantes, par opposition aux tâches parcellaires, monotones, routinières, trop élémentaires pour donner l'impression à celui qui les fait de réaliser quelque chose de significatif, de visible, d'appréciable et qui lui donne une chance de potentialiser ses qualités.

Plus complexes, plus variées, plus valorisées, etc. Ce qui signifie que ce n'est pas la complexité dans l'absolu, mais le fait de l'accroître qui rend la tâche plus motivante, et que les attributs des tâches qui les rendent motivantes varient à mesure que changent les rôles professionnels, et que s'accroît le nombre de postes exigeant une qualification élevée. En d'autres termes, la motivation engendrée par la tâche est soumise à l'érosion du temps et de l'habitude. Ce qui rend utopique l'idée d'un tableau de correspondance précis entre le niveau de complexité et la motivation... Il y a d'autres exemples de cette relativité des caractères motivants. Nous avons eu l'occasion de montrer que l'ambition est nourrie par le succès, le niveau d'aspiration individuel se réévaluant chaque fois qu'une nouvelle étape est atteinte dans la carrière [5]. Et l'étude du développement des carrières, la recherche de ce qui le favorise, montrent que l'expérience n'est fructueuse et ne fait évoluer l'individu que lorsqu'elle représente un défi, c'est-à-dire une difficulté à surmonter qui est nouvelle pour lui.

CONTRÔLE ET AUTONOMIE

Les essais de mesure des paramètres pris en compte dans la liste de Hackman ont posé le problème du nombre et de l'indépendance des variables qui constituent des attributs de la tâche. Notamment, Dunham n'a pas confirmé la distinction proposée par Hackman entre variété et autonomie, en ce sens que l'une et l'autre de ces caractéristiques vont de pair. D'autres auteurs encore ont suggéré des variables supplémentaires, comme la dimension sociale et la complexité perceptive et motrice. Et d'autres termes encore ont été utilisés pour désigner la complexité, source d'enrichissement. Notamment, c'est le cas de "l'empowerment", terme difficile à traduire en français, et qui fait référence au fait de donner plus de "pouvoir" aux niveaux modestes de la hiérarchie, en déléguant, et surtout en créant un partenariat entre les différents niveaux. Ce qui signifie que les cadres doivent être à même de comprendre ce qu'attendent leurs subordonnés et ceux-ci de comprendre les perspectives de leurs supérieurs.

Le caractère réciproque de l'empowerment rappelle que le contrôle et l'autonomie attribués à une personne dans l'organisation ne sont pas sans effet sur les rôles joués par ses supérieurs, ses collègues, voire ses subordonnés. Ce partenariat implique donc non seulement l'élaboration et la circulation d'informations sur les résultats du travail (conformément au modèle de Hackman) mais également et surtout des informations sur le rôle exact joué par chacun des partenaires, informations qui peuvent prendre la forme de diagrammes où les différentes étapes et les différents aspects des objectifs sont décrits (production, qualité, attentes des consommateurs, etc.), de manière à ce que chacun sache clairement la place et l'importance du rôle qui est le sien. Autrement dit, l'autonomie est inséparable, de ce point de vue, de ce que Hackman a nommé l'identité de la tâche, elle-même inséparable de la perception que chacun a de l'importance de son rôle. L'ensemble de ces caractéristiques amène à créer ce qu'on a nommé "l'organisation à livre ouvert" [6].

Ces remarques montrent la nécessité de prendre conscience de la variété des liens de cause à effet entre complexité, implication et motivation. Au moins de deux points de vue. D'une part, la relation entre complexité et motivation est curvilinéaire. Les défenseurs de l'empowerment ont parlé du "mur de l'empowerment", seuil au-delà duquel le trop plein d'auto-contrôle et de responsabilité devient démotivant, surtout s'il ne donne pas lieu à récompense adaptée. Entre trop peu de responsabilité et un trop plein de responsabilité, il faut trouver un juste milieu. En outre, le meilleur résultat est obtenu si l'accroissement de la complexité et de l'autonomie est associé à des conditions de travail satisfaisantes par ailleurs. Et la pire des situations consiste à avoir à la fois un travail peu complexe, avec peu de responsabilité individuelle, et des conditions de travail médiocres. Dans ce cas, accroître la complexité du travail n'aura aucun effet motivant et il faut impérativement commencer par améliorer la qualité des conditions de travail. S'il est vrai que la satisfaction n'est pas une cause directe de motivation, elle est bien une condition de l'efficacité motivante d'une complexité accrue du travail [7].

Ces réflexions permettent de mieux comprendre le rôle de ce paramètre important de la motivation qu'est l'autonomie. Deci le nomme "auto-détermination" et l'oppose à la motivation "extrinsèque" qui est mise en mouvement par un stimulus externe, le plus souvent par l'attente d'une récompense. Alors que la motivation "intrinsèque" résulte de notre propre initiative, et correspond au désir d'accomplir quelque chose de visible et de valorisant, à un véritable "besoin de compétence" [8]. L'auto-détermination est donc le contraire de l'obéissance passive. De ce fait, accroître l'autonomie, dans des limites raisonnables et justifiées par les compétences individuelles, stimule non seulement la motivation, mais également l'initiative et la créativité. Seul un examen détaillé des situations et de leurs contraintes techniques et organisationnelles permet donc de gérer la part d'autonomie et celle de l'obéissance à des règles contraignantes. Ce qui signifie qu'il n'est pas possible de proposer, ici encore, un "seuil" spécifique d'autonomie propre à créer la motivation. D'autant plus que ce n'est pas le degré de contrôle attribué et décrit par la hiérarchie qui est important, c'est le contrôle perçu par l'individu lui-même. Et cette perception subjective est fonction à la fois du besoin qu'a chacun de se sentir efficace et des effets qu'il a lui-même le sentiment d'exercer sur son environnement, donc des informations qu'il reçoit et de la manière dont il les traite. C'est bien la traduction concrète de ce que nous ont appris les modèles théoriques de l'auto-régulation. Rappelons, à ce sujet, le rôle motivateur joué par l'existence d'un objectif précis parce qu'il oriente les comportements, et par l'accès aux informations sur les résultats parce qu'elles construisent le sentiment de son efficacité, et développent l'estime de soi.

En fait, plutôt que chercher à définir un seuil d'autonomie qui serait générateur de motivation pour tous et partout, il faut insister sur l'importance du climat général et de la culture de l'entreprise. Donner de l'autonomie dans un contexte que caractérisent par ailleurs des conditions coercitives, une régulation des comportements fondée sur un système de menaces et de récompenses, un encouragement à se comparer avec les autres qui favorise la culpabilité, ne servira à rien. De même, accroître symboliquement l'autonomie est inutile si les conditions de travail ne laissent en réalité que peu de marge d'action. Mais, il est souhaitable que l'initiative et le passage à l'action soient l'objet de stimulations verbales et d'encouragements de tous ordres, et que l'exercice du contrôle soit facilité par l'ouverture d'interactions avec les groupes ou les individus qui possèdent l'information nécessaire. Enfin, il faut prendre garde au rôle stérilisant d'expériences ou de situations où l'action n'a pas conduit aux résultats espérés. En effet, l'autonomie n'est pas motivante en tant que telle. Elle améliore les performances parce que le fait de disposer d'un certain contrôle sur son travail et sur les modalités de ce travail pousse les individus à construire eux-mêmes des plans d'action plus efficaces et plus spécifiques. Ce qui leur permet de mieux se concentrer sur ce qu'ils font parce que leur action s'inscrit dans un cadre qu'ils maîtrisent et qui stimule leur implication face aux obstacles. En revanche, si s'additionnent l'existence d'objectifs peu clairs, une mauvaise représentation des différentes étapes qui mènent au but, et la peur de l'échec, l'attention se disperse et les difficultés paralysent, détruisant ainsi toute motivation. Le contrôle est alors une menace, pas une stimulation.

Pour rendre la situation plus compliquée encore, le point où complexité et responsabilité vont dépasser le seuil tolérable et devenir des sources de démotivation diffère selon les individus. La synthèse présentée par Barrick et Mount est très éclairante de ce point de vue [9]. Faisant le bilan des recherches qui ont mis en relation les tests de personnalité et la réussite professionnelle, ils montrent qu'existe une relation positive et significative entre d'une part le trait de personnalité intitulé "conscience professionnelle", qui englobe le désir de réussir, le sérieux dans le travail, la fiabilité et le respect des règles et, d'autre part, la réussite professionnelle. L'extraversion joue également un rôle positif, particulièrement dans le cas des professions où l'interaction sociale est importante, de même que la convivialité qui correspond à la qualité des rapports sociaux, à la tolérance et à l'ouverture aux autres. Quel est le lien entre ces résultats et le rôle motivant de l'autonomie ? Quand on examine de plus près l'ensemble de ces recherches, le rôle modérateur de la situation qui caractérise les conditions de travail devient évident. En effet, les traits de personnalité interviennent de manière différente selon qu'il s'agit de situations "fortes", caractérisées par l'existence d'une forte pression à se conformer à la culture de l'organisation, donc où chacun est limité dans le choix des comportements qu'il peut utiliser, ou de situations "faibles", caractérisées par peu d'exigence de conformité, ce qui laisse aux individus une grande flexibilité dans le choix de leurs comportements. C'est dans ce dernier cas que la personnalité individuelle constitue un déterminant important du comportement.

Le degré d'autonomie est donc bien un facteur de la performance et du succès professionnel, mais qui s'exerce de manière indirecte, et encore une fois, complexe et contingente. Le rôle de la personnalité comme déterminant des performances professionnelles est d'autant plus fort que la situation laisse une bonne marge d'autonomie, donc une relative liberté d'aménager ses comportements. Dans ce type de situation, les individus qui sont fiables, orientés vers l'action et la réussite, sociables, sûrs d'eux, mais modérément conviviaux ont de meilleurs résultats. Alors que ceux qui sont tolérants, qui font volontiers confiance aux autres et qui sont coopératifs, sont mieux motivés par des situations à faible autonomie, probablement parce qu'ils sont plus à leur aise lorsqu'il y a peu d'ambiguïté sur les manières d'atteindre les objectifs qui leur ont été fixés.

COMMUNICATION ET ACCÈS AUX INFORMATIONS

Le cinquième paramètre intervenant dans la liste élaborée par Hackman concerne l'information sur les résultats obtenus, et ce choix, comme les précédents, est justifié par les modèles théoriques. En effet, les travaux de Locke décrits au chapitre 3 mettent en évidence la nécessité de donner aux personnes actives des informations sur les résultats de leur activité. A condition, toutefois, si on veut que ces informations constituent un des ressorts de la motivation, qu'elles puissent faire l'objet d'une appropriation individuelle. Qu'est-ce que cela signifie ? Que ces informations n'ont de sens que si chacun peut les situer par rapport au passé et par rapport à l'avenir. C'est-à-dire en fonction à la fois des résultats obtenus précédemment et de l'objectif poursuivi. On comprend mieux le rôle-clé des informations sur le travail effectué si on prend en compte le caractère de processus dynamique de la motivation. Lorsqu'on se donne ou qu'on accepte un objectif, on l'intègre dans un courant d'activités. Ce qui signifie qu'il se crée forcément un décalage entre les résultats actuels et le nouvel objectif. C'est ce décalage entre le présent et le but futur qui a un caractère dynamisant. Et ce processus est continu. Si l'objectif est atteint, une nouvelle étape relance la motivation sous la forme d'un nouvel objectif, plus ambitieux.

De ce point de vue, les buts sont bien des médiateurs de l'effet de feedback parce qu'ils donnent la possibilité de situer la performance effectuée par rapport au but poursuivi, donc d'estimer ses chances d'atteindre ce but. Et réciproquement, le feedback est un modérateur de l'effet de but en ce sens que les buts n'orientent l'action à long terme que si chacun reçoit des informations sur ses progrès vers le but. Ce qui a des conséquences pratiques précises : les effets du but accepté et associé à des retours d'information réguliers sont fonction du degré de décalage entre la performance et le but, décalage qui détermine, si l'individu se juge capable de le combler, l'effort, puis l'adoption de nouveaux objectifs individuels.

L'application pratique de ces notions a surtout été faite dans des unités de production où l'objectif est assigné par la hiérarchie et concerne des tâches relativement simples et souvent répétitives. Mais le rôle joué

par l'existence de retours d'informations fiables et données régulière-
ment va plus loin. En effet, ils mettent en cause l'identité individuelle
et toutes ses composantes, aussi bien les hiérarchies de valeurs que les
rôles joués par chacun et les normes des groupes sociaux auxquels il
appartient. Cela implique la liberté d'auto-gérer son activité dans le
cadre des objectifs organisationnels. L'expérience de situations où
cette liberté est bien respectée montre que non seulement elle développe la motivation mais également qu'elle crée des relations interpersonnelles plus flexibles qui permettent de concilier le libre exercice de
l'innovation avec le respect des normes organisationnelles et le besoin
de s'impliquer vers des buts de niveau élevé. C'est donc une manière
de faciliter l'intégration des buts individuels aux buts organisationnels
dans la mesure où chaque individu constate les efforts de l'organisation pour l'aider à atteindre ses objectifs et pour le laisser libre des
moyens nécessaires pour les atteindre. Le partage d'informations
représente alors tout à la fois une preuve de confiance et un moyen de
donner de la visibilité, donc de reconnaître les efforts individuels.

Les "trois C" : TROIS MANIÈRES DE CHANGER LE TRAVAIL

On peut résumer ce qui vient d'être dit en définissant les trois dimensions principales dont le changement est susceptible d'améliorer la
motivation : Complexité, Contrôle et Communication.

• En accroissant la Complexité, en réduisant la monotonie, la répéti-
  tion, en faisant appel à des compétences plus nombreuses et plus
  sophistiquées, on donne un sens et une valeur au travail, ce qui crée
  une relation d'appartenance et d'identité entre l'individu et sa tâche,
  et, de ce fait, crée une motivation interne.

• En accroissant le Contrôle dont dispose l'individu sur la mission
  dont il est chargé, c'est-à-dire en lui donnant plus d'autonomie pour
  organiser son travail et pour prendre certaines décisions le concernant, donc une plus grande responsabilité sur le travail à accomplir,
  on intensifie l'implication vis-à-vis de l'organisation. De fait, l'implication a deux aspects distincts et dont les effets doivent être dif-
  férenciés. D'une part, on peut parler d'implication affective qui

concerne l'attachement à l'organisation ainsi que l'adhésion à ses objectifs et d'autre part, de la volonté de rester dans l'organisation, volonté qui repose sur un "contrat psychologique" implicite définissant des obligations réciproques, qui sont concrétisées par la culture et le climat de l'organisation.

• En organisant de manière systématique une Communication d'informations sur les objectifs attendus, les performances effectuées et leur évolution, voire sur la position de ses résultats par rapport à ceux atteints par d'autres, on donne à chaque individu des moyens de situer les résultats de ses efforts, d'évaluer ses chances de les améliorer, ce qui le met en position d'acteur et lui donne une réelle marge d'initiative même si celle-ci est limitée par les contraintes organisationnelles.

Y A-T-IL D'AUTRES ASPECTS DU TRAVAIL SUSCEPTIBLES DE STIMULER LA MOTIVATION ? UN QUATRIÈME C ?

Les interventions et les analyses suscitées par la liste élaborée par Hackman n'ont pas seulement permis de préciser le rôle et la nature de ces trois composantes fondamentales que sont les "trois C". Elles ont aussi servi de point de départ à la recherche d'autres caractéristiques des tâches susceptibles de les rendre motivantes. Ceci dans des conditions différentes, à mesure que les techniques progressaient et que changeait l'environnement économique. L'obligation de répondre à des conditions économiques plus difficiles, et la disponibilité de nouvelles ressources technologiques, en particulier en ce qui concerne la technologie de l'information a fait évoluer de manière drastique le paysage industriel, les activités commerciales, et, d'une manière plus générale, le monde du travail. C'est dans ce contexte que se sont développées des initiatives destinées à répondre à ces nouvelles exigences.

La crainte que ce nouvel essor du progrès technique n'ait des effets déqualifiants a réactivé le débat sur la nécessité de préserver la motivation en gardant au travail sa complexité, son autonomie et, d'une manière générale, sa signification. Nous savons combien Taylorisme et

Fordisme ont eu des effets démotivants. Comment éviter les mêmes erreurs ? Les technologies de pointe ne risquent-elles pas de simplifier le travail humain et de multiplier les descriptions contraignantes de postes à faible qualification ? Quelle est la part laissée à l'initiative humaine dans la progressive informatisation des tâches ? N'y a-t-il pas un risque grave de voir le monde du travail divisé en deux classes bien différentes, d'une part du personnel hautement qualifié capable de construire et de gérer les processus informatiques et robotiques, d'utiliser largement les nouvelles technologies et, d'autre part, les serveurs passifs de machines savantes ? Ou, au contraire, la survie des entreprises dans un monde exigeant et à compétition globale ne dépend-elle pas de leur capacité à répondre rapidement aux demandes du marché parce qu'ils disposent d'une main-d'œuvre flexible, compétente, capable de travailler en équipes, et de faire preuve d'initiative ?

En fait, la mise en œuvre de nouvelles méthodes de gestion des tâches, méthodes à la fois adaptées au progrès technologique et imposées par les nécessités économiques de productivité accrue, de qualité et de rapidité d'adaptation au marché a bouleversé le monde du travail et a multiplié le nombre de postes caractérisés par l'autonomie et la responsabilité. Mais ces nouvelles initiatives ne sont pas des sources de motivation seulement parce qu'elles renforcent les "trois C", complexité, contrôle et communication. Elles ajoutent un quatrième C à la trilogie précédente : Compétences, ou plus précisément, la possibilité, donnée à tous les niveaux, d'accroître ses compétences. En effet, l'observation des résultats de ces nouvelles formes de travail a permis de mieux réaliser la diversité des mécanismes psychologiques responsables des relations entre les caractéristiques du travail et les comportements, et de montrer le rôle que jouent les processus d'apprentissage et les conduites de traitement de l'information. Trois stratégies connues sous les sigles de TQM, JIT et ATM sont les innovations les plus classiques destinées à répondre aux nouvelles exigences du monde du travail. Leur description permettra de mieux comprendre comment elles représentent de nouvelles possibilités pour stimuler la motivation.

Le JIT (*just in time*, juste-à-temps) est un système destiné à réduire les coûts dus aux excès de stocks. Les réserves de stocks permettent de répondre rapidement aux fluctuations des demandes, mais ils représentent une immobilisation financière importante et augmentée par la diversité des demandes du marché. L'alternative consiste à réduire les stocks tout en gardant la rapidité de réponse au marché grâce à une gestion très efficace des commandes et des temps de production réduits. C'est plus simple à dire qu'à faire. Le "juste-à-temps" impose au personnel une attention et une rapidité de réaction accrue et exige des capacités de gestion qui dépassent les responsabilités traditionnelles d'un simple exécutant.

Comme nous l'avons rappelé dans l'introduction à la seconde partie, Le TQM (*total quality management*, gestion de la qualité totale) est la stratégie la moins clairement définie parce que c'est plus une conception du management qu'une série précise de pratiques [10]. L'idée est relativement simple : s'assurer, à toutes les étapes, que la qualité est bien une préoccupation dominante, et ne pas se limiter à un seul contrôle de qualité qui se situerait en fin de process. En d'autres termes, ne plus séparer production et inspection, et surtout prévenir les problèmes de qualité plutôt qu'attendre qu'ils se produisent pour les résoudre. Les stratégies qui mettent en œuvre cette conception sont très variées. Mais toutes ont en commun un accroissement des responsabilités données aux exécutants, et un appel à leur initiative. Ici encore, progrès technique et exigences de la compétitivité diversifient les compétences requises. Les problèmes de qualité ne sont plus considérés comme des fatalités qui seront réparées en fin de cycle. Le personnel doit faire parfait du premier coup et mettre en œuvre tous les moyens nécessaires pour y parvenir.

L'AMT (*Advanced manufacturing technology*, informatisation des techniques de production) concerne l'informatique et la robotique dans la mesure où leurs applications permettent de changer rapidement les procédures et la production par le biais de modifications des programmes informatiques et de concevoir produits et process avec l'assistance de logiciels sophistiqués. Mais les systèmes informatiques ne sont pas là seulement pour guider des étapes de fabrication qui seraient déterminées une fois pour toutes. Au contraire, ce sont des moyens de changer les produits et leur fabrication rapidement et efficacement, d'obtenir une qualité maximum et de réduire le temps nécessaire aux changements de production tout en diminuant les coûts de fabrication. Inutile de dire que, là aussi, l'introduction de ce type de procédures impose au personnel l'acquisition de compétences nouvelles.

Ces nouvelles procédures sont différentes et elles ont des objectifs distincts. Mais elles ont en commun un point important. Toutes conduisent à demander plus au personnel concerné. Et pas seulement en leur donnant plus de Complexité, plus de Contrôle et plus de Communication. En modifiant les caractéristiques du travail sur trois autres points, points qui, précisément déclinent la notion de Compétence.

Le premier concerne la nature de la *demande cognitive active*. Il y a une différence importante entre exercer une attention vigilante, mais passive, et avoir à résoudre activement les problèmes qui se posent. Dans les cas où la demande de l'organisation consiste essentiellement à maintenir un courant d'activité régulier, sans défaillance, c'est surtout l'attention qui est sollicitée. Mais le progrès technique a multiplié les situations où le recours à l'initiative individuelle est nécessaire, beaucoup plus nécessaire qu'avec les moyens antérieurs qui étaient plus simples. De ce fait, les responsabilités de chacun sont accrues et elles incluent un appel à l'initiative destiné soit à savoir résoudre tout ce qui interfère avec le courant normal de production, soit à maintenir sans faille la qualité requise. Il est alors important de savoir diagnostiquer les problèmes et leur trouver des solutions. Enfin, contrairement à ce que le progrès technique avait fait craindre, il est fréquent de voir le travail manuel exécuté par la machine, ce qui laisse à l'homme un rôle plus actif et moins programmé, dans la mesure où il est chargé de réfléchir aux incidents possibles, de les prévenir et, si besoin est, d'y remédier. De même, les nouvelles techniques de "juste-à-temps", et la concentration sur la qualité qui caractérise le TQM, augmentent forcément les responsabilités des individus qui doivent décider si et quand il faut interrompre la production afin de résoudre tel ou tel problème. Il faut ajouter que l'utilisation de machines très coûteuses rend ce type de décision particulièrement importante, d'autant plus que l'accroissement de productivité dû à l'utilisation de machines sophistiquées donne à tout arrêt de production des conséquences plus lourdes que ce n'était le cas avec les procédés traditionnels.

D'un tout autre point de vue, les nouvelles structures organisationnelles ainsi que la complexité croissante des activités apportent une
source supplémentaire d'intérêt dans le travail, intérêt lié à la nature
des *interactions sociales*. "L'enrichissement" du travail est alors dû à
la multiplication des occasions de travailler en commun ou d'avoir
recours à des échanges rendus nécessaires par la structure en réseau et
par la spécialisation des activités qui créent un contexte de dépendance réciproque. Non seulement la tâche de chacun est tributaire d'une
séquence d'activités assurées par d'autres, et réciproquement. Mais
également, les différentes activités sont intégrées de manière fonction-
nelle. En outre, les structures organisationnelles en réseau font naître à
l'intérieur de l'entreprise des relations qui impliquent l'existence de
clients internes aussi bien qu'externes. Enfin, le progrès technique
accroît la spécialisation de chacun et impose une collaboration plus
étroite avec d'autres acteurs, agents de maintenance, programmeurs,
ingénieurs, responsables de sécurité... Le lien étroit entre l'aspect
social du travail et l'évolution des techniques de production est
d'ailleurs bien connu depuis les études anglaises réalisées dans les
mines de charbon au courant des années 50 [11]. Mais dans ce cas, c'était
la perte des réseaux sociaux traditionnels, perte due au progrès des
techniques d'exploitation, qui avait constitué une importante source de
démotivation. Alors que le progrès technique actuel, et les changements de structure organisationnelle dus aussi bien à ces progrès qu'à
la compétitivité, suscitent un nouveau type d'activités sociales dans le
travail. Sur ce point encore, il ne faut pas confondre les conséquences
de la première industrialisation avec les conséquences des progrès de
la robotique et de la technologie de l'information.

Une troisième caractéristique du "nouveau" travail est liée au fait que
la contribution de chacun à la production et aux autres activités est plus
clairement mise en évidence. La volonté de diminuer les stocks coû-
teux impose au personnel de planifier dans le détail les besoins en
matériel de tous ordres. Et toute erreur a des conséquences importantes
qu'il est facile d'imputer à celui qui en est responsable. Il ne s'agit
donc plus de créer, quelquefois artificiellement, des circuits supplémentaires d'information sur le travail réalisé. La perception directe des
résultats de ses fautes ou de la qualité de sa contribution donne une

visibilité nouvelle à sa propre contribution. Il en est de même en ce qui concerne le fait de chercher à éviter des problèmes de qualité avant qu'ils ne se produisent. Chaque responsable est en mesure d'estimer la gravité des erreurs, donc l'importance de sa contribution.

Alors que le Taylorisme avait été une cause de démotivation, les nouvelles formes de travail modifient les caractéristiques mêmes des tâches et créent des "états psychologiques" susceptibles d'influencer la motivation. Quels sont les effets, observés sur le terrain, des différentes stratégies que nous venons de décrire, stratégies qui ont le mérite d'associer une méthode de management avec une modification des caractéristiques des tâches, "enrichissant" le travail, donc stimulant la motivation ? Les résultats sont moins nets que la description de ces changements ne le laissait espérer. Une des enquêtes les plus importantes ne signale de changements positifs qu'une fois sur deux, dans 17 entreprises sur les 30 étudiées, et souligne le fait que ceux-ci sont plus sensibles au niveau de la satisfaction que de la performance [12]. Ce qui peut s'expliquer en invoquant les résultats d'une autre enquête de terrain qui n'a pas trouvé, dans 123 entreprises différentes, de relation systématique entre la mise en œuvre du TQM, de l'AMT et des politiques de JIT, d'une part et l'évolution des attributs du travail, d'autre part [13].
De même que pour les "trois C", les effets des nouvelles modalités de travail sont donc variables et fonction de contingences liées aux conditions intra et extra-organisationnelles. Ces sources de contingence sont certainement nombreuses et actuellement pas totalement inventoriées. En outre, elles dépassent les sources de contingence qui ont été signalées plus haut et qui sont liées aux individus et à l'organisation. En effet, un des paramètres qui joue un rôle modulateur important est lié à la stabilité et au degré d'incertitude des environnements extra-organisationnels et des opérations menées par l'organisation. L'accroissement de l'autonomie ainsi que la liberté laissée à l'initiative et à l'auto-contrôle varient en fonction des situations extra-organisationnelles. Les possibilités d'initiative et d'autonomie seront très différentes selon qu'il s'agit d'une entreprise qui travaille dans un secteur relativement stable, ou au contraire d'une organisation soumise à des aléas pas toujours facilement prévisibles, d'une organisation gérée de manière rigide ou, au contraire, possédant une structure flexible et

décentralisée. Les pratiques informelles, forcément plus adaptées à un environnement instable et caractérisé par l'incertitude économique et la rapidité du progrès technologique, supposent l'existence de procédures décisionnelles déléguées et décentralisées, donc de plus d'autonomie. De même, les progrès en matière de technologie de production peuvent diminuer la rigidité du fonctionnement et accroître l'incertitude, donc requérir plus d'autonomie au niveau même de l'atelier,- ce qui conduit à donner plus de compétences, plus d'informations et plus de responsabilités aux exécutants de tous niveaux, afin qu'ils soient à même de résoudre les problèmes non prévus qu'entraîne une technologie plus complexe. La même remarque vaut pour des systèmes de management comme le juste à temps et la qualité totale. La délégation des décisions et l'autonomie laissée au personnel d'exécution sont d'autant plus nécessaires qu'il est difficile de contrôler de manière mécanique et infaillible les processus d'alimentation et de fabrication, et de gérer la qualité d'en haut.

Qu'est-ce que cela signifie ? Que le changement du travail lié au progrès technique n'est pas le résultat d'une recherche de motivation, mais qu'il impose de développer l'expertise au niveau même de l'atelier, parce que tout équipement, même très sophistiqué, pose des problèmes que seuls les hommes sont capables de résoudre. Faire bien la tâche qui vous est assignée ne suffit plus, il faut également trouver des moyens de la faire mieux, ce qui n'est possible que si le personnel dispose de suffisamment d'informations pour comprendre les relations entre son activité propre et les conséquences de cette activité, ceci dans un ensemble significatif pour lui. Donner plus d'autonomie et de contrôle n'est donc plus seulement justifié du point de vue de l'humanisation du travail, ou encore comme un élément fondamental de l'instauration d'un réel climat démocratique dans l'entreprise. C'est une conséquence inévitable de nouvelles conditions de travail qui n'affectent pas forcément de la même manière les différents secteurs de l'économie ni toutes les entreprises.

De ce point de vue, ce sont bien les conditions de travail qui créent une nouvelle source de motivation. Elles apportent, en effet, une occasion pour les employés d'acquérir des compétences inédites, d'apprendre à mieux planifier leur travail à l'avance, et à choisir des stratégies adéquates. Plus le contrôle des opérations est délégué, plus les réponses aux problèmes qui se posent sont rapides, et l'efficacité de ces réponses est visible. L'accroissement de l'autonomie a donc deux atouts : la rapidité des réactions et le développement des compétences du personnel.

Ce qui est vrai de l'autonomie l'est aussi des autres caractéristiques liées à ces stratégies parce que les retours d'informations permettent de construire des compétences nouvelles à partir de l'expérience même du travail. C'est vrai également du regroupement des tâches en réseau, de la variété et la complexité du travail qui donnent une nouvelle signification à l'effort de chacun. L'incertitude peut alors être définie comme un manque d'information sur les causes et les effets dans un système. Si cette incertitude est forte, le besoin de disposer de ressources humaines capables de prendre des initiatives pour résoudre les problèmes est élevé, et, en même temps, le fait que se posent des problèmes inédits et constituant des défis apporte de réelles possibilités d'apprentissage et de développement.

Quelle conclusion tirer de ces remarques ? Les changements du travail liés au progrès technique et au contexte économique sont susceptibles, dans certaines conditions, de créer une nouvelle forme de motivation parce que ces changements impliquent la mise en œuvre de mécanismes essentiels pour l'apprentissage, en même temps qu'ils accroissent l'implication due au fait que la visibilité de ses efforts est plus claire [14]. On est bien loin des premières réactions à l'ennui et à l'émiettement des tâches nées de l'application des principes tayloriens. Bien loin aussi des attitudes paternalistes visant à humaniser le travail et encore des tentatives de changement du travail fondées sur une analyse empirique des sources de motivation... Le développement des nouvelles technologies, et l'apport de la psychologie cognitive ont montré le rôle de la responsabilisation dans le développement des compétences et fait réfléchir à la nécessité pour les entreprises de développer ces compétences sur le terrain. D'où la prise de conscience de l'importance de la situation de travail et de son degré de stabilité ou d'incertitude comme variable conditionnant la nécessité et l'efficacité du changement du travail. Plus encore, on comprend mieux pourquoi la combinaison d'une forte demande d'initiative sur le terrain et d'un faible degré d'autonomie constitue la situation la plus démotivante et la plus stressante.

Le développement personnel est conditionné par l'existence de situations qui présentent des challenges donc qui demandent beaucoup d'initiatives aux acteurs et qui leur garantissent une réelle liberté pour prendre des décisions [15]. La possibilité pour l'individu d'acquérir de nouvelles compétences, de répondre à la demande et de se sentir armé devant les décisions à prendre crée à la fois la satisfaction due au sentiment qu'on acquiert de nouvelles connaissances, la réduction du stress devant des situations imprévues ainsi que l'implication qui naît du fait de se sentir en position d'assumer correctement des responsabilités difficiles.

Le potentiel motivant de ces nouvelles formes de travail va probablement plus loin et ne peut être compris si on se limite à considérer la motivation comme un état résultant des conditions externes. Les modèles théoriques décrits dans la première partie nous ont appris que la motivation est un processus, étroitement lié aux valeurs et aux besoins individuels et qui se construit au fur et à mesure que se déroule l'activité. Les facteurs cognitifs jouent dans ce processus un double rôle, à la fois comme vecteur de la perception des situations et comme agent de l'action. Nous avons vu l'importance des activités cognitives rendues nécessaires, notamment, par l'automation. Les machines ne peuvent pas résoudre les problèmes inattendus ; c'est aux hommes et aux femmes que revient la charge de trouver des solutions, et de capitaliser l'expérience ainsi acquise pour améliorer constamment la qualité et la productivité. En effet, la possibilité de mieux comprendre le lien qui existe entre ce qu'on fait et ce qui en résulte constitue l'essentiel de l'activité cognitive qui permet de développer de nouvelles compétences. Se développer, c'est le maître mot qui aide à comprendre, et éventuellement, à accroître, les qualités motivantes des nouvelles formes de travail. Le contrôle et la maîtrise des informations ne sont pas seulement des sources potentielles de motivation parce qu'ils impliquent une plus grande démocratie dans le travail et qu'ils redonnent une dignité à l'individu qui retrouve initiative et variété. Ces modalités de travail sont susceptibles d'être motivantes parce qu'elles donnent de réelles possibilités de se perfectionner grâce aux processus cognitifs actifs mis en œuvre. On peut donc en retenir que, quelles que soient les nouvelles formes de travail, plus elles donneront la possibilité à chacun d'apprendre en agissant, donc de développer ses compétences potentielles, plus elles représenteront des activités motivantes.

Au total, acquérir de nouvelles compétences, donc être chargé de missions qui permettent de les développer, représente un élément-clé du développement personnel et du progrès dans les carrières [16]. Ceci pour trois raisons. La rapidité du progrès technique ne garantit plus que les compétences acquises en formation initiale et en début de carrière vont être utilisables pendant toute la vie active. Ce qui oblige à garder une attitude apprenante tout au long de sa vie. Par ailleurs la réduction du nombre de niveaux hiérarchiques, donc la relative rareté des promotions et la fréquence des mobilités horizontales font rechercher d'autres moyens pour juger de ses progrès. Or la visibilité des résultats qui, nous l'avons vu, est une des caractéristiques des postes réorganisés en fonction des technologies avancées et des exigences de la compétition, apporte des informations précieuses, et motivantes, sur les compétences acquises. Enfin, dans un monde du travail où la sécurité de l'emploi devient rare, chacun se sent obligé de gérer lui-même sa carrière et cherche donc à la fois des occasions de connaître sa valeur,- de faire le bilan de ses compétences-, et de se placer dans des positions lui permettant d'acquérir de nouvelles compétences.

C'est avec ces idées en tête qu'il faut aborder la recherche de nouvelles stratégies pour relancer la motivation. En particulier en tenant compte du fait que les nouvelles conditions de travail créent des possibilités de motivation qui n'existaient pas auparavant. On peut en résumer les principes en quelques phrases :

• Les caractéristiques du travail peuvent être à l'origine de processus psychologiques complexes qui relancent la motivation.

• Ces caractéristiques ont été renouvelées par le développement actuel des conditions de travail, dues à la fois à la globalisation de la compétition et à l'arrivée de technologies avancées.

- Les nouvelles formes de travail peuvent apporter, à travers les processus cognitifs qu'elles impliquent, des occasions de développement personnel et d'acquisition de compétences qui représentent d'importantes sources de motivation.

- L'efficacité de ces caractéristiques est très variable et fonction de facteurs individuels, intra-organisationnels et extra-organisationnels. Aucune pratique ne peut être généralisée. Et le choix d'une stratégie doit être précédée par une analyse de la situation.

LES SOURCES « INTRINSÈQUES » DE MOTIVATION

L'enrichissement des tâches qui a été pris en considération jusqu'ici consiste essentiellement à rendre le travail plus intéressant, moins monotone, moins parcellaire et plus significatif pour celui qui l'accomplit. On peut aller plus loin et chercher à mieux comprendre ce qui rend tout travail pas seulement intéressant, mais motivant par lui-même.

Le fait qu'il existe des sources « intrinsèques » de motivation n'est pas une idée nouvelle, mais le discrédit du modèle théorique proposé par Herzberg a probablement caché l'importance de ce qu'il a nommé « motivateurs ». La différence qu'il propose entre des sources de motivation qu'il nomme « hygiène » et d'autres qui seraient réellement efficaces n'a jamais été confirmée par des recherches de terrain. Même condamnation pour la confusion qu'il introduit entre motivation et satisfaction, parce que l'idée qu'il suffirait de semer la satisfaction pour... récolter de la motivation n'a jamais été démontrée expérimentalement.

Pourtant Herzberg a eu le mérite de souligner qu'il existe d'autres sources de motivation que celles qui résultent des besoins à satisfaire. Au lieu d'un échange entre le travail et des « récompenses » extérieures, la motivation peut venir du travail lui-même, ce qui revient à attirer l'attention sur les facteurs « intrinsèques » de la motivation, ceux qui sont créés par la signification du travail, sa valeur, voire son sens symbolique dans une culture donnée. Et il est vraisemblable que ces sources de motivation acquièrent plus d'importance à mesure que le progrès technologique complexifie les tâches, que le nombre de travailleurs hautement qualifiés s'accroît et que les tâches répétitives n'exigeant pas de connaissances particulières se réduisent, et également du fait de la multiplication des emplois de service qui permettent un contact direct avec le bénéficiaire de son travail.

Il faut dire que l'idée de « payer » le travail pour le motiver est relativement simple, et que la stratégie motivationnelle se limite, dans ce cas, à l'identification des besoins motivants. Alors que analyser la nature et l'origine des sources de motivation « intrinsèques » oblige à réfléchir aux liens entre le travail et différents processus psychologiques. Trois d'entre eux ont été décrits par Katz et Kahn dès 1966, sans qu'on en ait réellement tiré des leçons pratiques, probablement parce que leur mise en œuvre aurait trop bousculé les principes classiques et les stratégies habituelles de la gestion des ressources humaines [17]

La première concerne le fait de s'identifier à son travail, autrement dit d'en faire une partie importante de son identité personnelle. Dire, par exemple « Je suis une infirmière », ou « Je suis un professeur des écoles » implique qu'on ait internalisé les valeurs et les règles d'action de ces corporations, au point qu'elles fassent partie de l'identité personnelle. Ce qui signifie que les compétences mobilisées dans l'exercice de ce type d'activité professionnelle vont contribuer à construire notre estime de soi et à créer le sentiment d'être efficace. En fait, Katz et Kahn considèrent que cette source de motivation ne peut être mobilisée que dans les professions à haute qualification, et en aucun cas dans les métiers répétitifs, peu « nobles ». Cela reste à vérifier. Le sentiment d'être utile, ou encore d'appartenir à une institution qui sert l'ensemble de la société, peut créer l'estime de soi, même aux bas niveaux de qualification. Mais il est vraisemblable que les interventions susceptibles de créer ce type de motivation sont fonction du contenu et du niveau de l'activité.

Une seconde source de motivation intrinsèque signalée par Katz et Kahn est liée à l'auto – détermination. Il ne s'agit pas tant du degré objectif de contrôle sur ses activités tel qu'il a été décrit plus haut dans le paragraphe sur le contrôle, mais du sentiment d'être autonome dans son travail, et, en particulier, de pouvoir s'attribuer le mérite de résultats qui viennent principalement de ses propres décisions et de sa manière de résoudre les problèmes rencontrés. Dans ce contexte, l'auto – détermination contribue à alléger les sources de stress. En effet, le stress qui résulte d'un contrôle externe trop fort diminue la motivation. Par contre, dans les postes qui requièrent de l'initiative, ou encore qui demandent une fréquente mise à jour de ses compétences, chacun est constamment encouragé à trouver soi-même des solutions aux problèmes posés et à développer les compétences nécessaires. Et cette attitude active aide à s'approprier son travail, ce qui représente une source importante de motivation. En effet, laisser de l'initiative à l'individu lui donne confiance en soi, l'occasion d'affirmer la maîtrise de ses capacités et également, la volonté de surmonter les nouveaux challenges. Alors que, à l'inverse, un contrôle trop fort, qu'il soit exercé par les échelons supérieurs, ou qu'il soit introduit par des règlements trop pointilleux, donne le sentiment de ne pas savoir faire face aux problèmes, crée du stress, et réduit la motivation. On peut se demander si la multiplication des grandes organisations où une structure pyramidale implique l'élaboration de décisions et de consignes loin du terrain ne contribue pas à réduire le sentiment d'auto – détermination, et par conséquent, la motivation.

Dans une série de recherches comparant les conditions de travail en Allemagne de l'EST et en Allemagne de l'OUEST, Frese[18] a précisé les caractéristiques et le rôle motivateur de l'initiative personnelle. Il y a initiative quand on exécute une activité sans en avoir reçu l'ordre. Pas n'importe quelle activité, mais une action qui met en jeu une représentation adéquate des problèmes qui peuvent survenir et une démarche qui consiste à anticiper le problème à venir de manière efficace. Et il a mis en évidence l'importance de l'initiative comme facteur de motivation, et d'efficacité dans le travail. Le fait d'avoir la possibilité de mener à bien des initiatives personnelles donne le sentiment qu'on est capable d'avoir un impact sur les résultats, donc l'impression d'être efficace. Et cela signifie qu'on prend plaisir à avoir un contrôle sur son activité, et qu'on ne recule pas devant les responsabilités. A l'opposé, le sentiment d'impuissance devant les problèmes que les consignes existantes n'ont pas prévus, implique une chute de la motivation parce qu'on cesse d'essayer de contrôler l'environnement quand on n'en attend pas de résultats positifs. Et Frese remarque que c'est dans les petites et moyennes entreprises que l'initiative personnelle, et la motivation, peuvent se développer, alors que dans les grandes organisations, qu'elles soient du secteur public ou du secteur privé, la marge laissée à l'initiative personnelle est faible.

La troisième source de motivation intrinsèque vient du fait que le travail peut satisfaire nos besoins d'affiliation, donc nos besoins sociaux. On réfléchit à la motivation comme s'il s'agissait d'une relation entre un individu et une tâche, et on accorde probablement trop peu d'importance aux relations sociales qui se développent dans le travail et qui constituent une des bases de notre identité, même si on sait, depuis les enquêtes Hawthorne, que l'influence des collègues sur le comportement et sur les normes de comportement est aussi, sinon plus, importante que celle exercée par la hiérarchie (Doyle[19]). C'est vrai que cette solidarité a souvent été perçue comme contreproductive. Mais les observations concernant le fonctionnement des groupes autonomes montrent que le système de normes internes exerce une influence forte sur le comportement des membres de ces groupes. L'influence qui vient de collègues proches est plus puissante que les formes bureaucratiques de contrôle. Et favoriser les sources de motivation intrinsèque, c'est aussi s'appuyer sur les groupes et les équipes, pas seulement sur les attentes des individus.

COMMENT CHOISIR UNE STRATÉGIE ?

La complexité des résultats décrits ci-dessus, le nombre de variables qui modulent l'efficacité des différents changements du travail interdisent évidemment de formuler des prescriptions qui permettraient de décrire les aspects du travail à changer pour le rendre motivant quels que soient les individus, leurs missions, l'activité de l'organisation et son environnement technologique et économique.

En revanche, il est possible de décrire la succession des démarches qui peuvent servir à déterminer les stratégies réalisables et susceptibles d'être efficaces.

1 - La première étape consiste à définir les besoins, c'est-à-dire l'objectif proposé, notamment en précisant bien ce qui ressort de la motivation proprement dite, et des impératifs organisationnels, au sens large. Il est également utile de bien savoir quelles sont les raisons qui amènent à souhaiter redéfinir le contenu d'un poste, d'une mission ou d'une activité. Comme ces interventions s'adressent souvent à des postes peu qualifiés, la faisabilité économique doit être prise en compte. Ce qui n'empêche pas d'accorder une grande importance aux attitudes des personnes dont le travail va être modifié. Seront-ils favorables à plus de variété, d'autonomie, de responsabilité ? Sont-ils désireux d'accroître leur stock de compétences ? Sinon, pourquoi ? Notamment possèdent-ils les aptitudes requises pour faire face à une charge de travail différente ?

2 - Toute tentative pour changer le travail met en cause non seulement ceux qui occupent le poste à changer mais également leur hiérarchie, et souvent d'autres personnes, agents de maintenance, ingénieurs, etc. Il est donc nécessaire d'étudier en détail l'ensemble des activités qui vont être affectées. Pas seulement dans une perspective objective, mais également du point de vue des différents acteurs, de ce qu'ils conçoivent comme étant leurs prérogatives, le fondement de leur identité professionnelle et de leur statut actuel. Ce qui implique une identification précise de tous les aspects qui contribuent à la perception des caractéristiques qu'on souhaite modifier, en particulier en vue d'accroître la complexité. En d'autres termes, il faut être en mesure de comprendre pourquoi le poste, dans sa forme actuelle, paraît à ceux qui l'occupent monotone, sans autonomie, sans retour d'information ni visibilité.

3 - La troisième étape consiste à faire la liste des changements possibles. C'est là que les considérations techniques, économiques et managériales peuvent se conjuguer. On doit tenir compte des activités qui vont être appelées à se multiplier, des nouvelles procédures qui sont susceptibles d'apporter une impression de plus d'autonomie, des possibilités d'augmenter la diversification des tâches, d'introduire l'apprentissage de nouvelles procédures, ou encore de donner plus de visibilité aux résultats.

4 - Il est alors possible de faire un choix entre les diverses possibilités énumérées à l'étape précédente. Pour cela, il est nécessaire de définir les critères du choix, critères qui permettront aussi de faire une évaluation avant/après, donc d'apprécier les effets du changement du travail. Il peut s'agir d'indices objectifs, ou d'attitudes, voire d'augmentations objectives de la productivité, de la compétitivité, de la qualité des produits et des services. Rappelons combien il est nécessaire (mais difficile) de savoir, pour guider les interventions ultérieures, quelles sont les causes réelles d'éventuelles améliorations de productivité, de qualité, etc. Par exemple, il est évident qu'en opérant un changement des méthodes et de l'organisation du travail, on est amené à mieux utiliser les ressources en personnel et à mieux tenir compte des compétences acquises, ce qui augmente évidement la productivité.

5 - Il reste à mettre en place les choix qui ont été faits, et ceci en évitant les obstacles. Kotter en décrit quatre qu'il nomme les quatre S : Structures, Système, qualifications (Skills), et encadrement (Supervisors) [20].

Les *structures* existantes peuvent être pesantes, difficiles à changer et constituer des freins à la création de réelles possibilités d'autonomie et d'initiative, et ceci en dépit de la volonté annoncée de la hiérarchie. Dans les structures classiques, trop d'échelons intermédiaires peuvent paralyser les initiatives, et entraîner des difficultés de communication qui nuisent à leur efficacité et les découragent. La rigidité des habitudes anciennes empêche de réaliser qu'il y a d'autres manières de faire.

Le *système* de relations humaines et la nature des relations hiérarchiques existantes peuvent faire obstacle à la nécessité de déléguer, même si on en affirme le principe. Notamment, tout ce qui concerne l'évaluation, les décisions de promotion et même de recrutement doivent être rendus compatibles avec les marges d'initiative et de contrôle qu'on veut introduire.

De nouvelles *qualifications* sont nécessaires. Elles progresseront grâce à l'expérience des nouvelles situations. Ce qui n'empêche pas qu'il y ait souvent nécessité de prévoir une étape de formation traditionnelle.

Formation qui comporte une part de connaissances à acquérir mais aussi un changement d'attitudes. On ne peut pas dire à quelqu'un : "voilà vos nouvelles responsabilités et les possibilités d'initiative qui sont maintenant les vôtres" et imaginer que cela suffira. En plus des délégations formelles, il faut les aider à endosser ces nouvelles responsabilités.

Enfin, le personnel d'encadrement peut tenter de bloquer l'accroissement de responsabilité et d'initiative chez leurs subordonnés ainsi que la circulation des informations. Leur style de commandement et de comportements de contrôle de leurs subalternes peut ne pas s'accommoder sans intervention d'une nouvelle répartition de leurs attributions.

CONCLUSION : UNE REQUALIFICATION MOTIVANTE

Changer le travail peut certainement le rendre plus motivant. Mais nous sommes loin du point de départ de ce type d'interventions. Parce que les bonnes intentions ("humaniser le travail"...) sont sans effet en elles-mêmes. Parce que les changements de ce type concernaient surtout des postes simples dans des tâches de production, postes que les progrès techniques ont et vont encore réduire. Parce que l'opposition, et la nécessité de choisir, entre bonnes intentions pour motiver et recherche de productivité au dépens de la motivation n'a plus de sens. Et parce que les nouvelles technologies ont créé des conditions totalement différentes de ce qu'elles étaient. Conditions que nous ne savons pas toujours analyser en détail. Même si on a progressé dans la compréhension des processus impliqués par les technologies avancées, nous avons peu d'expérience concernant les possibilités de changer le travail dans les activités de service. Et nous sommes limités aux hypothèses concernant la signification du travail à une époque caractérisée par le chômage des jeunes et par l'absence de sécurité d'emploi. En outre, le travail motivant parce qu'il est "apprenant" ne convient pas à tous. Les récompenses au mérite restent une stratégie efficace pour les postes peu qualifiés et, surtout, pour la main-d'œuvre faiblement qualifiée. De manière plus générale, donner plus de complexité, de contrôle, de communication, d'occasions pour développer et utiliser ses compétences change assurément la nature et la signification du travail. Mais le rôle motivant de ces changements dépend de paramètres individuels et organisationnels, et surtout, de la place du travail dans le fonctionnement psychologique et dans la culture des individus.

CONSEILS PRATIQUES SUR LA MISE EN ŒUVRE DE « L'ENRICHISSEMENT DU TRAVAIL »

Changer le travail pour le rendre motivant est **difficile** quand... :	L'enrichissement des tâches est **indiqué** quand... :
• Le système technologique s'y oppose, comme, par exemple quand il y a des chaînes d'assemblage, ou quand l'enrichissement suppose une modification coûteuse du matériel de production. • La description des postes est codifiée et a fait l'objet d'un accord avec le personnel. • Les tâches de contrôle, de commande de matières premières, de planning du travail, etc. sont actuellement le privilège d'une maîtrise qui ne souhaite pas en être dessaisie. • L'enrichissement des tâches suppose des efforts de formation qui sont trop coûteux pour l'entreprise. • Le personnel dont les tâches seraient enrichies s'attend à recevoir des promotions et/ou des augmentations de salaire que l'entreprise ne peut pas se permettre. Ce qui risque de créer un sentiment d'inéquité et, par suite, une démotivation.	• La tâche est découpée en segments courts qui pourraient être réunis pour les rendre moins répétitifs. • Il est possible de diminuer le nombre de niveaux hiérarchiques sans altérer la qualité des performances. • Des contrôles inutiles continuent à être effectués alors que l'évolution des techniques ne les exige plus. • L'intégration des tâches et des services requiert la présence de personnel de liaison, mais ceux-ci ont également des fonctions de contrôle qui réduisent l'autonomie du personnel. • Le travail est très fractionné et il est possible de réunir toutes les parties qui exigent le même matériel. • Il existe des possibilités de formation qui faciliteront l'accroissement des responsabilités.

196   LA MOTIVATION AU TRAVAIL ────────────────

Références citées

1. T.D. Wall, P.R. Jackson (1995), New manufacturing initiatives and shopfloor job design, chapitre 4 in A. Howard, *The changing nature of work*, Jossey-Bass, San Francisco.
2. J.R. Hackman, G.R. Oldham (1975), Motivation through the design of work : test of a theory, *Org. Behavior and hum. Performance*, 16, 250-279 ; J.R. Hackman, G.R. Oldham (1976), Motivation through the design of work : test of a theory, *Org. Behavior and hum. Performance*, 16, 250-279 ; J.R. Hackman, G.R. Oldham (1980), *Work redesign*, Reading, Mass., Addison-Wesley.
3. Y. Fried, G.R. Ferris (1987), The validity of the job characteristics model : a review and meta-analysis, *Pers. Psychology*, 40, 287-322 ; P.M. Muchinsky (1990), *Psychology applied to work*, Pacific Grove, California, Brooks Cole.
4. R.B. Dunham (1976), The measurement and dimensionality of job characteristics, *Jal of applied Psychol.*, 61, 404-409 ; R.B. Dunham, Job design and redesign, in S.Kerr (1977), *Organizational Behavior*, Columbus, Ohio, Grid.
5. C. Lévy-Leboyer (1969), *L'ambition professionnelle et la mobilité sociale*, Paris, PUF.
6. T. Mc Coy (1996), *Creating an "open book" organization*, American Management Association, New York.
7. J.E. Champoux (1992), A multivariate analysis of curvilinear relationships among job scope, work context satisfaction and affective outcomes, *Human Relations*, 45, 1, 87-111.
8. E.L. Deci, R.M. Ryan (1990), *Intrinsic motivation and self-determination in human behavior*, New York, Plenum Press.
9. M. Barrick, M.K. Mount (1993), Autonomy as a moderator of the relationships between the big five personality dimensions and job performance, *Jal of applied Psychol.*, 78, 111-118.
10. P.S. Adler (1992), *Technology and the future of work*, New York, Oxford University Press ; S. Zuboff (1988), *In the age of the smart machine : the future of work and power*, New York, Basic Books.
11. F.E. Emery, E.L. Trist (1965), The causal texture of organizational environments, *Human Relations*, 18, 21-32.
12. J. Kelly (1992), Does job re-design theory explain job re-design outcomes?, *Human Relations*, 45, 753-774.
13. J.W. Dean, S.A. Snell (1991), Integrated manufacturing and job design : moderating effects of organizational inertia, *Academy of Management Journal*, 34, 776-804.
14. M. Frese, D. Zapf (1993), Action as the core of work psychology : a German approach. In M. D. Dunnette, L. M. Hough, et H.C. Triandis, *Handbook of industrial and organizational psychology, op. cit.*
15. R.. Karasek, T. Thorell (1990), *Healthy work : stress, productivity and the reconstruction of working life*, New York, Basic Books ; B.T. Loher, R.A. Noe, N.L. Moeller, M.P. Fitzgerald (1985), A meta- analysis of the relations of job characteristics to job satisfaction, *Jal of appl. Psychol.*, 70, 280-289.
16. C. Lévy-Leboyer (1996) *La gestion des compétences*, Paris, Editions d'Organisation.
17. D. Katz , R.L. Kahn (1966), *The social psychology of organizations*, Wiley, New York
18. M. Frese, Doris Fay (2006), Quel est le rôle de l'initiative personnelle ?, Chapitre 14 in C. Lévy-Leboyer, C. Louche, J-P. Rolland, *RH, les apports de la psychologie du travail*, tome 1, Management des personnes, Paris, Ed d'organisation
19. C. Doyle (2003), *Work and organizational psychology*, Psychology Press, Sussex
20. J.P. Kotter (1996), *Leading change*, Cambridge, Mass., Harvard Business School Press.

Chapitre 6

Le leader charismatique

Nous avons tous rencontré des cadres pour qui nous avons travaillé avec un enthousiasme, voire un dévouement particulier. Et des collègues qui reconnaissent avoir fait des efforts qu'ils n'auraient pas acceptés sous l'autorité d'un autre. Beaucoup d'entre nous ont vu, dans des situations sortant de l'ordinaire, quelqu'un prendre l'ascendant sur un groupe, le diriger et le motiver en lui faisant accepter, et atteindre, un but commun, parfois difficile ou risqué. Qu'est-ce qui fait que certains savent motiver les autres ? Et ceci indépendamment des sources de motivation dont nous avons parlé dans les deux chapitres précédents,- la récompense et l'aménagement du travail. A quoi tient leur charisme ?

Et d'abord, peut-on définir le charisme ? Il est relativement facile de décrire ses effets. Les personnes qui suivent un leader charismatique le considèrent comme quelqu'un d'exceptionnel, qu'elles estiment et admirent, et à qui elles obéissent avec un mélange de respect et de crainte. Autrement dit, il existe une relation interpersonnelle spécifique entre le leader charismatique et ses subordonnés. Et cette capacité à motiver n'est pas due au poste occupé, donc à l'autorité conférée par l'organisation, mais à l'individu lui-même en tant que personne, et à son comportement. Il est plus difficile de définir ce qui fonde cette relation spéciale et confère le charisme. Il peut s'agir de qualités personnelles, mais aussi du fait que les leaders charismatiques possèdent, plus que les autres, un sens aigu de leur mission, voire une vision à long terme des objectifs à atteindre et qu'ils savent entraîner les autres dans cette direction.

Cette description soulève trois questions qui ont une importance pratique parce qu'elles conduisent à des stratégies différentes. En premier lieu, y a-t-il des qualités individuelles qui font qu'un cadre est une source de motivation ? Existe-t-il un "profil charismatique" qui donne à certains individus le talent nécessaire pour entraîner les autres ? En second lieu, y-a-t-il une manière de gérer les autres qui stimule leur motivation ? En particulier, le fait de les faire participer aux décisions constitue-t-il un ressort important de la motivation à exécuter ces décisions ? Et, troisièmement, s'il n'y a pas de réponses générales à ces deux premières questions, peut-on faire la liste des conditions et des contraintes qui modulent les effets motivants des profils et des conduites ?

L'ensemble de ces questions et des réponses qu'on peut leur apporter se situe dans le cadre des travaux sur le leadership. Il est évident que les responsabilités d'encadrement comportent bien d'autres aspects que la motivation des subordonnés. Et les différents styles de leadership, comme les caractéristiques individuelles des cadres, ont été envisagés sous l'ensemble de ces aspects, qu'il est d'ailleurs souvent difficile de traiter séparément. En outre, alors que les modèles de la motivation qui ont été décrits dans la première partie avaient pour objet la seule description du processus motivationnel, les études du leadership ont toujours été très proches du terrain et souvent guidées par les résultats d'applications pratiques. Et, comme dans le cas de la motivation, les recherches sur le leadership qui se sont succédées se complètent sans que chaque étape ne détruise les résultats de la précédente. C'est pourquoi, et même si le présent ouvrage n'est pas directement concerné par l'ensemble des travaux sur le leadership, il est utile de rappeler rapidement les quatre étapes qui se sont succédées et de résumer leurs conclusions parce que chacune d'entre elles a apporté des éléments de réponse aux questions posées plus haut et que la plus récente donne une place privilégiée et un nouveau contenu à la "fonction motivante".

Dans la première, on a recherché s'il existait des traits individuels caractérisant les leaders efficaces. Devant les résultats peu convergents obtenus par cette approche, donc face à la difficulté de recruter des cadres en se fondant sur des qualités qui leur seraient communes, on s'est intéressé ensuite aux styles de comportement, avec l'idée qu'il devrait être possible de définir des conduites adéquates quelle que soit la situation et de les enseigner aux cadres pour les rendre plus performants. L'analyse factorielle des descriptions du comportement des cadres faites par leurs subordonnés a montré que ces comportements peuvent être décrits au moyen de deux concepts, la considération et la structure. Différents instruments ont été construits pour mesurer ces deux dimensions, aussi bien lorsque le cadre lui-même décrit son style de comportement que lorsque c'est le subordonné qui en a la charge. La "considération" concerne l'ensemble des comportements relationnels marqués par la confiance mutuelle, le respect des autres, et la camaraderie. La "structure" concerne la capacité du cadre à organiser le travail, à définir clairement les responsabilités de chacun et à faire en sorte que le travail soit réalisable dans de bonnes conditions.

Sur le plan pratique, l'intérêt de ces analyses vient du fait que les chercheurs ont clairement montré que ces deux dimensions sont indépendantes. Qu'est-ce-que cela signifie ? Qu'un cadre peut à la fois faire preuve de considération et de structure, alors que intuitivement, nous avons tendance à opposer ces deux dimensions et à croire que ceux qui montrent de la considération sont peu organisateurs, et inversement. D'où le développement de procédures de formation utilisant une grille de comportement et son schéma d'interprétation. Leur objet est d'abord de faire prendre conscience aux cadres de leur style habituel et, ensuite, de leur permettre de situer ce style par rapport à celui d'un groupe comparable de cadres ayant le même type de responsabilités. Ceci afin qu'ils réalisent la possibilité d'améliorer leur style sans sacrifier ni la considération ni la structure [1].

Malheureusement, et même si l'hypothèse reste séduisante, les initiatives fondées sur la notion d'un style efficace parce qu'il combine considération et structure n'ont pas donné les résultats attendus. Notamment une méta-analyse portant sur les tentatives de cet ordre effectuées depuis 1968 a montré qu'il existe bien une corrélation entre performance des subordonnés et considération d'une part, entre performance et structure d'autre part. Mais que la combinaison des deux n'améliore pas l'efficacité [2]. Ce qui revient à dire que aussi bien le fait d'avoir de bonnes relations avec ses subordonnés que le fait d'organiser correctement leur travail sont des facteurs d'efficacité. En outre, le caractère général des hypothèses sur les effets du style de leadership a été critiqué et de nombreuses études de terrain ont montré l'importance des facteurs modérateurs liés à la situation sous tous ses aspects. En définitive l'idée d'un style de leadership efficace partout ne semble pas recevable. Conclusion qu'on peut généraliser aux résultats des recherches sur les traits de personnalité. Aucun profil individuel, aucun style de comportement ne constitue une garantie de réussite dans toutes les fonctions d'encadrement.

Les contradictions relevées dans les bilans d'application des formations destinées aux cadres ont alors imposé l'idée d'une dépendance situationnelle des styles dont l'efficacité est "contingente", c'est-à-dire fonction des caractéristiques de la situation. La première question, toujours d'un point de vue pratique, consistait donc à classer les styles d'encadrement, de manière à tenter d'étudier leurs indications. Notamment, House a distingué quatre styles dont l'efficacité est fonction des caractéristiques des subordonnés et de celles de la tâche [3]. L'idée centrale est que, pour être efficace, le comportement du leader doit aider les subordonnés à atteindre les objectifs qui leur sont fixés en clarifiant les chemins qui y mènent et en réduisant les obstacles, et les motiver à le faire en accroissant la qualité des satisfactions que leur procure le fait d'atteindre ces objectifs. Les différents styles, directif, de soutien, participatif, et orienté vers le succès ont des indications liées à la manière dont les subordonnés perçoivent le comportement et les intentions de leur cadre et au degré de structuration des tâches à accomplir ainsi qu'aux procédures formelles d'autorité dans l'organisation. Il existe donc deux catégories de facteurs qui modulent l'efficacité d'un style de leadership : des caractéristiques individuelles comme le "lieu de contrôle", l'autoritarisme, l'image de soi ; des facteurs de situation comme la nature des tâches, le mode de relations hiérarchiques, le secteur d'activité, la qualification requise pour le travail à accomplir.

Mais ces vues pessimistes des recherches de la première étape sur le rôle des traits de personnalité comme facteur d'efficacité des conduites d'encadrement ont été remises en question pour trois raisons. La première est liée au succès des centres d'évaluation comme moyen de prédire la réussite professionnelle des cadres. Le fait que le menu de ces centres incluait des questionnaires de personnalité ainsi que l'observation du comportement en situation a montré qu'il s'agissait bien de paramètres importants. En outre, et cette fois-ci d'une manière plus théorique, on a souligné le caractère sommaire de l'approche atomiste qui consistait à tenter de mettre en corrélation des aspects isolés de la personnalité, d'une part, et le succès global comme cadre, d'autre part. Ce qui impose l'idée de "syndrome", groupement significatif de plusieurs traits de la personnalité individuelle, qui permet de prédire un comportement précis [4]. Enfin, la notion de contingence ne s'applique pas seulement au style de leadership, elle concerne également les traits de personnalité qui ne peuvent conférer une efficacité comme leader que dans des situations bien définies. Comment, en effet, imaginer que les mêmes comportements vont servir à motiver des subordonnés dans une organisation militaire, dans un service social, dans une entreprise de production, et dans un service de recherche ?

Le terrain était prêt pour différencier les fonctions de leadership. De fait, depuis environ quinze ans, c'est la conception même du leadership qui a été mise en cause, dans le cadre de ce qu'on a nommé soit le "leadership transformationnel", soit plus simplement le "nouveau leadership". Cette nouvelle approche concerne directement la motivation dans la mesure où elle repose sur l'idée que la fonction majeure des cadres consiste à exercer sur leurs subordonnés une action qui les fait évoluer ("leadership transformationnel"), et pas seulement à établir de bonnes relations avec eux ("leadership relationnel"). Et elle nous intéresse ici parce qu'elle met l'accent sur le charisme et sur l'importance de la "vision" incarnée par le leader, ceci dans la mesure où il sait articuler cette vision, l'expliquer de manière passionnée et faire partager son enthousiasme. Peters va plus loin en disant que ce n'est pas le contenu de la vision qui importe mais la capacité à la faire partager [5].

On est donc d'abord passé de la recherche de traits de personnalité ou de style de leadership efficaces à la réalisation que des individus et des styles différents convenaient à des situations différentes, pour revenir ensuite à une analyse plus fine des qualités nécessaires à un leader. Dans tous ces cas de figure, il faut se souvenir qu'il s'agissait de l'ensemble des fonctions d'encadrement. Alors que nous ne nous posons ici que la question des capacités des cadres à motiver leurs subordonnés. Mais ces différentes approches ont de l'intérêt, sur le plan pratique, parce qu'elles correspondent à trois manières d'aborder la gestion de la motivation de leurs subordonnés par les cadres :

• En confiant des fonctions d'encadrement à ceux qui ont des qualités charismatiques.

• En créant des structures organisationnelles adaptées au secteur d'activité et favorisant la mise en œuvre par les cadres d'un style de leadership directif, autoritaire ou participatif.

• Ou encore, en précisant les caractéristiques de la situation qui constituent des indications permettant de choisir le style de leadership efficace.

Ce sont ces trois possibilités qui vont être examinées maintenant.

Y A-T-IL UN (OU DES) PROFIL(S) CHARISMATIQUE(S) ?

Dans quelle mesure possède-t-on du charisme ? On voit souvent des annonces de recrutement faire appel à des candidatures de personnes motivées, alors que nous savons maintenant que le processus de motivation est déclenché par une série de conditions précises et n'est pas seulement une caractéristique personnelle. En est-il de même pour le charisme ? S'agit-il d'une qualité, voire d'un don personnel ? Une qualité adaptée à toutes les situations, ou un ensemble de qualités dont l'efficacité est contingente à la situation ?

Trois catégories de caractéristiques individuelles ont été prises en considération : des traits physiques comme la taille, le poids, la qualité du regard, l'apparence générale et l'âge ; des aptitudes comme l'intelligence, les qualités d'expression orale, et les qualifications professionnelles ; des traits de personnalité comme l'équilibre, l'extraversion, la dominance, la confiance en soi, l'empathie et le contrôle de soi. Les premières synthèses de toutes les recherches qui ont tenté de mettre en relation un ou plusieurs de ces traits avec l'efficacité du leadership, ont, nous l'avons vu, rendu peu optimiste sur la possibilité de sélectionner les leaders à partir de leurs caractéristiques personnelles [6]. Pourtant, une méta-analyse plus récente permet de différencier les leaders de ceux qui n'ont pas ces qualités sur cinq points : l'énergie et l'ambition, l'intégrité, la confiance en soi et le contrôle émotionnel, les qualités cognitives qui sont utiles pour traiter une grande quantité d'informations, et une très bonne connaissance de leur travail et de leur entreprise [7]. Mais les conclusions de ce travail soulignent également le fait que l'efficacité d'un leader tient à beaucoup d'autres aspects et pas seulement à son profil.

En fait, les recherches que nous venons de résumer brièvement n'ont pas tenté de différencier les seules qualités individuelles qui seraient les conditions d'une capacité à entraîner et motiver ses subordonnés. Elles ont envisagé l'ensemble des traits qui caractériseraient les cadres efficaces. Il est vrai que, pendant longtemps, on a considéré que la motivation de ses subordonnés n'était qu'une des responsabilités des cadres, au même titre que la prise de décision, le contrôle des opérations, l'organisation du travail, etc. Mais l'évolution des structures organisationnelles ainsi que la situation économique et le progrès technique ont accru l'importance de la motivation, et en particulier ont poussé à préciser le vocabulaire utilisé pour désigner les personnes qui ont des fonctions d'autorité dans une organisation. On utilise le terme "cadre" pour désigner ceux qui donnent des ordres et prennent des décisions, et on qualifie ce terme de manière variée (moyen, supérieur, dirigeant...) pour définir, en fonction des conventions propres aux différents secteurs d'activité, le rang hiérarchique. En outre, il est fréquent d'avoir recours indifféremment à des mots anglais, leader, ou encore manager, pour nommer ceux qui gèrent et qui commandent. Ce flou ne facilite pas la description des missions et des responsabilités des "cadres". Ce n'est que récemment, à la suite de plusieurs auteurs américains, qu'on a non seulement défini les fonctions d'encadrement, mais surtout bien différencié les attributs du manager et ceux du leader[8]. Il ne faut pas voir dans ces efforts de clarification une pure préoccupation littéraire... En effet, ce qui nous intéresse ici, ce n'est pas le fait que, dans les organisations, les fonctions hiérarchiques entraînent des responsabilités plus ou moins étendues, c'est l'aspect de ces responsabilités qui implique la charge de *motiver* les autres. D'où l'importance de la distinction entre les activités des "managers" et celles des "leaders".

Trois fonctions définissent les responsabilités des *managers* et permettent d'obtenir la cohérence nécessaire pour garantir que toute organisation, même si elle est complexe, de grande taille, et si elle utilise des technologies avancées, respecte les objectifs, le calendrier et le budget qui ont été fixés :

1- Faire des plans d'avenir, définir des objectifs, préciser les étapes qui permettront de les atteindre, et prévoir les ressources nécessaires.

2- Organiser le travail en répartissant les tâches, en les attribuant aux personnes compétentes, en déléguant les responsabilités.

3- Contrôler le travail et résoudre les problèmes qui se posent.

Le *leadership* correspond à des attentes très différentes. Il n'est pas destiné à maintenir un ordre existant, mais à créer le mouvement, à produire des changements, à faire face à des contraintes et à des besoins nouveaux,- bref à être capable de changer vite et de faire changer les autres pour s'adapter continuellement aux nouvelles conditions d'un marché en évolution rapide. Toutes choses qui ne sont possibles qu'en stimulant la motivation de ses subordonnés, en leur faisant adopter des procédures nouvelles, donc en adoptant soi-même des conduites différentes qui consistent à :

1- Développer une vision de l'avenir, souvent à long terme, et formuler des stratégies qui donnent corps à cette vision.

2- Mettre les autres en mouvement, les faire adhérer à cette vision afin d'obtenir leur coopération.

3- Les motiver en mobilisant leurs besoins, leurs valeurs, leur ressources affectives, afin qu'ils aient l'énergie nécessaire pour surmonter les obstacles.

Ainsi définis, management et leadership semblent avoir les mêmes objectifs : prendre des décisions, créer des équipes telles que ces décisions puissent être mises en œuvre et vérifier que le travail est bien fait. Pourtant ils sont profondément différents. Parce que le management opère sur des laps de temps relativement réduits alors que la vision qui rend le leadership efficace concerne des durées beaucoup plus longues. Parce que le management définit les spécialités de chacun et les utilise en plaçant chaque individu au poste qui lui convient alors que le leadership se focalise sur la constitution de groupes intégrés, sur leur implication par rapport à un objectif à long terme, et sur la création de relations inter-personnelles positives à l'intérieur des groupes. Parce que le manager se préoccupe de créer une organisation dont les activités sont prédictibles et bien contrôlées, alors que le leader motive, donne des responsabilités accrues, et crée les événements qui sont susceptibles de stimuler les énergies. Surtout parce que le management repose sur un fonctionnement stable et régulier, voire routinier, alors que le leadership fait naître les conditions du changement, ménage la possibilité d'acquérir de nouvelles compétences, et, pour ce faire, sait voir au-delà de l'unité dont il est responsable et est capable d'avoir de l'influence en-dehors de cette unité.

Leaders et managers diffèrent également dans les relations qu'ils établissent avec leurs subordonnés. Les leaders formulent des signaux clairs sur leurs buts et sur leurs missions. Ils suscitent le désir de s'identifier à eux et, d'une manière plus générale, créent des relations inter-personnelles fortes. Les managers sont plus silencieux, voire ambigus en ce qui concerne leurs objectifs. Les leaders cherchent à articuler leurs idées et à les transmettre sous forme imagée et convaincante ; les managers sont plus concernés par les processus en cours, et leur contrôle efficace.

Les deux aspects, management et leadership, sont certainement néces-saires à la bonne marche d'une organisation. Mais la distinction entre les deux permet, en ce qui concerne la capacité à motiver, de bien différen-cier la motivation qui doit être créée, et maintenue, dans le cadre du management quotidien des processus routiniers, et celle qui va susciter un effort exceptionnel, accompagnant une remise en question des procé-dures habituelles, ainsi que le fait de sortir de la routine pour atteindre des buts rénovés, et imposés par les changements environnementaux.

Dans le premier cas, l'important se situe au niveau de la relation entre le manager et ceux qu'il est chargé de motiver. Parce que la fonction principale du cadre consiste à "accroître les gains personnels que les subordonnés retirent d'un objectif atteint, à clarifier les étapes qui mènent à cet objectif, à éviter les écueils et les blocages, et à multiplier les occasions de satisfaction personnelle sur ce chemin" [9]. Motiver les autres suppose alors d'être capable de susciter la confiance de ses subordonnés, de savoir se faire accepter par eux sans réserve afin de les impliquer, bref de leur montrer les avantages attachés au succès pro-fessionnel. Et les traits personnels qui permettent de satisfaire ces exi-gences sont essentiellement les suivants : un haut niveau de confiance en soi, une tendance à dominer et le besoin d'influencer les autres, et une forte conviction dans la qualité de ses opinions. Dans cette pers-pective, les managers doivent être capables de représenter eux-mêmes les valeurs et la culture qu'ils veulent inculquer à leurs subordonnés. En donnant une image de compétence et de succès, ils inspirent confiance dans les valeurs et l'idéologie qui représentent les objectifs de l'organisation. Ils font accepter par leurs équipes des objectifs dif-ficiles en faisant comprendre à leurs subordonnés qu'ils les jugent capables de les atteindre. Et ils savent faire appel à des mobiles effi-caces, qu'il s'agisse du besoin de réussir ou de la volonté de battre un concurrent. Bref, les cadres capables de motiver sont ceux qui maîtri-sent et utilisent, peut-être sans le savoir, les conceptions cognitives de la motivation que nous avons décrites dans la première partie. Ce fai-sant, ils créent une situation prévisible, et cohérente, justifiant l'adhé-sion de leurs subordonnés, et leur motivation, par le fait que les résul-tats attendus sont atteints et que les "récompenses" qui sont attachées à ces résultats sont bien attribuées à ceux qui les méritent.

Toute autre est la nature du leadership dont l'utilité domine dans une période qui impose le changement et qui est également pertinente dans le cas des initiatives entrepreneuriales permettant aux petites entreprises de se développer avec succès. Alors que le style de motivation décrit dans le paragraphe précédent est qualifié de "transactionnel" parce qu'il est axé sur la relation entre le cadre et son personnel, sur le fait que les subordonnés reçoivent des marques d'estime ou des récompenses justifiées et peuvent s'appuyer sur leur hiérarchie pour les aider à surmonter les obstacles éventuels, le style du leader est qualifié de "transformationnel", parce qu'il est inscrit dans le changement, qu'il implique un effort commun du leader et de ses subordonnés pour dynamiser leurs motivations, et pour évoluer dans une direction nouvelle. Le "leader transformationnel" mobilise les ressources de la personne dans son ensemble et ses aspirations, et ne se limite pas à faire appel à un nombre limité de besoins spécifiques. Pour ce faire, le leader doit pouvoir s'appuyer sur une culture organisationnelle forte, c'est-à-dire sur un système de valeurs cohérent, éventuellement concrétisé par des symboles et des rituels. La description de ce type de leader, telle que la donne Zaleznik, illustre bien ce profil : c'est quelqu'un d'actif et pas seulement de réactif, qui élabore des idées originales au lieu de se contenter d'y répondre. Il est capable de provoquer l'imagination des autres, de susciter des attentes, et de conduire les activités dans des directions cohérentes avec ce qui est souhaitable pour l'organisation [10].

Le leadership transformationnel transcende la routine et étend le champ de vision au-delà du quotidien. Ce qui implique un comportement avant tout caractérisé par la vision, donc par la capacité à prévoir ce qui sera utile dans l'avenir et à la concrétiser sous forme de buts à long terme. D'où les trois qualités que doit posséder le leader transactionnel : le désir d'avoir du pouvoir et d'être en mesure de l'utiliser ; des qualités cognitives qui lui permettent de saisir les éléments critiques d'une vision organisationnelle ; la capacité à articuler cette vision, c'est-à-dire à la présenter de manière à ce que ceux qu'il doit motiver y adhèrent [11].

Sans une personnalité mobilisée par le désir d'exercer un réel pouvoir, aucune vision ne sera concrétisée de manière motivante. Le désir de réussir ne suffit pas. Et même, à la limite, les cadres qui ont un trop fort besoin de réussite peuvent être de faibles motivateurs parce que leur volonté de voir le travail bien fait est tel qu'ils ont tendance à le faire eux-même plutôt qu'à motiver les autres. Les leaders transformationnels doivent souhaiter avoir du pouvoir, pas pour en user à leur seul profit, mais pour atteindre des objectifs dont bénéficiera l'organisation toute entière, et pour exercer ce qu'on a nommé un pouvoir "socialisé" parce qu'il implique le fait de donner du pouvoir aux autres en leur faisant partager les mêmes valeurs et adhérer aux mêmes objectifs, ce qui leur permet d'être autonomes dans le cadre d'une action commune [12].

Mais il ne suffit pas de concevoir une vision, encore faut-il la communiquer, de telle manière qu'elle soit comprise par ses subordonnés, et qu'elle devienne la cible de leur implication. Ce qui exige des qualités cognitives spécifiques. La vision doit être construite sur la base d'une connaissance profonde de l'organisation et d'une réelle compréhension de ce qu'est la tâche d'un leader. Cela suppose la capacité d'exprimer la vision non pas en mots, mais en comportements, et étapes par étapes, c'est-à-dire en programmant de manière pertinente les rencontres avec les différents groupes pour leur présenter et discuter avec eux un plan détaillé des démarches qui vont suivre. Et également la compétence nécessaire pour expliciter la vision de manière claire, et relier les différentes mises en œuvre à la vision elle-même et aux objectifs qui la concrétisent, afin que les actions qui vont suivre, et qu'il ne pourra pas contrôler dans le détail, soient claires pour les exécutants. En outre, le leader transformationnel doit être capable d'étendre la vision, c'est-à-dire de l'appliquer à toute une gamme de situations, de services et de circonstances. Et il doit savoir mettre en œuvre cette vision sur une période de temps significative de manière à l'étendre progressivement à tous les services concernés. Ceci dit, il faut réaliser que plus le temps requis est long, plus il y a de chances que des facteurs inattendus obligent à réviser les plans initiaux. D'où la nécessité de ne pas préparer longtemps à l'avance un plan à appliquer de manière rigide.

La manière dont le leader s'y prend pour communiquer sa vision est centrale. Plusieurs auteurs soulignent la variété des possibilités d'intervention destinées à faire partager une vision, par les slogans utilisés, les symboles, ou encore des actions comme le fait de célébrer largement les premiers succès qui vont dans le sens de la vision [13]. Dans la plupart des cas, cette façon de faire conduit à donner plus d'autonomie et d'initiative- "d'empowerment"- aux membres de l'organisation. Participer à un projet à long terme, être associé à sa conception peut donner le sentiment d'avoir un pouvoir accru. En outre, le leader qui conçoit et cherche à faire partager une vision est souvent conduit à modifier la culture de l'organisation de manière à ce qu'elle soit cohérente avec la vision. C'est un des aspects développés dans l'ouvrage de Peters et Waterman [14]. Les nouveaux thèmes de cette culture compatible avec une vision qui implique forcément un changement profond, concernent précisément le rejet d'une bureaucratie paralysante, le développement de l'esprit d'entreprise, et un climat visant la compétitivité. Enfin, la confiance qu'un leader inspire à ses subordonnés est une condition *sine qua non* de sa capacité à leur faire partager totalement sa vision. C'est toute la différence qui existe entre l'obéissance passive et l'implication active, entre le fait de remplir scrupuleusement ses obligations et le surcroît d'effort consenti. Le lecteur aura certainement en tête des exemples français. Contentons-nous, avec Bryman, de citer celui du Président de General Motors dans les années 80 et ce qui a fait obstacle à sa volonté d'entraîner l'entreprise. Il a présenté sa vision comme une perspective qui lui était propre et que ses subordonnés devaient exécuter, et pas comme une perspective à partager. En outre, sans se débarrasser d'une bureaucratie pesante, il a suscité des changements ponctuels dont les liens avec la vision d'ensemble n'apparaissaient pas clairement [15].

Reste le problème de savoir à quel niveau hiérarchique il est souhaitable d'adopter un profil transformationnel. On peut penser que concevoir une vision et entraîner les autres ne caractérise que des cadres de niveau élevé, ceux dont on attend une impulsion, qui ont un pouvoir institutionnel suffisant pour prendre des décisions de poids, et la crédibilité nécessaire pour mettre en œuvre des changements significatifs. Les exemples donnés dans la littérature sur le leadership transformationnel, surtout américaine il est vrai, concernent des Présidents et des Directeurs généraux, probablement parce qu'ils ont plus de visibilité dans les médias et que leur vision, c'est-à-dire les stratégies qu'ils ont mises en œuvre pour faire évoluer leur entreprise et lui permettre de faire face aux nouvelles conditions du marché, ont également attiré l'attention des journaux financiers et des revues de management. Mais les cadres intermédiaires, qui ont la responsabilité de segments importants dans des grandes organisations, peuvent aussi tirer bénéfice d'un leadership transformationnel. Avec modération : on voit mal comment une entreprise survivrait à une pléthore de leaders, chacun poursuivant sa vision personnelle...

Sans aller aussi loin, on doit noter, avec Peters et Waterman qu'il y a souvent, dans des organisations en difficulté, des "poches d'excellence" qui peuvent devenir des modèles pour le reste de l'entreprise et qui sont, précisément, caractérisées par la présence d'un leader transformationnel [14]. Ceci dit, une vision n'est pas l'équivalent de l'ensemble de la culture d'entreprise, et il faut d'une part garder présente à l'esprit la nécessité de préserver une cohérence entre la culture actuelle et ce qu'une vision "secondaire" peut apporter de nouveau et, d'autre part, admettre qu'il existe forcément dans une organisation une vision "principale" et des visions secondaires. Même si ces réflexions nous écartent de la description d'un profil charismatique, elles rappellent que tout leadership dans le monde du travail se situe à l'intérieur d'une entreprise et que diriger une entreprise doit inclure le fait de diriger dans l'entreprise.

Il ne faut pas croire que ces deux types de leadership soient inconciliables. En réalité, comme l'affirme Bass [6], un cadre peut être capable d'être transformationnel et transactionnel, et d'adapter son comportement aux circonstances. Et il est possible que le fait de développer sa capacité à diriger de manière transformationnelle accroisse sa qualité de manager traditionnel. Surtout, les indications de ces deux styles sont différentes. Le management transactionnel convient aux secteurs peu turbulents, aux situations assises et aux grandes organisations très structurées. Le leader transformationnel a un rôle évident en temps de crise, en période de changements rapides ou encore dans des situations qui imposent une réorganisation profonde des stratégies de l'organisation. Du point de vue qui nous intéresse ici, il est vraisemblable qu'en opposant deux profils, celui du manager et celui du leader dont les comportements sont adaptés à des situations différentes, les contradictions entre les résultats des recherches concernant la personnalité charismatique soient moins gênantes. En effet, la question devient double : quels sont les traits caractéristiques des managers en période stable ou dans une organisation dont le marché et les processus technologiques changent peu ? Et quels sont ceux des leaders qui savent entraîner leur personnel, élaborer et communiquer une vision, particulièrement utile en temps de crise ?

Il n'y a pas, malgré le grand nombre de recherches existantes, de tableau exhaustif des caractéristiques des managers et des leaders. Un tel tableau serait d'ailleurs illusoire dans la mesure où nous savons maintenant que les caractéristiques situationnelles interagissent de manière significative avec les profils individuels, et que ces caractéristiques situationnelles sont très nombreuses puisqu'elles concernent aussi bien l'environnement organisationnel, que le secteur, l'organisation elle-même et le personnel encadré. Mais il existe des preuves abondantes de l'importance, en particulier pour la capacité à entraîner et à motiver, de trois groupes de caractéristiques qui concernent l'activité et l'énergie, la confiance en soi ainsi que l'équilibre personnel et la résistance au stress, le désir de pouvoir et d'autorité, ainsi que des compétences relatives à la tâche et aux relations interpersonnelles [16].

Le besoin d'autorité et de pouvoir, d'avoir des responsabilités, l'équilibre émotionnel, sont des caractéristiques communes aux managers et aux leaders. L'activité et l'énergie confèrent aux managers "transactionnels" l'image nécessaire pour qu'ils représentent un modèle à suivre. Elle prend, chez les leaders "transformationnels" une tonalité différente, caractérisée par l'imagination, l'originalité et la force des idées, l'enthousiasme et le dynamisme. De même, les compétences liées à la tâche sont importantes dans les deux groupes, mais il s'agit dans le premier cas, des compétences concernant la tâche en cours, de l'expérience qui leur permet de déléguer à bon escient, alors que le leader doit posséder l'expérience et les qualités cognitives requises pour saisir les éléments critiques d'une situation, définir une stratégie originale et en articuler les étapes. Les compétences sociales sont importantes mais diversement dans les deux cas. Les managers doivent savoir gérer les systèmes de récompenses et les marques d'estime, la capacité à stimuler la coopération, le tact et la diplomatie ; alors que les leaders doivent posséder de réelles qualités de communication, un talent oratoire pour convaincre, ainsi que les qualités sociales qui leur permettront de structurer des systèmes sociaux en vue d'atteindre des objectifs spécifiques.

A la question : y-a-t-il un profil charismatique, la réponse est donc mitigée. Non, parce que les caractéristiques de l'organisation et de son environnement économique et technologique exigent des qualités spécifiques que seule l'analyse attentive permet de préciser, qualités presque opposées quand il s'agit d'une situation stable et routinière ou au contraire, d'une situation qui impose le changement et la capacité à concevoir et à imposer une vision. Oui, parce que la nécessité d'adapter son comportement à la situation, donc d'être flexible et capable de percevoir ce que la situation requiert, est universelle. Sur le plan pratique, et au-delà de ces qualités d'analyse et d'adaptabilité, cela signifie que décrire un profil applicable à la détection de tous les leaders ou de managers potentiels n'est pas réaliste. En revanche, il est important d'identifier le comportement susceptible de motiver dans la situation présente de l'organisation concernée, de bien faire la différence entre management transactionnel et leadership transformationnel, et d'enseigner ces différences aux cadres eux-mêmes, tout en tenant compte des caractéristiques personnelles qui accompagnent l'une ou l'autre de ces manières d'exercer son autorité. Dans ce cas, peut-on poser le problème autrement et tenter de définir des styles de comportements motivants ? Et peut-on les enseigner à ceux qui ont la charge de motiver les autres ?

DES CONDUITES MOTIVANTES ?
OUI, MAIS EN FONCTION DES SITUATIONS

La différence essentielle entre un profil motivant et un style motivant, c'est que le profil peut être considéré comme une donnée fondamentale de la personnalité, des compétences individuelles, des valeurs et des attitudes. Alors qu'un style peut être adopté, voire enseigné à des cadres qui cherchent à améliorer leurs capacités et à acquérir les connaissances qui servent à motiver les autres. Certes, l'expérience de l'encadrement, le fait d'avoir eu à se confronter à des situations et à des défis variés font évoluer, dans une certaine mesure, les caractéristiques individuelles, en même temps que s'accroît et se diversifie la gamme de comportements que les cadres sont capables de maîtriser. Mais cette valorisation de l'expérience acquise est d'autant plus efficace qu'on se donne la possibilité de définir les différents styles de leadership et d'en apprécier les effets. D'où l'intérêt qu'il y a à envisager de manière aussi systématique que possible l'ensemble des conduites d'encadrement et leur impact sur la motivation des subordonnés.

Le premier pas consiste à tenter de définir des styles de leadership spécifiques. Trois aspects ont été étudiés sur le terrain et leurs indications ont été décrites : le "laissez-faire", opposé à l'activité, le style autocratique, opposé au style démocratique, et la participation opposée au style directif. De fait, il s'agit plutôt de groupes de dénominations rassemblés autour de termes extrêmes et qui peuvent être définis sur deux axes, l'un opposant l'autoritarisme à la démocratie, et l'autre concernant le niveau d'activité du cadre. La figure 1, page 210, concrétise ce schéma et permet de situer ces trois styles : le laissez-faire, caractérisé par une faible activité associée à une attitude qui se situe entre autorité et démocratie, d'une part, passivité et absence de motivation, d'autre part ; l'autoritarisme, caractérisé par une forte autorité et une activité soutenue associées à l'exercice du pouvoir et la volonté de contrôler au maximum ; la participation, caractérisée par une forte activité et une pratique égalitaire, associées à la recherche du consensus, à la volonté de déléguer et à la considération pour autrui.

Le laissez-faire

Même si les cadres en position de responsabilité n'abdiquent pas leur pouvoir, ils sont plus ou moins soucieux de diriger. Plus précisément, et comme l'a bien montré Miner dans le modèle décrit au chapitre un, la motivation des cadres à exercer effectivement une direction n'est pas toujours forte [17]. Il semble d'ailleurs qu'elle ait diminué dans les vingt dernières années. Que le cadre utilise des moyens autocratiques ou pas

Elevée

A **C** **T**	*Autoritarisme* orienté vers le travail socialement distant contrôle étroitement concerné par la productivité directif recherche le pouvoir structure le travail	*Participation* recherche le consensus délègue socialement proche orienté vers les relations sociales fait participer partage le pouvoi montre de la considération pour autrui

I

V

I **T** **É**

               Laissez-Faire
                  passif
                  peu concerné
                  isolé socialement
                  inactif
                  renonce
                  pas impliqué
                  replié sur soi-même

Faible

AUTOCRATE   **DÉMOCRATE**

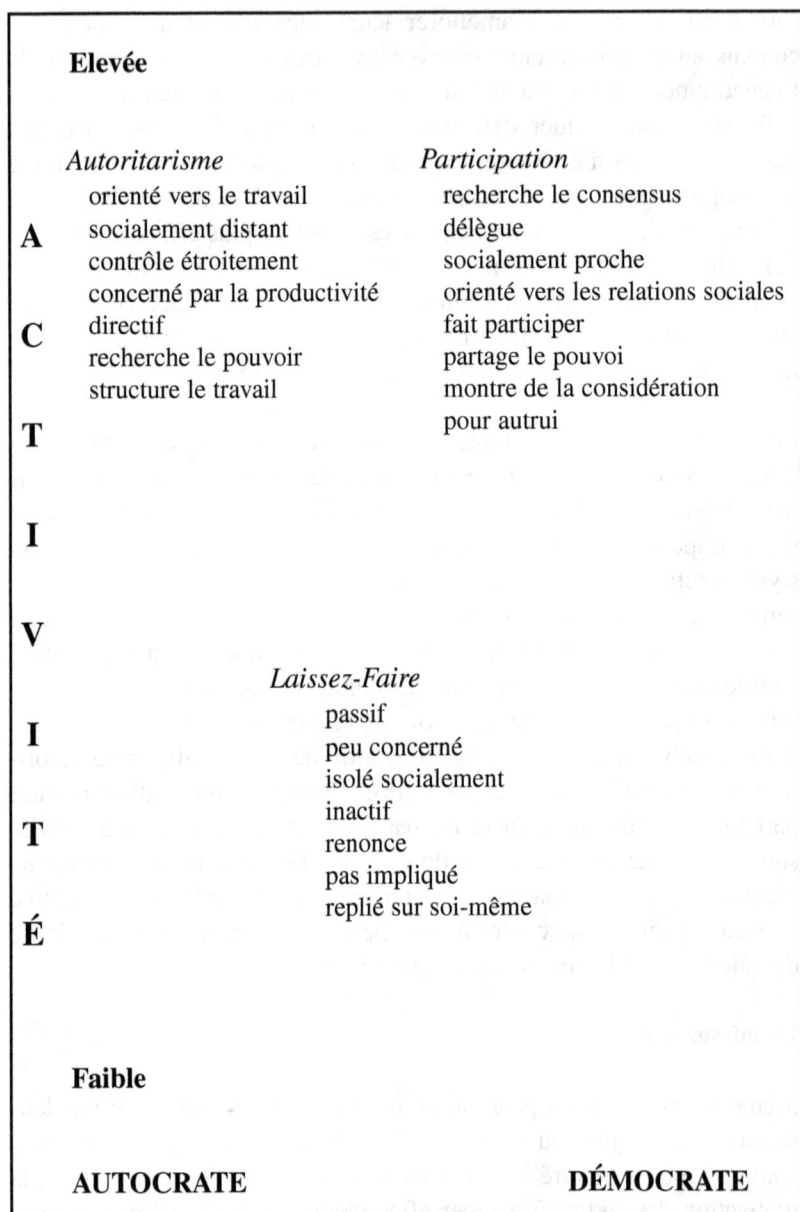

Figure 1 - Trois styles d'encadrement (d'après B. Bass (1990),
Bass's and Stogdill's Handbook of Leadership, op. cit.).

ne change rien au fait que sa démobilisation ne lui permette pas de motiver les autres. Les études de terrain, comme celles faites sur des simulations en laboratoire montrent clairement que la productivité et la cohésion des groupes pâtissent de cette attitude de "laissez-faire». Au contraire, plus les leaders sont actifs, plus leurs subordonnés sont efficaces et satisfaits. Mais le style de "laissez faire" ne doit pas être confondu avec les effets de l'autonomie laissée aux subordonnés, autonomie qui fait partie des changements positifs du travail décrits dans le chapitre précédent. En fait, la contradiction entre le rôle positif sur la motivation de la marge de liberté laissée aux subordonnés par l'accroissement de l'autonomie et l'effet négatif du "laissez-faire" n'est qu'apparente. Si la liberté signifie anarchie, absence de contrôle, priorité sans réserve des intérêts de chacun sur ceux de l'organisation, gestion désordonnée des ressources internes, absence de procédure systématique pour la résolution des problèmes, elle entraîne forcément l'inefficacité. En revanche lorsque la liberté signifie le sentiment d'avoir une réelle responsabilité concernant son travail et de constater que ses compétences sont bien utilisées, ceci dans des limites clairement définies accompagnées par une évaluation régulière du travail accompli, l'autonomie est productrice de satisfaction et de motivation. Bref, le laissez-faire des cadres ne motive pas leurs subordonnés mais l'activité des cadres ne doit pas nuire à une certaine liberté de leurs subordonnés.

L'autoritarisme

Sur le second style décrit plus haut, les conclusions sont moins nettes. Plusieurs termes sont utilisés pour décrire ce style : organisateur, directif, centré vers la production, punitif, polarisé vers les résultats, persuasif. Et son contraire : considéré, permissif, orienté vers le personnel, informel, non directif, soucieux des rapports humains, tolérant. Cette dichotomie est simplificatrice, mais il est vrai que les différents aspects cités ci-dessus sont regroupés dans la réalité. Par exemple, lorsqu'une personne a un comportement directif, il y a bien des chances qu'elle soit également punitive et centrée vers la production. La définition de ce style et l'intérêt pour ses effets date de l'expérience pilote réalisée par Lewin et Lippitt sur des groupes d'enfants et d'adolescents [18]. Des leaders formés à une conduite autoritaire, c'est-à-dire à qui on avait appris à décider seuls de l'activité du groupe, à préciser les objectifs et les méthodes à suivre, à contrôler les interactions entre membres du groupe et à récompenser le travail effectué d'une manière personnelle, ont été comparés à des leaders démocratiques, formés à encourager les membres du groupe à formuler leur politique, à leur donner les objectifs généraux afin qu'ils puissent déterminer eux-mêmes les étapes, à récompenser les initiatives et à faire des éloges d'une manière neutre et objective. Les membres du groupe mené par un leader autoritaire se montrèrent plus soumis mais plus actifs. Les membres du groupe dirigé par un leader démocratique se montrèrent plus indépendants, ayant entre eux des interactions moins hostiles, et faisant preuve de plus de cohésion. Les deux styles comparés ont donc des effets différents mais il n'est pas possible d'affirmer qu'un des styles est plus motivant que l'autre.

C'est une chose d'observer le comportement d'enfants et d'adolescents dans des groupes artificiels, et autre chose de suggérer que l'un ou l'autre de ces styles sera efficace dans le monde du travail. Rien d'étonnant donc si les recherches de Lewin, et le retentissement donné à ses conclusions ont conduit les spécialistes de la gestion des ressources humaines à défendre des positions variées. Les uns, à la suite de Likert et du mouvement dit des relations humaines, ont encouragé les organisations à adopter un style aussi démocratique et égalitaire que possible, avec l'idée sous-jacente d'assurer la motivation par la satisfaction du personnel [19]. Les autres, comme Miner, ont défendu l'idée de l'efficacité d'une figure d'autorité dont le contrôle étroit et présent garantit le niveau de performance [20]. Ou encore comme Blake et Mouton, la possibilité de concilier autorité et considération, permettant ainsi à la fois, la satisfaction des besoins sociaux et d'estime du personnel, et la nécessité pour les cadres, de prendre des décisions et d'en surveiller l'exécution [21]. Sans entrer dans le détail des très nombreux exemples cités par ces différents auteurs, il faut retenir que chacune de ces positions a été appliquée avec succès dans des situations précises, mais qu'aucune n'a de validité générale. C'est d'ailleurs ce que précise très clairement Miner quand il indique que la motivation des cadres à exercer un pouvoir n'est une garantie d'efficacité que dans les organisations de style bureaucratique. Position nuancée que justifie l'idée, certainement plus proche de la réalité, d'une contingence des styles qui est fonction de la situation.

Quelles sont, dans ce cas, les conditions qui font que le style autocratique stimule la motivation ? On peut en distinguer quatre :

1) Tout d'abord les attitudes des subordonnés. Un style autocratique, directif, structurant, est préféré par ceux qui sont aussi eux-mêmes autoritaires. C'est ainsi qu'une étude portant plus de 30 000 officiers de l'armée américaine, sur leurs collègues, leurs supérieurs et leurs subordonnés, a montré la supériorité des officiers adoptant un style autoritaire [22]. La maturité des subordonnés, leur capacité à bénéficier d'un style démocratique représentent également un élément important.

2) Ensuite, la nature du travail. Dans les postes où une forte vigilance est nécessaire, celle-ci est mieux respectée sous la responsabilité d'un cadre autocratique. Et cela est d'autant plus vrai qu'il s'agit d'un cadre réellement compétent, sachant quelles sont les ressources nécessaires et les méthodes à adopter, et qui a déjà prouvé sa compétence, surtout si ses subordonnés n'ont pas une entière confiance dans leur propre compétence. Mais, une attitude démocratique est plus efficace dès qu'il s'agit non plus de tâches de production peu qualifiées, mais de fonctions de vendeur, ou de recherche, ou encore de postes de techniciens hautement qualifiés. Une étude faite dans les laboratoires de recherche pharmaceutique a montré que la performance est meilleure quand l'encadrement n'est pas trop strict, quand les techniciens associés aux recherches ont le droit de cosigner les articles, et quand les réunions où sont prises les décisions sont fréquentes et associent tout le personnel [23].

3) La taille des équipes de travail joue également un rôle. Dans les petits groupes, où les interactions sociales sont plus nombreuses, une gestion démocratique et consensuelle est préférable. C'est le contraire dans les groupes de grande taille.

4) D'un autre point de vue, les styles d'encadrement doivent être homogènes. Ce qui signifie qu'il est préférable que le type de management soit identique aux différents niveaux de la hiérarchie.

A ces facteurs de contingence, il faut ajouter deux remarques. En premier lieu, les cadres autocratiques utilisent plus volontiers des punitions que des récompenses. Or de nombreuses observations montrent que la supervision punitive a des effets négatifs parce qu'elle accroît l'ambiguïté des rôles, multiplie l'agressivité et les tensions, et détruit le sentiment que le supérieur est compétent. Plus important encore, les effets sur la satisfaction et sur la motivation d'un management autocratique ou démocratique varient dans le temps. Le style autocratique est efficace sur la performance lorsqu'on considère les résultats à court terme, alors que, à long terme, les effets bénéfiques du style démocratique sont d'autant plus nets que la loyauté à l'organisation et l'implication dans le travail représentent des éléments essentiels.

La participation aux décisions

Un aspect plus spécifique du management démocratique concerne la participation aux décisions. Il a fait l'objet de recherches particulièrement précises. Non seulement leurs résultats permettent de mieux comprendre les effets complexes du style sur la motivation. Mais, en outre, alors que les indications concernant le laissez-faire et l'autoritarisme ont un caractère très général et que leur application demande une interprétation des résultats, les travaux sur la participation ont permis d'élaborer des règles qui correspondent à des situations précises et à des modes de participation spécifique.

L'idée paraît simple. Au lieu d'imposer des décisions, faire participer à la prise de décision ceux qui auront à les exécuter, afin de mieux les impliquer. En fait, il n'y a pas deux modalités opposées, qui seraient caractérisées par l'absence ou par la présence de participation, mais un *continuum* qui va de donner des ordres sans aucune justification à déléguer totalement les décisions et le contrôle de leur exécution, en passant par des solutions intermédiaires, notamment le fait de consulter les personnes concernées avant de prendre une décision, ou d'en discuter en commun. Le style directif peut également se décliner sur des modes variés. Il est possible de motiver en utilisant le raisonnement, la logique, la persuasion, voire en "vendant" la décision. Ou encore mobiliser son influence pour obtenir l'implication de ses subordonnés. De même, la participation peut prendre des formes diverses. Se borner à écouter, ou bien commenter les suggestions et les discuter, ou encore accompagner une décision d'arguments et d'informations, faire une présentation détaillée des problèmes posés et des contraintes, voire rechercher le consensus.

Qui utilise la participation ? Ou plutôt quand l'utilise-t-on ? Quand est-il possible de l'utiliser ? Les indications de la participation sont fonction de plusieurs paramètres, liés à l'importance de la décision et également à la personnalité des cadres. Et ces paramètres eux-mêmes interagissent entre eux ce qui ne rend pas le choix plus aisé. Il semble, en effet, que la personnalité soit un déterminant fort du leadership directif qui est adopté plus facilement par des cadres de tempérament autoritaire et ayant tendance à faire peu confiance aux autres. Alors que c'est la situation, et notamment les compétences des subordonnés, qui pousse à adopter un style participatif lorsque les subordonnés sont capables d'avoir de l'autonomie et sont chargés de tâches relativement indépendantes. En outre, il faut tenir compte du fait que les subordonnés ne s'intéressent réellement qu'aux décisions ayant de l'importance pour eux, parce qu'elles concernent directement leur performance, ou leur service, mais qu'ils ont peu d'intérêt pour les décisions générales concernant l'entreprise. Leur implication joue également un rôle : ils sont d'autant plus désireux de participer qu'ils sont eux-mêmes ambitieux et intéressés par les résultats, mais d'autant plus désireux d'être dirigés avec fermeté qu'ils sont eux-mêmes autoritaires. En effet, et contrairement à ce qu'on pourrait penser, les personnes autoritaires recherchent et apprécient les leaders eux-mêmes autoritaires et influents. Enfin, la culture de l'entreprise constitue un paramètre très important. S'il existe des règles fortes, qui restreignent les possibilités de décision des subordonnés, l'encadrement sera forcément plus autoritaire. De même, la présence de secrets de fabrication tels que les subordonnés ne peuvent avoir que des connaissances limitées sur les opérations en cours rend évidemment la participation aux décisions impossible.

Il ne suffit pas de décrire les conditions nécessaires à la mise en œuvre de la participation, encore faut-il savoir quels en sont les effets sur la motivation. Ce n'est, malheureusement pas simple... D'abord parce qu'il faut différencier deux aspects qui représentent des étapes distinctes du processus motivationnel : l'acceptation de la décision et sa qualité, d'une part, l'implication des participants en vue de l'exécution de la décision, d'autre part. Et également parce qu'on peut envisager les effets de la participation aux décisions sous deux angles différents. Cognitif, dans la mesure où la participation peut améliorer la circulation, à l'intérieur de l'organisation, des informations importantes, donc permettre aux subordonnés de mieux savoir ce que font leurs supérieurs, et d'apprécier les contraintes qui pèsent sur leurs décisions. Affectif, parce que la participation peut être perçue comme un témoignage d'estime, donc constituer une source de satisfaction, et, de ce fait, entraîner l'implication.

Les effets positifs de la participation sur l'*acceptation de la décision* sont connus depuis les recherches de Lewin sur les décisions concernant la consommation alimentaire. On sait que ces effets sont positifs c'est-à-dire que faire participer aux décisions facilite l'acceptation de la décision majoritaire, même chez ceux qui n'en étaient pas partisans au départ. Et on en connaît les multiples raisons. Chacun des participants a le sentiment qu'il est pris en compte et reconnu parce qu'il est directement confronté à l'opinion des autres et aux arguments qui, après discussion, justifient la décision prise en commun. En outre, les opposants se rallient plus facilement à la majorité quand ils ont la possibilité de la mesurer directement. Et faire partie d'un groupe facilite le développement d'attitudes favorables à la décision prise ainsi qu'un ensemble cohérent de valeurs partagées. De ce point de vue, prendre des décisions en groupe permet de surmonter plus facilement la résistance au changement. Ces effets positifs sur l'acceptation de la décision seront d'autant plus nets que le cadre chargé d'animer la discussion décrit clairement le problème posé, les objectifs et les contraintes. Mais il ne faut pas confondre l'acceptation de la décision avec sa qualité. Pour résumer un ensemble important d'observations et de recherches sur ce dernier point, on peut dire que les décisions de groupe sont effectivement meilleures que la moyenne des décisions individuelles, mais pas meilleures que la décision qu'aurait prise, seul, le membre du groupe le plus compétent.

Les effets sur la motivation à *exécuter le mieux possible les décisions prises* ne peuvent être évalués objectivement qu'à travers la performance, qui est, bien évidemment, influencée par d'autres paramètres que la présence ou l'absence de participation. Mais cela ne suffit pas à comprendre pourquoi le tableau des résultats connus est beaucoup moins clair que celui qui concerne l'acceptation des décisions. De fait, toutes les possibilités existent. Par exemple, les interventions de Likert destinées à mettre en place un système participatif se sont soldées par des accroissements de productivité, et ceci dans des secteurs industriels et commerciaux variés [24]. Tandis que le leadership directif s'est révélé plus efficace lorsqu'il s'est agi de résoudre des problèmes très spécifiques. Et aucune différence n'a été observée dans plusieurs comparaisons à l'intérieur d'une même organisation entre leadership directif et participatif.

Au plan pratique, ces disparités signifient qu'on ne peut conseiller, de manière générale et indépendante des situations, ni la participation aux décisions, ni l'utilisation d'un style directif [25]. En premier lieu, parce que ce n'est pas le fait de participer activement qui est source de motivation, mais la liberté ressentie de participer, le sentiment que si on voulait participer, on pourrait le faire. Egalement parce que la qualité des informations, leur clarté et leur transparence ainsi que le fait, pour les participants, d'accepter les objectifs de l'organisation et de s'identifier à sa stratégie sont des facteurs-clés pour que la participation soit efficace. Et surtout, la participation a peu de chances de réussir si elle n'est pas approuvée par les échelons supérieurs, si les objectifs demandés sont exagérés, si les délais sont courts, et si elle est imposée de l'extérieur à des cadres qui ne sont pas prêts à participer. Bref, les effets positifs de la participation sur la motivation sont soumis à des facteurs de contingence nombreux et divers. La prise en compte de cette contingence ne peut se faire que si, sur le terrain, les praticiens et les cadres disposent d'une part d'un inventaire précis des sources de contingence, et, d'autre part, d'un outil d'aide à la décision.

Pour plus de clarté, on peut classer les *sources de contingence* en trois catégories qui concernent 1) les différences qui existent entre le leader et ses subordonnés ; 2) la nature des objectifs poursuivis ; et 3) la présence de contraintes environnementales.

1. Le cadre et ses subordonnés n'ont pas toujours un niveau de compétence équivalent, ni le même degré de motivation. Si le leader a un niveau d'expertise beaucoup plus élevé, il peut être tout à fait contre-productif d'avoir recours à la participation. Or cela arrive fréquemment, ne serait-ce que parce que les cadres participent à des réunions, ont accès à des documents, appartiennent à de nombreux réseaux et reçoivent donc forcément plus d'informations que leurs subordonnés. Si, au départ, les subordonnés sont peu motivés, si la participation leur semble être un surcroît de travail non justifié et une perte de temps, et cela même s'ils sont très compétents, la participation risque d'avoir des effets négatifs. De la même manière, des leaders intelligents, compétents, informés contribuent au succès de leurs équipes en étant directifs, mais seulement si leurs subordonnés sont déjà motivés, et prêts à soutenir leurs efforts.

2. Les entreprises qui opèrent dans un marché turbulent bénéficient plus de la participation aux décisions, à tous les niveaux, pour deux raisons. D'une part, la créativité est stimulée ; d'autre part, le fait d'être informé de la nécessité de répondre aux évolutions techniques et économiques atténue la résistance au changement. Mais, si le travail a des objectifs pratiques immédats et qui sont relativement stables, un leadership directif est plus efficace. En outre, la participation n'est réellement motivante que si elle s'applique à des problèmes qui concernent directement les participants. Et il faut prendre garde au fait que si la participation devient institutionnalisée, ses effets impliquants peuvent s'atténuer et disparaître.

3. Les caractéristiques de l'organisation doivent être prises en compte de différents points de vue. D'abord parce que le coût de la participation peut dépasser ses bénéfices, du fait des frais de formation des cadres souvent peu habitués à utiliser ce type de leadership [26]. Il faut, en effet, savoir gérer les situations de groupe. Par exemple, le

groupe qui travaille en participation peut exercer une pression sur les déviants qui vont se sentir rejetés, et dont la motivation sera diminuée. De même, la participation peut entraîner le développement de normes spécifiques qui ne coïncident pas forcément avec la stratégie de l'organisation. Toujours dans une perspective pratique, la décision participative est plus lente que la décision autocratique et pose problème lorsqu'il faut faire face rapidement à la nécessité de changements. Même un défenseur de la participation comme Lawler reconnaît le fait que les coûts augmentent et que les cadres dépossédés d'une partie de leur autorité résistent souvent[27].

Tout ce qui vient d'être dit montre à la fois la multiplicité des facteurs qui vont faire de la participation un style de leadership motivant ou, au contraire, le rendre inopérant, voire contre-productif. A cela s'ajoute le fait que l'expression "participation aux décisions" recouvre dans la réalité des pratiques différentes. En distinguer les modalités a permis l'élaboration d'un algorithme de choix destiné aux cadres soucieux de choisir une méthode de prise de décision adaptée aux circonstances. Sa qualité tient à la définition de différents styles de leadership sur un *continuum* qui va du très directif au très participatif, et à l'arbre de choix successifs qui permet de prendre en considération pratiquement tous les aspects que nous venons de mentionner, ainsi que, dans sa version la plus récente, le coût des différentes modalités. Et contrairement aux zélateurs d'un style de leadership qui serait valable dans toutes circonstances, Vroom et ses collaborateurs défendent l'idée que le mode de leadership le plus efficace est fonction de ce qu'exige la situation, et notamment du fait qu'on privilégie la qualité de la décision ou la motivation des subordonnés[28].
Sept éventualités sont définies pour concrétiser les modalités de leadership directif ou participatif. Deux sont des modalités de leadership directif (A1 et A2), trois sont des modalités de consultation (C1, C2, C3), deux sont des modalités de participation (G1, G2), la dernière est une modalité de délégation totale (D1). Ces différentes possibilités sont définies de la manière suivante :
A1) Le leader examine le problème posé et prend seul sa décision.
A2) Le leader obtient de ses subordonnés les informations nécessaires et prend sa décision sans autre intervention de ses subordonnés.

C1) Le leader discute du problème avec chacun de ses subordonnés afin de recueillir leurs idées et leurs suggestions. Puis il prend une décision qui n'est pas forcément le reflet des opinions de ses subordonnés.

C2) Le leader envisage le problème avec ses subordonnés réunis en groupe, afin d'avoir leurs idées et leurs suggestions et de les discuter collectivement, puis il prend une décision qui n'est pas forcément le reflet des opinions de ses subordonnés.

G1) Le leader envisage le problème avec ses subordonnés individuellement, de manière à recueillir leurs idées de solution et à les évaluer avec chacun d'entre eux, sans essayer d'influencer les subordonnés pour leur faire adopter la solution qu'il prend.

G2) Le leader envisage le problème avec ses subordonnés réunis en groupe. Le groupe cherche et évalue ensemble des solutions possibles. Le leader ne cherche pas à influencer le groupe et accepte toute solution consensuelle.

D1) Le leader délègue la décision à un de ses subordonnés en lui fournissant toutes les informations qu'il possède. Le subordonné a toute autorité pour trouver une solution qui est acceptée d'avance par le leader.

Les contraintes situationnelles sont définies par les réponses à dix questions qui permettent aux cadres d'utiliser un arbre de décision et de choisir une des sept éventualités ci-dessus.

1) Y a-t-il une exigence de qualité telle qu'une des solutions sera bien meilleure que les autres ?

2) Le leader a-t-il assez d'informations pour aboutir seul à une solution de très bonne qualité ?

3) Le problème posé est-il bien structuré ?

4) Le fait que les subordonnés acceptent la décision est-il une condition nécessaire de son exécution efficace ?

5) Si le leader prend sa décision seul, la décision sera-t-elle acceptée par les subordonnés concernés ?

6) Les subordonnés acceptent-ils les objectifs organisationnels qui doivent être atteints grâce à la solution de ce problème ?

7) Y aura-t-il un conflit entre les subordonnés sur la solution à adopter ?

8) Les subordonnés ont-ils assez d'informations pour arriver à une bonne solution ?

9) Y a-t-il de fortes contraintes de temps qui limitent la possibilité, pour le cadre, de faire participer ses subordonnés à la décision ?

10) Les coûts liés à une réunion du groupe de subordonnés concernés par la décision sont-ils prohibitifs ?

Chacune de ces questions est évaluée sur une échelle en cinq points et une série de règles, que nous résumons ci-dessous, permettent, selon les réponses aux questions concernant les contraintes, et selon qu'il s'agit d'un problème de groupe ou d'un problème individuel, de savoir quels choix seront les plus efficaces, à la fois du point de vue de la qualité de la décision et de son acceptation. Il est évident que c'est l'acceptation de la décision et l'implication des subordonnés qui nous intéressent ici. A condition toutefois que cela ne se fasse pas au détriment de la qualité de la décision.

Quand il s'agit d'un problème de groupe, six règles sont énoncées :
Règle 1 : Eviter d'utiliser l'éventualité AI quand le leader n'a pas l'information nécessaire.
Règle 2 : Eviter d'utiliser l'éventualité GII quand les subordonnés n'adhèrent pas aux buts de l'organisation ou quand ils ne possèdent pas l'information nécessaire.
Règle 3 : Eviter d'utiliser les éventualités AII et CI quand le leader n'a pas l'information nécessaire.
Règle 4 : Utiliser l'éventualité GII quand le leader n'a pas l'information nécessaire, que les subordonnés adhèrent aux buts de l'organisation et qu'il y aurait un conflit entre les subordonnés sur la solution à adopter.
Règle 5 : Utiliser l'éventualité AI surtout quand il y a de fortes contraintes de temps ou quand le problème est peu structuré.
Règle 6 : Eviter d'utiliser les éventualités CII et GII si les subordonnés sont dispersés géographiquement ou quand il y a risque de conflit entre les subordonnés sur la solution à adopter.

Quand il s'agit d'un problème individuel, cinq règles sont énoncées :
Règle 1 : Eviter d'utiliser l'éventualité AI quand le leader n'a pas l'information nécessaire.

Règle 2 : Eviter d'utiliser DI quand le subordonné n'adhère pas aux buts de l'organisation et quand il ne possède pas l'information nécessaire.

Règle 3 : Eviter d'utiliser GI quand le subordonné n'adhère pas aux buts de l'organisation ou quand son implication n'est pas nécessaire ou encore quand on peut s'attendre à ce qu'il respecte la décision du leader.

Règle 4 : Eviter d'utiliser l'éventualité AII quand le subordonné n'adhère pas aux buts de l'organisation et que le problème est peu structuré.

Règle 5 : Utiliser G1 quand le leader n'a pas l'information nécessaire, quand le subordonné adhère aux buts de l'organisation et qu'il y a un conflit entre leader et subordonné sur la meilleure solution.

Si on compare les solutions adoptées spontanément par les cadres et celles qui ressortent de l'application des règles énoncées ci-dessus, on constate que le choix spontané dépend plus des caractéristiques de la situation que du cadre lui-même, de ses attitudes et de sa personnalité. Il faudrait donc parler de situations autocratiques ou participatives, plutôt que de personnes autoritaires ou démocrates ou ayant volontiers recours à la participation. Ce qui renforce encore l'idée qu'il faut enseigner aux cadres la capacité à analyser une situation et à choisir le style de leadership adapté, ainsi que la flexibilité des comportements.

En fait, et d'un point de vue pratique, il n'est évidemment pas possible pour un cadre en fonction de s'interroger à chaque pas sur chacun des points ci-dessus. Par contre, et de manière à lui permettre de connaître ses biais personnels et d'en tenir compte, il est très formateur de lui faire prendre conscience de son style habituel en lui présentant des situations simulées et en lui faisant comparer sa réaction spontanée à celle qui serait déduite de l'analyse systématique proposée par Vroom.

DES SPÉCIFICITÉS CULTURELLES ?

Jusqu'ici, les contraintes de situation n'ont été envisagées que dans le contexte de la culture organisationnelle, ou des caractéristiques propres au secteur d'activité. Les valeurs culturelles sont aussi très importantes. Ceux qui ont assumé des responsabilités dans des pays différents du leur soulignent, au moins de manière anecdotique, que les spécificités culturelles obligent à adopter des relations interpersonnelles différentes, notamment en ce qui concerne l'exercice de l'autorité et les conduites destinées à stimuler les motivations. Connaître ces différences devient de plus en plus important du fait de l'internationalisation du monde du travail et du développement des multi-nationales. Certes, plusieurs études montrent que les mêmes batteries de tests prédisent le succès des cadres dans les différentes filiales nationales. C'est ainsi que le programme destiné à l'identification précoce des hauts potentiels chez Esso a fait l'objet d'une validation cross-nationale qui a permis de montrer que les résultats obtenus aux Etats-Unis étaient généralisables à trois pays Européens, la Norvège, le Danemark et la Hollande [29]. Ceci dit, les cadres expatriés doivent être capables de motiver des subordonnés dont la culture est fonction de leur pays d'appartenance. Et ils risquent de se trouver confrontés à des disparités inattendues. Dans une simulation de décisions, on a demandé à 4255 cadres, de nationalité différente, de choisir le taux d'augmentation à donner à dix ingénieurs en fonction d'informations concernant leurs mérites, leur situations professionnelles et leurs problèmes personnels. Les responsables indiens ont donné une plus forte augmentation aux cadres médiocres qu'à ceux qui obtiennent des résultats moyens parce qu'ils perçoivent les primes comme des stimulants et pas comme des récompenses. Et les Japonais n'ont pas forcément accompagné les promotions d'accroissement de salaires parce qu'ils ont considéré que la promotion était déjà une récompense suffisante [30].

Les différences culturelles concernent également ce qu'on attend comme comportement de la part d'un leader, attentes qui sont fonction des théories implicites du leadership. De ce point de vue, il est intéressant de noter que le concept même du management participatif est né en Europe du nord où les attitudes démocratiques sont valorisées. Au Japon, au contraire, on accorde une grande importance aux relations entre membres d'un même groupe et à l'obligation pour la personne qui appartient au groupe et est soutenu par lui de lui être fidèle. C'est le groupe qui représente la donnée sociale importante, qui a des responsabilités, et qui doit être récompensé. Il est donc capital que le leader soit estimé, et sache se faire respecter, précisément en exerçant une influence transformationnelle sur les membres du groupe. Ce qui aide à comprendre que les cercles de qualité, méthode participative sophistiquée, ont été développés au Japon mais n'ont pas toujours été acceptés dans les autres pays parce qu'ils requièrent une combinaison d'esprit collectif et de respect de l'autorité. Bref, la culture a une influence directe sur les comportements. Et les pratiques de management qui sont perçues comme légitimes dans une culture ne le sont pas dans une autre. Bien plus, il est vraisemblable que les leaders charismatiques mobilisent la motivation de leurs subordonnés en identifiant et en utilisant les facteurs qui accroissent leur sentiment d'être efficace, qui les mettent en valeur et qui sont cohérents avec leur commune culture.

Peut-on faire la liste des paramètres qui différencient les cultures et ont une influence sur la gestion de la motivation ? Toutes les comparaisons concernant le travail ont clairement montré que deux couples de valeur permettent de décrire les particularités culturelles concernant le travail [31]. La première oppose les cultures collectivistes, centrées sur le groupe, aux cultures individualistes, centrées sur l'individu. Dans les cultures collectivistes, les gens se réfèrent aux autres pour juger de leurs comportements et ils tiennent compte des conséquences de leurs comportements sur les résultats collectifs. Dans les cultures individualistes, les gens jugent eux-mêmes leurs comportements, par référence à leurs objectifs personnels. Il existe un lien étroit entre ces types de culture et les structures familiales, qui sont étendues à la famille au sens le plus large, ou limitées à la famille nucléaire. Cultures collectiviste et individualiste constituent, en réalité, les deux extrémités d'un continuum. Par exemple, deux cas extrêmes sont constitués par la culture très individualiste des Etats-Unis et très collectiviste du Vietnam ; tandis que l'Allemagne représente un exemple intermédiaire conciliant une action collectiviste au plan national par le biais des systèmes de négociation tout en maintenant un système individuel de récompenses et de stimulants. En outre, il ne faut pas considérer que la culture dans laquelle chacun vit est adoptée par tous de manière uniforme. Des personnes travaillant dans un pays à culture très collective peuvent avoir des attitudes et des valeurs personnelles plutôt individualistes. Et l'inverse est également vrai. Des personnes travaillant dans une culture individualiste peuvent attacher beaucoup d'importance à leurs objectifs personnels. En fait, on peut dire que tous les pays ont une culture coopérative et compétitive. Ce qui les différencie, c'est l'importance relative de ces deux influences [32].

La seconde dimension culturelle qui a une grande importance dans le monde du travail est résumée par Hofstede sous le terme de distance de pouvoir. Il s'agit de la distance psychologique entre niveaux hiérarchiques. Lorsque cette distance est faible, les subordonnés ne s'attendent pas à recevoir de leurs supérieurs des ordres sans explication et ils ne comprendraient pas de ne pas pouvoir participer aux décisions qui concernent leur travail. Lorsqu'elle est forte, les ordres ne seront pas contestés, même s'ils sont inattendus ou s'ils représentent un surcroît de travail.

Ces deux dimensions sont indépendantes l'une de l'autre, de telle sorte qu'il est possible, avec les réserves faites ci-dessus, de placer les pays dans un des quatre quadrants définis par ces deux dimensions. Un exemple d'une telle répartition, empruntée à l'ouvrage de Earley et Erez, est donné sur le tableau 2. Il est évident que dans les pays qui combinent une faible distance et une culture individualiste, l'organisation du travail devrait laisser une large possibilité à l'initiative et aux responsabilités individuelles. Les cas où se trouvent associées une forte distance de pouvoir et une culture individualiste devraient mieux s'accommoder d'une structure bureaucratique qui s'appuie sur les valeurs individuelles. La culture collective accompagnée par une faible distance de pouvoir favorise le travail en équipe et l'égalité entre membres des groupes. Et la culture collective jointe à une forte distance demande également le travail en équipe, mais avec une attitude autocratique de la part des cadres.

Au total, il faut retenir que le style d'encadrement susceptible de créer ou de stimuler la motivation dépend non seulement des caractéristiques internes à l'organisation, et des facteurs environnementaux, mais aussi des traits spécifiques de la culture sociale. Ce qui signifie qu'un style de management qui a réussi dans une culture spécifique ne réussira dans une autre culture que si il n'y a pas de hiatus entre ce que l'organisation tente d'implanter et ce qui caractérise la culture environnante.

	Distance faible	Distance forte
Individualiste	Australie	Allemagne
	Canada	Autriche
	Etats-Unis	Belgique
	Finlande	Espagne
	Irlande	Hollande
	Nouvelle-Zélande	Luxembourg
	...	Afrique du Sud
		...
Collectiviste	Chine	Brésil
	Israël	Egypte
	Jamaïque	Grèce
	Norvège	Inde
	Pologne	Japon
	Russie	Mexique
	Suède	Pérou
	Suisse	Portugal
		Vietnam
	...	...

Tableau 2 - Exemples de profils culturels dans différents pays
(d'après P.C. Earley et M. Erez, *The expatriate executive*,
1997, Londres, Oxford University Press)

CONCLUSION : CONTINGENCE ET FLEXIBILITÉ

Décideurs, formateurs, gestionnaires des ressources humaines et cadres opérationnels préféreraient certainement un discours simple et fortement prescriptif, du genre "Dix principes pour motiver" ou encore "Comment recruter à coup sûr des leaders charismatiques". Hélas ! Le tableau qui se dégage lorsqu'on étudie le profil des cadres motivants et les styles qui motivent est complexe. Parce que la motivation est elle-même un processus complexe qui dépend de très nombreux paramètres. Il faut se méfier des consignes simples et ne pas tirer sans précaution des leçons du succès des autres. Deux règles s'imposent : développer la flexibilité des cadres, donc leur capacité à s'adapter aux différentes situations et au changement et tenir compte de la contingence des styles de comportement, donc de la valeur relative de chacun de ces styles.

Flexibilité parce que différents comportements justifient le succès des managers transactionnels et des leaders transformationnels. Et les motivations que ceux-ci suscitent sont également différentes. Mais il ne semble pas légitime d'accepter l'idée que le charisme soit le fait d'individus exceptionnels. Encore moins d'affirmer que l'un ou l'autre profil soit toujours la solution. Les entreprises traversent des périodes de stabilité où la préservation de leur culture est essentielle. Et des situations de crise qui exigent des leaders capables de formuler, d'articuler et de communiquer une vision. Quand les cultures organisationnelles sont dans une phase de transition, des leaders charismatiques sont nécessaires parce que les modes traditionnels d'autorité, et les rites qui les accompagnent ne satisfont plus le besoin des membres de l'organisation. C'est le cas des organisations qui luttent pour survivre et dont la restructuration comme l'adoption de nouvelles stratégies exige une redistribution du pouvoir, et le développement de nouvelles normes. Le changement rapide du monde du travail auquel on assiste actuellement, la globalisation du marché, le développement des services, et des industries de technologies de pointe créent des conditions qui devraient favoriser l'apparition de leadership transformationnel facilitant les nécessaires changements organisationnels.

Contingence parce qu'il n'y a pas de mauvais style de management, mis à part le laisser-faire. Les environnements des organisations créent des situations originales qui constituent des indications spécifiques pour un style de management susceptible de stimuler la motivation. Ces facteurs de contingence concernent aussi bien l'interne que l'externe de l'organisation. A savoir, en allant du plus proche du travail au plus éloigné :

- les compétences et les attentes des subordonnés,
- les conditions de travail et la nature des tâches,
- la culture du service ou du département concerné,
- la culture organisationnelle,
- les caractéristiques du secteur où opère l'organisation,
- l'environnement technologique et économique,
- et le système de valeurs qui est défini par la culture nationale.

Ce qu'il faut retenir c'est qu'un style d'encadrement ne sera générateur de motivation que s'il est cohérent avec les conditions organisationnelles au moment où ce style est introduit. Et si les conditions changent, le style adopté risque de perdre de son efficacité.

Références citées

1. R.R. Blake, J.S. Mouton (1964), *The managerial grid*, Houston, Gulf.
2. B.M. Fisher, J.E. Edwards (1988), Consideration and initiating structure and their relationships with leader effectiveness : a meta-analysis, Anaheim, *Best papers proceedings, Academy of Management*, cité par B.M.Bass, *Bass and Stogdill's Handbook of leadership* (1990), New York, The Free Press.
3. R.J. House, G. Dessler (1974), The path-goal theory of leadership : some post-hoc and a priori tests, in J.G. Hunt et L.L. Larson, edrs, *Contingency approach to leadership*, Carbondale, Southern Illinois University Press.
4. R. Hogan (1996), A socio-analytic perspective on the five-factor model, in J. S. Wiggins, *The five-factor model of personality*, Londres, The Guilford Press.
5. T. J. Peters, N. Austin (1985), *A passion for excellence, the leadership difference*, New York, Random House.
6. B.M.Bass, *Bass and Stogdill's Handbook of leadership* (1990), *op. cit.*
7. J.B. Miner, N.R. Smith (1982), Decline and stabilization of managerial motivation over a 20-year period, *Jal of applied psychology*, 67, 297-305.
8. Notamment : H. Mintzberg (1973), *The nature of managerial work*, New York, Harper and Row ; J. M. Burns (1978), *Leadership*, New York, Harper and Row ; B.M. Bass (1985), *Leadership and performance beyond expectations*, New York, Free Press ; J.P. Kotter (1990), *A force for change, how leadership differs from management*, New York, The Free Press.
9. *Ma traduction*, R.J. House, G. Dessler (1974), *op. cit.*
10. A. Zaleznik (1977) Managers and leaders : are they different? , *Harvard Business Review*, 55, 67-78.
11. M. Sashkin (1988), The visionary leader, chapitre 5 in J.A. Conger, R.N. Kanungo, *Charismatic leadership*, San Francisco, Jossey Bass.
12. D.C. Mc Clelland, R.E. Boyatzis (1982), Leadership motive pattern and long-term success in management, *Jal of applied Psychol.*, 67, 737-743.
13. Notamment J.M. Kouzes, B.Z. Posner (1987), *The leadership challenge*, San Francisco, Jossey-Bass ; N.M. Tichy, M.A. Devanna (1990), *The transformational leader*, New York, Wiley.
14. T. Peters, R.H. Waterman (1982), *In search of excellence : lessons from America's best run companies*, New York, Harper and Row.
15. A. Bryman (1992), *Charisma and leadership*, Londres, Sage.
16. B. M. Bass, *Bass and Stogdill's Handbooh of Leadership*, *op. cit.*
17. J. B. Miner, N. R. Smith (1982), Decline and stabilization of managerial motivation over a 20- year period, *dal of applied Psychology*, 67, 297-305.
18. K. Lewin, R. Lippitt (1938), An experimental approach to the study of autocracy and democracy : a preliminary note, *Sociometry*, 1, 292-300.
19. R. Likert (1961), *New patterns of management*, New York, McGraw Hill ; R. Likert (1967), *The human organization*, New York, McGraw Hill.
20. J.B. Miner (1968), The early identification of managerial talent, *Personnel and Guidance Journal*, 46, 586-591.
21. R. R. Blake, J. S. Mouton (1964), The managerial guid, *op. cit.*
22. D.D. Penner, D.M. Malone, D.M. Coughlin, J.A. Herz (1973), Satisfaction with US army leadership, *Leadership Monograph series*, n°2.
23. C. Lévy-Leboyer, C. Pineau (1981) Caractéristiques organisationnelles, style de leadership et réussite dans la recherche bio-médicale, *Revue de psychologie appliquée*, 31, 201-235.
24. R. Likert (1977), *Past and future of system 4*, cité in B. Bass (6).

25. E.A. Locke, D.M. Schweiger, G.P. Latham (1986), Participation in decision making, when should it be used?, *Organizational dynamics,* 14, 3, 65-79.
26. J.B. Miner (1973), *The management process, theory, research and practice,* New York, Macmillan.
27. E.E. Lawler (1986), *High involvment management,* San Francisco, Jossey Bass.
28. V.H. Vroom, P.W. Yetton (1974), *Leadersip and decision making,* New York, Wiley ; V.H. Vroom, A.G. Jago (1988), *The new leadership : managing participation in decision,* Englewood Cliffs, Prentice Hall.
29. A. Laurent (1970), Cross-cultural validation of empirically validated tests, *Journal of applied Psychology,* 1970, 54, 417-423.
30. B. Bass, P.C. Burger, R. Doktor, G.V. Barrett (1979), *Assessment of managers, an international comparison,* New York, Free Press.
31. G. Hofstede (1991), *Culture and organizations : software of the mind,* Londres, McGraw Hill ; H.C. Triandis, R. Bontempo, M.J. Vilareal, A. Masaaki, J. Lucca (1988), Individualism and collectivism : cross-cultural perspectives on self in ingroup relationships, *Jal of personality and social psychology,* 54, 328-338.
32. P.C. Earley, M. Erez (1997), *The transplanted executive,* New York, Oxford University Press.

CONCLUSION

Si on jette un coup d'œil en arrière pour faire le bilan des six chapitres qui précèdent, une quadruple conclusion se dessine.

1) Les théories ont permis de définir la motivation et de décrire les six étapes du processus motivationnel, chacune mettant l'accent sur l'une ou l'autre de ces étapes, et montrant son caractère *sine qua non*. On peut donc affirmer que le processus motivationnel répète, sous forme de boucle, les six étapes suivantes

- J'accepte un objectif

- Je pense que je suis capable de l'atteindre

- Je sais quels résultats je vais recevoir en retour

- Je passe de l'intention à l'action

- Je reçois des informations utiles sur ma performance en cours de route

- Je confirme ou je révise mes objectifs... et ma motivation

Ces différentes étapes ont reçu tour à tour le feu des projecteurs dans les modèles théoriques décrits et évalués dans les trois premiers chapitres, le but et l'image de ses capacités dans les théories cognitives, les résultats attendus dans les modèles du besoin et dans l'approche cognitive, le passage à l'action et le traitement des informations dans les théories de l'auto-régulation. Chaque fois, ces modèles théoriques ont montré pourquoi cette étape était incontournable.

Cette première conclusion est essentielle, puisque la liste rend opérationnel un effort de diagnostic lorsque la motivation faiblit. On peut en effet, chercher la ou les causes de la démotivation en se demandant ce qui est susceptible de perturber chacune des étapes.

2) Mais il ne suffit pas de faire un diagnostic. Encore faut-il connaître les remèdes efficaces. Pour que l'ensemble des modèles théoriques qui justifient ce schéma aient des applications pratiques, il aurait fallu pouvoir les traduire directement en termes concrets. Autrement dit, disposer de réponses claires à des questions telles que : quelles informations sont utiles ? Comment donner confiance en eux aux membres du personnel ? Or nous avons vu que les interventions réalisées sur le terrain concernent chaque fois plusieurs étapes du processus motivationnel et qu'il n'est possible de les classer qu'en fonction de leur cible respective, à savoir : la gestion des récompenses échangées contre le travail, le changement du travail destiné à le rendre plus motivant, les qualités charismatiques et les conduites d'encadrement qui motivent.

3) Le tableau qui se dégage des bilans faits à partir des interventions de terrain est complexe pour deux raisons. Parce qu'il existe différents processus pour activer chaque étape, et parce que l'efficacité de chacun d'entre eux est variable en fonction des nombreux paramètres qui constituent la situation intra et extra-organisationnelle. C'est là que se situe la contingence dont il a été question de manière répétée, dans les trois chapitres de la seconde partie. Par exemple, l'acceptation d'un but clair et précis représente une étape essentielle sans laquelle la motivation reste en panne. Mais il y a plusieurs moyens d'y parvenir, moyens qui sont fonction de la compétence et de la personnalité des subordonnés, de leurs hiérarchies de besoins et de valeurs, du comportement et du style de management des cadres, de la structure organisationnelle et de sa culture, de la nature et des conditions du travail, de la culture du pays ou de la région.

4) Le choix des stratégies et leur expérimentation empirique n'ont pas été fondés sur les modèles théoriques et leur validation expérimentale, mais plutôt sur le caractère convaincant de postulats initiaux, sur l'aspect moral des interventions et sur l'espoir de trouver une clé de la motivation qui ouvrirait toutes les portes. Contrairement à l'attente des prescripteurs, les résultats obtenus avec les différentes stratégies ont montré leur spécificité et la complexité de leurs effets. D'un point de vue plus constructif, ces résultats ont permis de préciser les indications des différentes stratégies, donc de spécifier les variables de terrain qui jouent un rôle aux différentes étapes du processus.

En d'autres termes, l'efficacité inégale des stratégies expérimentées, la nature toujours spécifique des situations, empêchent de construire des conclusions pratiques applicables de manière générale. Parce que si chaque étape est essentielle, il y a toujours plusieurs façons de l'assurer, façons dont l'efficacité dépend de multiples paramètres. Mais, en résumant les données décrites dans les trois derniers chapitres, il est possible de mettre en face de chacune des étapes du processus motivationnel dont la liste a été faite sur la page précédente, les "états psychologiques" qui résultent de moyens différents.

• *J'accepte un objectif*

parce que j'ai participé activement à la décision
    ou parce que je connais et j'accepte les arguments qui justifient la décision
    ou parce que l'objectif m'a été attribué par un leader dont j'accepte l'autorité
    ou parce qu'il m'a été suggéré par un leader charismatique

et parce qu'il n'est en contradiction
    ni avec mes valeurs
    ni avec ma culture
    ni avec les normes de mon équipe
    ni avec ce que je sais de la stratégie de mon organisation,

et parce que j'en comprends la signification et l'importance

et parce qu'il correspond à mes aspirations et à mon plan de carrière

• *Je pense que je suis capable de l'atteindre*

parce que j'ai déjà réussi quelque chose de similaire
    ou parce que d'autres me l'ont dit
    ou parce que la hiérarchie m'en juge capable puisqu'elle m'en a chargé
    ou parce que, de manière générale, j'ai confiance en moi

• *Les résultats que je vais recevoir en retour...*

ont de la valeur pour moi, aujourd'hui
sont équitables
sont gérés de manière transparente

• *Je passe de l'intention à l'action*

parce que cet objectif correspond bien à mes compétences
parce que cet objectif me donne un rôle qui me convient
parce que je me représente bien les résultats de l'action
parce que je possède un profil de personnalité adéquat
parce que c'est une mission pour laquelle je dispose des moyens et du
contrôle nécessaire
parce que cette mission est une occasion de développer mes
compétences
parce que c'est un défi, ou un travail plus complexe
parce que c'est une expérience nouvelle pour moi

• *Je reçois des informations sur ma performance*

qui sont claires, objectives, et suffisamment fréquentes
que je peux analyser par rapport à l'objectif
               par rapport à mes résultats antérieurs
               par rapport aux résultats des autres

• *Je confirme ou je révise mes objectifs*

parce que mes premiers résultats sont encourageants
(ou décourageants)

ou parce que le décalage entre résultats et objectif est fort
ou parce que les conditions qui m'ont mis en mouvement ne sont pas
respectées

Contingence et complexité des processus motivationnels, diversité et flexibilité des réponses constituent donc les maîtres mots de la motivation au travail. Ce qui doit nous rendre conscients de la nécessité de réadapter rapidement les stratégies motivationnelles à des situations qui se renouvellent constamment. L'introduction de cet ouvrage a rappelé que la signification et le rôle du travail n'ont pas toujours été ce qu'ils sont maintenant. Ils ne seront pas non plus demain ce qu'ils sont aujourd'hui. Et ce qui motive les hommes au travail est en train de changer sous nos yeux et va continuer à changer dans l'avenir. La composition de la population active, aujourd'hui, explique d'ailleurs en partie l'actualité des problèmes liés à la motivation au travail. Les travailleurs indépendants qui ont forcément plus d'autonomie et d'informations, donc plus d'auto-motivation que les salariés, diminuent en nombre, à telle enseigne qu'il y a actuellement neuf salariés sur dix personnes actives. Par ailleurs, les membres de ce qu'on nomme maintenant les "professions intellectuelles supérieures" voient leur importance numérique grandir. Ensemble, les enseignants, les techniciens, les ingénieurs et les cadres sont plus nombreux que les employés et les ouvriers. Et leurs besoins et leurs aspirations ne sont pas les mêmes que ce qui caractérise un personnel moins qualifié. La montée du travail féminin ainsi que l'accès des femmes à des postes de niveau de plus en plus élevé modifient l'équilibre traditionnel entre les motivations professionnelles et les obligations familiales. En même temps, l'arrivée d'un secteur "quaternaire", consacré aux loisirs, aux multimédia, à l'informatique, crée de nouveaux postes mais aussi intensifie la recherche d'un équilibre entre le temps de travail et le temps des loisirs. Enfin, la multiplication des multinationales ou plus simplement des organisations qui créent des filiales dans des cultures très différentes met en relief le rôle des cultures nationales dans la gestion des motivations. Il est évident que la maîtrise des motivations au travail est appelée à se diversifier encore davantage et à demeurer une préoccupation majeure de la gestion des entreprises.

QUEL AVENIR POUR LA RECHERCHE ET LES PRATIQUES CONCERNANT LA MOTIVATION AU TRAVAIL ?

Comme l'avait déjà dit Locke [1] il y a dix ans, en conclusion d'une revue des travaux sur la motivation au travail, "Nous ne savons pas tout sur ce sujet, mais nous savons beaucoup de choses...". Qui plus est, nous continuons à apprendre de nouvelles choses... La recherche ne s'est pas arrêtée, aussi bien au plan de l'analyse plus détaillée des grands courants théoriques qui ont été décrits dans les trois premiers chapitres, qu'au plan des bilans d'interventions spécifiques. En témoigne la publication en 2000 d'un numéro spécial de la Revue "Applied Psychology" entièrement consacré à la motivation au travail.

En particulier, un débat a été ouvert qui envisage la motivation du point de vue des différences individuelles, en cherchant à identifier les traits de personnalité qui sont associés à la motivation, et à préciser la manière dont s'opèrent les interactions entre la personnalité et les situations. On a vu, dans le chapitre premier, le rôle que jouent les besoins propres à chaque individu, et caractéristiques d'une période de leur vie. Mais on peut probablement aller plus loin et envisager l'existence de traits individuels stables, peut-être indépendants de la situation, qui favoriseraient la sensibilité aux aspects motivationnels de l'environnement. Il s'agit notamment du désir d'apprendre, du contrôle de soi, de la compétitivité et de la crainte de l'échec (Kanfer [2]). Par ailleurs, l'efficacité de l'effet de but décrit au chapitre trois peut probablement être accrue, notamment grâce à des interventions favorisant la confiance en soi et la représentation des compétences acquises (Morin [3]). En d'autres termes, il n'est pas apparu récemment de modèle théorique original, mais de nombreuses recherches ont décrit avec plus de détails, et dans toute leur complexité, les fonctionnements cognitifs et affectifs qui entrent en jeu dans le processus motivationnel.

La réalité actuelle est très diversifiée. À côté de personnes très peu moti-vées par leur travail, qui ne travaillent que pour des raisons financières, il y a de nombreuses activités bénévoles pour lesquelles la motivation existe, mais pour des raisons différentes du travail salarié. Quelles raisons ? Vraisemblablement la forte signification du travail pour la per-sonne qui l'accomplit et, en particulier, sa portée sociale, le service rendu à des individus ou à une cause. Leur motivation ne vient donc pas d'une récompense matérielle, mais directement du fait d'exécuter un travail qui a de la valeur pour eux. Par ailleurs, rien n'empêche que les sources de motivation « extrinsèques » (liées aux récompenses) et les sources de motivation « intrinsèques » (issues directement de l'activité elle-même) s'additionnent et se renforcent. En outre, les ressorts de la motivation ne peuvent pas être les mêmes pour, par exemple, un manœuvre sans qua-lification et un biologiste travaillant dans un service de recherches, ni, pour prendre un autre exemple, dans le cas d'un médecin qui collabore à une action humanitaire et d'un médecin généraliste dans une petite ville de province... Au total, ce ne sont ni les mêmes stratégies, ni les mêmes sources de motivation, qui mobilisent l'énergie à différents niveaux de responsabilité, à différentes périodes de la vie, et même à dif-férents environnements culturels. Ce qui justifie le fait de s'intéresser à tous les modèles de motivation au travail, et, également aux diverses stra-tégies, qu'elles soient proposées par des chercheurs ou utilisées sur le terrain par les gestionnaires de ressources humaines.

L'évolution actuelle des structures et des cultures organisationnelles soulève de nouvelles questions auxquelles ni les schémas théoriques existants, ni l'expérience de terrain n'apportent, pour le moment, de réponses précises, et qui sont des thèmes prioritaires pour l'avenir. En effet, une fraction importante, et croissante, des activités de travail se fait en groupe ou en équipe, et a pour cadre une grande organisation, qu'elle soit nationale ou internationale, publique ou privée. Or modèles théoriques, recherches expérimentales et bilan des applications nous ont certes appris beaucoup de choses sur la relation entre l'individu et son travail et sur ce qui détermine l'effort nécessaire pour accomplir une tâche donnée. Mais tous ont une approche individuelle dans la mesure où ils s'adressent à la relation entre l'individu et sa tâche, à ce que le travail effectué rapporte à l'individu, à la manière dont celui-ci perçoit l'objectif et tente de l'atteindre. Même les modèles d'équité ne concernent que des individus qui se comparent entre eux. Et les recherches concernant les effets motivants d'un objectif précis, ainsi que le rôle de la communication des résultats, définissent des buts individuels et mettent en jeu des évaluations de résultats également individuelles.

Il y a donc deux dimensions qui ne sont prises en compte de manière systématique ni dans les modèles théoriques actuels, ni dans les applications qui en découlent : le groupe ou l'équipe qui constitue le cadre social dans lequel se déroulent les activités professionnelles et l'organisation qui encadre le déroulement de la carrière, et qui confère un statut et une identité sociale à ceux qui y travaillent.

Intégrer le groupe dans les actions destinées à stimuler la motivation n'est pas facile parce que cela suppose d'être capable de relier de manière claire les indicateurs de performance individuelle avec les objectifs d'un département, voire de l'organisation entière. Pourtant le fait de disposer à la fois d'évaluations individuelles, et de procédures permettant de connecter ces évaluations aux objectifs du groupe, non seulement mobilise l'effort par l'intermédiaire de l'effet de but, mais encourage l'ensemble du groupe à chercher de nouvelles stratégies. Mettre en jeu une telle politique requiert l'organisation de réunions de groupe où l'ensemble des membres du groupe définissent les bases d'une cohérence entre les performances individuelles, les contributions du groupe et les objectifs de l'organisation. Ce qui suppose l'existence d'une cascade d'objectifs déclinés depuis le niveau le plus élevé jusqu'à la base. En fait, c'est ce qu'implique le management par objectif lorsqu'il est bien appliqué et que le management accepte d'y consacrer du temps et de l'effort (Rodgers [4]), bref lorsqu'il existe des relations claires entre les stratégies organisationnelles et les opérations individuelles. Et ces relations posent bien d'autres problèmes, notamment en ce qui concerne les éventuels conflits entre les objectifs individuels et les objectifs du groupe, les décalages de temps nécessaires pour atteindre les objectifs de différents niveaux dans l'organisation, ainsi que les conséquences, variables aux différents niveaux, de l'adaptation de l'organisation aux turbulences technologiques et économiques (De Haas [5]).

Ce qui est facile à faire accepter comme un but dans les conditions artificielles du laboratoire peut poser problème dans les conditions réelles de l'organisation, parce que les objectifs des différentes composantes de l'organisation sont souvent conflictuels. Manager la motivation devient alors partie intégrante de la gestion de l'entreprise et de ses différentes composantes, puisqu'elle implique a fortiori une gestion de la cohérence. Appliquer ces idées, chercher des méthodes qui en facilitent la mise en œuvre, en faire le bilan, constituent sans aucun doute un agenda de recherche prioritaire.

Au-delà des problèmes de structure, il faut tenir compte du fait que tout travail a une signification qui va plus loin que la simple exécution d'un cahier des charges prescrit et d'un échange entre travail et récompense. La motivation met aussi en jeu les relations entre l'individu et l'organisation dans laquelle il travaille, le fait que chacun accepte, ou pas, les objectifs et les valeurs de l'organisation, et également son désir de poursuivre sa carrière dans cette organisation. La "citoyenneté organisationnelle" implique le fait de faire passer sa loyauté à l'organisation avant ses objectifs personnels, et suppose que chacun accepte les règles et partage la vision de l'organisation où il travaille.

L'importance de cette affiliation à l'organisation semble évidente. Elle procure à l'individu une identité sociale, un statut, voire la fierté d'appartenir à une organisation prestigieuse et dont il est prêt à partager les normes, donc à la fois une garantie de sécurité et un repère social. Pour l'organisation, c'est l'assurance d'avoir du personnel dévoué, stable, et productif. Mais peu de preuves existent des effets comportementaux de la citoyenneté organisationnelle. Les recherches existantes donnent des résultats peu cohérents ou de faibles associations avec le turnover et la ponctualité, peut-être parce que le concept est complexe et mal défini (Cohen [6]).

Qu'est-ce qui construit la citoyenneté organisationnelle ? Probablement une disposition personnelle qui favorise la stabilité, donc le désir de rester dans l'organisation où on travaille. Les premières expériences professionnelles jouent également un rôle : le fait d'avoir, en début de carrière, de premières responsabilités difficiles mais qui sont surmontées, lient à l'organisation, parce que l'identité sociale se construit sur ces challenges, ce qui intègre l'individu à l'organisation et lui fait accepter une éthique professionnelle conforme à la vision de l'entreprise. D'où les efforts faits par les organisations pour renforcer ces liens. D'une part, en mettant en évidence leurs images, leur fonction sociale, et la contribution de leurs membres, par une newsletter réservée aux membres, la reconnaissance publique de la qualité du travail effectué, des publications qui décrivent l'histoire de l'entreprise et ses succès... Et d'autre part, en apportant des soutiens de tous ordres à la vie hors travail, garanties de retraite, protection sociale accrue, formations, soutien familial... Toutes activités qui sont supposées être efficaces, sans qu'il y ait de réelle validation de leurs effets comportementaux, encore moins d'analyse précise des conséquences psychologiques qui pourraient les justifier.

Peut-être faut-il poser ce problème dans des termes différents. En effet, ces tentatives traditionnellement destinées à développer la « citoyenneté organisationnelle » se déroulent aujourd'hui dans un environnement de travail qui a beaucoup changé. Faire toute sa carrière dans la même organisation (sauf s'il s'agit du secteur public) est presque une anomalie. La mobilité géographique est fréquente. L'incertitude économique, l'ouverture internationale, le développement de nouveaux secteurs d'activité, favorisent plus ceux qui osent saisir les opportunités que ceux qui restent attachés à la même organisation. Les entreprises elles-mêmes apprécient les personnes qui ont des expériences variées, plus que celles qui sont restées sur un même créneau. Mais, dans le même temps, la pression de la concurrence, la nécessité de réagir rapidement aux avancées technologiques de tous ordres, rendent encore plus importants le dynamisme et la motivation du personnel.

Plus que la « citoyenneté », il faut maintenant chercher comment développer la "loyauté organisationnelle", qui ne suppose pas la stabilité dans une même entreprise, mais implique l'intégration des objectifs personnels à ceux de l'organisation, la participation aux risques qu'elle prend, et l'adhésion à la vision qui la met en mouvement.

Références citées

1. E.A. Locke (1991), Contrasting approaches to understanding work motivation, *Motivation and Emotion*, 15, 9-28.
2. R. Kanfer, P.L. Ackerman (2000), Individual differences in work motivation: further explorations of a trait framework, *International psychology*, 49, 3, pp. 470-483.
3. L. Morin, G.P. Latham (2000), The effect of mental practice and goal setting as a transfer of training intervention on supervisors' self-efficacy and communication skills, *International psychology*, 49, 3, pp. 566-579.
4. R.C. Rodgers, J.E. Hunter (1991), Impact of management by objectives on organizational productivity, *Jal of applied Psychology*, 76, 2, 322-336.
5. M. de Haas, J.A. Algera, H.F. van Tuijl, J. Meuleman (2000), Macro and micro goal setting: in search of coherence, *International psychology*, 49, 3, pp. 579-586.
6. A. Cohen (1993), Organizational commitment and turnover: a meta-analysis, *Academy of management Journal*, 36, 1140-1157.

www.ingramcontent.com/pod-product-compliance
Lightning Source LLC
Chambersburg PA
CBHW061155220326
41599CB00025B/4485